Cynthia Bourgeault

Stärker als der Tod ist die Liebe

Stärker als der Tod ist die Liebe

Die mystische Vereinigung zweier Seelen

Aus dem Englischen
von Helga Jacobsen und
Robert Cathomas

Chalice Verlag

Die Originalausgabe erschien
1997 bei Bell Tower, New York,
unter dem Titel *Love is Stronger than Death: The Mystical Union of Two Souls*

Deutsche Erstausgabe

Buchgestaltung: Robert Cathomas
Titelbild unter Verwendung von: Pexels.com /Kasuma
Herstellung: BoD - Books on Demand, Norderstedt
Printed in Germany

ISBN 978-3-942914-55-0

Inhalt

Anhang

Für
Louis Numa Robin Jr.

Hier und dort spielen keine Rolle.
Regungslos sollten wir sein und dennoch uns bewegen
In eine andere Leidenschaft
Nach größerer Einheit, nach tieferer Gemeinschaft.

T.S. Eliot: "East Coker"
(aus *The Four Quartets*)

Dank

Zuallererst gilt mein Dank den Mönchen der Trappistenabtei Saint Benedict's Monastery in Snowmass, Colorado, und insbesondere ihrem bemerkenswerten Abt, Pater Joseph Boyle, der Bruder Raphael Robin (»Rafe«) und mir den Raum gewährte, in dem wir die letzte Etappe auf dessen menschlicher Reise gemeinsam gehen konnten. Nach Rafes Tod unterstützten sie mich mit ihrem überaus großen Verständnis und Mitgefühl.

Dann bin ich jenen besonderen Freundinnen und Freunden dankbar, denen meine Geschichte zu Herzen ging und die mich darin ermutigten, der Liebe zu folgen, wohin auch immer sie mich führen würde: Michael Boudreaux, Barbara und Bill Howell, Jessa Watkins, Pater Dan Kelliher, Sarah Barton und Margaret Haines sowie meinen beiden Töchtern und Schwiegersöhnen, Gwen und Rod Rehnborg sowie Lucy und Alby King.

Mein Dank geht auch an jene, die mich finanziell unterstützten, als ich dieses Buch schrieb: Kathy und Bill Bauer, Ellen und Bill Hunt, Tony Burkart und viele andere wunderbare Menschen in der episkopalen Diözese von Colorado und der Contemplative Society in British Columbia.

Ich danke Richard Smoley, der meinen ersten Versuch, diese Geschichte zu erzählen, in der Winterausgabe 1997 des Magazins *Gnosis* veröffentlichte, und Toinette Lippe vom Verlag Bell Tower, die darin den Stoff für ein Buch erkannte und ihn in seine abschließende Form brachte. Auch Charles Upton und Jennifer Doane danke ich, die ihre eigenen laufenden Arbeiten auf dem Gebiet der Minne großzügig mit mir teilten, sowie Bruder David Steindl-Rast und Andrew Harvey, deren Bereitschaft, sich einem riskanten Manuskript einer unbekannten Autorin wohlwollend zu widmen, entscheidend dazu beitrug, dass es das Licht der Welt erblickte.

Mein weiterer Dank geht an Sarah B. Wheeler vom Verlag Sounds True in Boulder, Colorado, für so viele fruchtbringende Verbindungen.

Und schließlich danke ich Rafes direkten Familienangehörigen – Tommy, Helen, Ordensschwester Helen Robin, Ordensbruder Laurin Hartzog sowie Shirley Powell –, die mich bei sich zuhause willkommen hießen und viele intime Episoden ihrer Familiengeschichte mit mir teilten, die mich jenen Mann so viel besser verstehen ließen, den ich »Freund«, »Lehrer« und »Geliebten« nennen darf.

Vorwort

von Bruder David Steindl-Rast

SIE SIND IM BEGRIFF, EINE LIEBESGESCHICHTE ZU LESEN. Zugegebenermaßen ist es nicht ganz so leicht, diese Erzählung als eine solche zu klassifizieren, doch mit ihrer Junge-trifft-Mädchen-Handlung – geschildert aus der erfrischenden Perspektive von Mädchen-trifft-Junge – kann sie durchaus als eine solche durchgehen. Wie lassen sich Liebesgeschichten überhaupt einordnen? Ich teile sie gerne ein entsprechend den vier Zeiten des Jahres, des Lebensverlaufs, der Küsse. Jede Jahreszeit einer Liebe hat ihre charakteristischen Küsse: die unbeholfenen, sich die Zähne anstoßenden Küsse des süßen Atems im Frühling; die vor Leidenschaft brennenden Sommerküsse; die erinnerungsschweren Küsse des Herbstes; und diese allerzartesten Schneeflockenküsse von leicht geöffneten Lippen, die unsere zweite Kindheit erfreuen, so wie sie auch unsere erste beglückten.

Die Liebesgeschichte, die Sie hier lesen werden, trägt Knospen, Blüten und Früchte, alles auf einmal, wie der Zweig eines Orangenbaums, an dem noch die Blüten duften, wenn er schon schwer an Früchten trägt. Es liegt eine frühlingshafte Frische in der Art, wie Cynthia Bourgeault die Handlung mit jeder Wendung funkeln lässt wie einen frisch geprägten Groschen. Den beiden reifen Erwachsenen, die sich hier ineinander verlieben, fehlt es nicht am benommenen Taumel einer ersten Verknalltheit, auch wenn sie die Wucht dieses Hals-über-Kopfsprungs in ein Auftauchen in Liebe zu verwandeln wissen. Sie tun dies nicht in einem raketenartigen Abheben, vielmehr in einem Aufblühen, in einem knorrigen Wachsen eines Baumes, der sich gerade deswegen so hoch in den Sommerhimmel hinaufschwingt, weil seine Wurzeln so tief in den Erdboden hinabreichen. Ein eher unwahrscheinliches Liebespaar – Rafe, ein Trappisten-Einsiedler, und Cynthia, eine episkopale Priesterin – erforscht hier gemeinsam nicht nur die Höhen, sondern auch die Tiefen ihres Vertrauens, dass »Gott die Liebe ist, und wer in der Liebe bleibt, bleibt in Gott und Gott bleibt in ihm« (1 Johannes 4.16). In der Liebe bleiben bedeutet, sich zu entwickeln, bereit zu sein, all die Wachstumsschmerzen zu erleiden. Beim Weiterlesen erfahren wir, wie die beiden beginnen, die Ernte einzufahren, indem sie zu wirklichen Menschen werden. Sie weigern sich, die Kosten in Betracht zu ziehen, kümmern sich immer weniger um die Schmerzen, die es mit sich bringt, wirklich zu werden. Wir beobachten, wie sie lachend und weinend ihren Weg finden in Reiche, von denen T.S. Eliot sagt: »Regungslos sollten wir sein und dennoch uns bewegen // In eine andere Leidenschaft // Nach größerer Einheit, nach tieferer Gemeinschaft« ("East Coker"). Unweigerlich muss diese herbstliche Reise in den winterlichen Tod führen.

Es ist wahr, dass jede gute Liebesgeschichte alle vier Jahreszeiten umspannt, auch diese hier tut es; doch *Stärker als der Tod ist die Liebe* feiert vor allem den Winter. Spuren von Schneemobilen ziehen sich kreuz und quer durch die Schauplätze dieser Geschichte. Ihr Liebespaar trägt schwere Stiefel, und die Fußspuren, die sie in Schlamm und Schnee hinterlassen, sind Teil der Spur, die ihre Geschichte auf diesen Seiten hinterlässt. Der Winter ist eine Zeit der Krise; er siebt das, was sterben muss, von dem aus, was überleben wird. Ihre Liebe überlebt und wird sogar noch wirklicher, nachdem einer der beiden stirbt. »Liebe ist sich selbst am nächsten // Wenn das Hier und Jetzt an Bedeutung verliert« (T.S. Eliot, "East Coker"). Mit der Erfahrung dieser Wahrheit erreicht das Buch seinen Höhepunkt und hebt gängige Vorstellungen über das Leben nach dem Tod auf eine spannend neue Ebene. Die Autorin liefert einen einzigartigen Beitrag zu diesem Thema, einen Beitrag, der dazu angetan ist, die Diskussion zu beleben, und viele Leserinnen und Leser verblüffen mag.

Der Winter ist eine Zeit der Entbehrung, des Verlusts. Rilke sagt: »Denn unter Wintern ist einer so endlos Winter // dass, überwinternd, dein Herz überhaupt übersteht.«* Und er ermahnt Liebende: »Sei allem Abschied voran, als wäre er hinter dir, // wie der Winter, der eben geht.« Die Liebenden dieser Geschichte sind »dem Abschied voran«; inmitten eines winterlichen Schauplatzes

* Rainer Maria Rilke: »Die Sonette an Orpheus« in *Rainer Maria Rilke – Gesammelte Werke,* Stuttgart: Reclam Bibliothek, 2015, Seite 817.

bereiten sie sich auf den Winter ihrer Liebe vor. Die Schneeverwehungen in ihrer Umgebung der Rocky Mountains werden zur unbeabsichtigten Metapher für den Winter ihres klösterlichen Umfeldes. Liest man zwischen den Zeilen, fühlt man sich in dem Verdacht bestätigt, das klösterliche Leben im Westen sei in seinem tiefsten Winter angelangt – ein dick zugefrorener Bach, der unter dem überall knackenden Eis aber noch kraftvoll fließt. Heftiger Frost spaltet sogar Felsen. Keine unserer Strukturen ist unzerstörbar. Doch auch hier siebt der Winter das, was sterben muss, aus dem Vitalen heraus. Wie Thomas Merton nur Stunden vor seinem Tod über die klösterliche Sehnsucht nach vollkommener Transformation sagte: »Sie kann nicht ausgelöscht werden. Sie ist unvergänglich. Sie repräsentiert einen Instinkt des menschlichen Herzens.«

Indem sie, angetrieben von ihrer Leidenschaft, endlich wirklich zu werden, diesem immerwährenden Instinkt folgen, sind die Liebenden in dieser Geschichte ein wahrer Mönch und eine wahre Nonne, ganz gleich, wie verblüffend ihre Beziehung auch sein mag. Sie sind »dem Winter voran« und suchen bereits »des nächsten Jahres Sprache« – eine ihrer Lieblingsideen. Diejenigen unter uns, die sich an Trappisten-Eremiten erinnern, die in fortwährendem Schweigen und strenger Zurückgezogenheit leben, mögen schockiert sein über einen Cappuccino nippenden Einsiedler mit einer Frau in seiner Zelle. Ich selbst bin ein Eremit und muss gestehen, dass mir einen Augenblick lang der Atem stockte. Aber nur kurz, denn schließlich *kappt* ein Einsiedler keine Verbindungen, sondern sucht nach ungewöhnlichen Verbindungs*wegen.* Meine persönlichen sind innere Verbindungen, doch was zählt, ist die Intensität, nicht die Form. Falls wir eines Schocks bedürfen, um unsere romantischen Vorstellungen darüber aufzugeben, was monastisch sei und was nicht, wird diese Geschichte ein heilsamer Schock sein. Eines aber ist gewiss: Dies ist kein anti-monastisches Buch. Im Gegenteil. Es funkelt vor Leidenschaft für die eine essenzielle Aufgabe eines Mönchs: radikale innere Wandlung. Diese Liebesgeschichte verdient einen Platz in jeder klösterlichen Bibliothek. Sie erkundet das Streben der Mönche von seiner kühnsten Seite.

Cynthia Bourgeault stellt sich hier der schwierigen Aufgabe, uns »das Pfingstfeuer // In der dunklen Jahreszeit« sehen zu lassen, und ruft uns damit T.S. Eliots mittwinterliche Bildwelt aus “Little

Gidding" in Erinnerung. Um uns eine Geschichte zu erzählen, in der »zwischen Tauwetter und Frost // Der Saft der Seele zittert«, wählt sie ein faszinierendes Format: Fließende Erzählabschnitte wechseln sich ab mit kristallinen spekulativen Reflexionen. Und obwohl diese reflektierenden Abschnitte Gurdjieff, Jakob Böhme und andere ungewohnte Quellen aufgreifen, sind die theologischen Grundlagen dieses Buches wohlfundiert. Seine Spiritualität, weit davon entfernt, die monastische Tradition zu verletzen, treibt das Verständnis von traditionellen Werten höher und tiefer. Lassen Sie mich hier einen Abschnitt über das Zölibat zitieren, um zu verdeutlichen, was ich meine:

> Das Zölibat muss von Egoismus und Selbstabschirmung *geläutert* werden: von dem Teil, der sich selbst von der vollständigen Selbsthingabe zurückhalten würde, um seine spirituellen Eigeninteressen zu schützen. Tatsächlich war dies die »Engstelle«, die zu verhandeln Rafe und ich immer am herausforderndsten fanden: Wie lässt sich ein Zölibat leben, das nicht gleichzeitig ein Zurückhalten des Selbsts, eine Flucht in die Abgeklärtheit ist, sondern eine vollständige und geteilte Verwirklichung »all dessen, was eine Umarmung zu schenken vermag.« Doch das gibt es wirklich. Es existiert ein Zölibat, das ein vollständiges Ausgießen sexueller Leidenschaft auf einer derart hohen und intensiven Ebene ist, dass sie jede Faser des Selbsts mit Glückseligkeit durchflutet.

Ich fühle mich versucht, ausführlicher zu zitieren, doch da sich am Ende des Buches ein Register findet, auf das ernsthafte Studentinnen und Studenten der Spiritualität zurückgreifen können, ist dies überflüssig. So überlasse ich es Ihnen, selbst herauszufinden, was Ihnen auf Ihrer eigenen Reise der Liebe über den Tod hinaus hilfreich sein mag.

Bruder David Steindl-Rast, OSB
Mount Saviour Monastery, Pine City, New York

Vorwort

zur vierten amerikanischen Auflage

KANN ES TATSÄCHLICH SCHON FÜNFUNDZWANZIG JAHRE HER sein, dass meine Reise mit Rafe ihren Anfang nahm? Ich blättere in meinen alten Terminkalendern und finde heraus, dass es in der Tat im März des Jahres 1994 war, als ich die folgenschwere Entscheidung traf, meinen Job in Maine an den Nagel zu hängen, meine notwendigsten Sachen in meinen alten Subaru-Kombi lud und losfuhr in Richtung Colorado, um näher bei dem Einsiedlermönch, Lehrer und Seelenverwandten zu leben, den mir das Schicksal auf meinen Pfad geworfen hatte.

»Ich hoffe, du bist nicht etwa meinetwegen den ganzen Weg nach hier draußen gekommen!«, pflegte Rafe zu sagen, was nur zum Teil scherzhaft gemeint war. Mit seinen fast siebzig Jahren hatte er sich gut in seinem Einsiedlerleben eingerichtet und war sich nur allzu klar darüber, dass es absurd unrealistisch war, als seine letzte Lebensaufgabe eine verbindliche Partnerschaft mit einer zwanzig Jahre jüngeren Frau einzugehen, deren Vision einer spirituellen Vereinigung noch unheilvoll durchsetzt war mit der romantischen Vorstellung von zwei unter einem Unstern Verliebten. Doch ebenso wie ich, realisierte auch er, dass es in dieser Sache im Grunde genommen gar keine Entscheidung zu treffen gab. Etwas, das größer war als wir selbst, hatte uns zusammengebracht und formte uns gemäß seinen Zwecken. Wir wussten beide, dass unter der vermeintlichen Verrücktheit unserer Situation eine tiefere Göttliche Stimmigkeit am Wirken war, die eines Tages auf die eine oder andere Art Früchte tragen würde. Also richtete ich mich in einem alten Farmhaus ein, das an das klösterliche Grundstück grenzte und einen guten Kilometer unterhalb des Hügels lag, auf dem Rafe in seiner Einsiedlerklause wohnte. Und in den folgenden anderthalb Jahren, die ihm in seinem irdischen Leben verblieben, gaben wir beide unser Bestes.

Bereits vom Augenblick meiner Ankunft an tickte die Uhr. Obwohl es keine äußeren Anzeichen dafür gab, dass Rafes Leben sich dem Ende näherte, wussten wir sofort, dass die lebendige Phase unserer Beziehung nur den Beginn darstellte und ein tieferes unsichtbares Terrain auf uns wartete. Unser »Experiment«, wie Rafe es nannte, war ein Aussäen für die Zukunft. Und in der Tat kam die Lebensphase unserer Liebe an ein abruptes Ende, als er an einem schweren Herzinfarkt verstarb. Ich fand mich schnell ins Leben zurückgeworfen – hilflos und beraubt, gepeinigt von den Verleumdungen, denen sich verflossene Mönchsgefährtinnen gegenübergestellt sehen. Noch war es viel zu früh, als dass ich hätte sagen können, ob unsere Beziehung ganz einfach ein riesiger Irrtum oder tatsächlich eine echte und lebensverändernde Transformation für uns beide gewesen war. »Du musst auf die Unbesiegbarkeit deines Herzens vertrauen«, hatte Rafe mir gesagt.

Es war der Versuch, genau dies zu tun – meine eigene Wahrheit zu benennen und dafür einzustehen –, der mich veranlasste, das Buch *Stärker als der Tod ist die Liebe* zu schreiben, das in seiner ersten Ausgabe 1997 erschien. Indem ich zu vielen der Quellen zurückkehrte, die Rafe und ich in unserer gemeinsamen Zeit angezapft hatten – insbesondere G.I. Gurdjieff, Jakob Böhme und den zeitgenössischen jesuitischen Mystiker Ladislaus Boros –, gelang es mir, eine metaphysische Karte zusammenzusetzen, die mit dem übereinstimmte, was ich in meinem Herzen spürte. Und ich erlebte weiterhin eine sich entwickelnde Verbindung mit Rafe, die für uns beide neu war. Es war nicht so, als erinnerte ich mich an das, was er mich gelehrt hatte, oder als würde ich seine Gegenwart *channeln.* Vielmehr setzten wir genau das fort, was wir während unserer gemeinsamen menschlichen Zeit zusammen getan hatten: Wir kämpften uns mit dem Feuer unseres Sehnens und der Tiefe unseres Vertrauens einen Weg ins Unbekannte. Auf meiner Seite der Schwelle ertappte ich mich beim Wissen und Aussprechen von Dingen, die ich niemals allein erkannt hätte, und ich begann, auf einer Erfahrungsgrundlage zu lehren, die Rafe und ich fortwährend gemeinsam in die Wirklichkeit erweiterten.

Im Lauf der Jahre entwickelte sich mein Schreiben und Lehren dahingehend, dass es immer weniger entweder der traditionellen christlichen kontemplativen Mystik oder aber dem Buchwissen des Vierten Weges ähnelte. Woher kommt bloß all dieses Material? »Von Rafe«, sage ich immer. Ich lehre Rafe – nicht den Rafe, den ich vor zwanzig Jahren kannte, der mir beibrachte, was er damals wusste, sondern den Rafe, der jenseits des Todes weiterhin sucht und wächst – und ich lerne Dinge über die Konvergenz auf diese letzte Göttliche Vollendung hin, die Sie buchstäblich aus den Socken hauen würden! Während ich das eine Ende des Seils auf dieser Seite der Schwelle festhalte, kann ich Rafe auf der anderen Seite spüren, wie er hinabgleitet und immer näher ans Feuer schwebt, hinein in diese »andere Leidenschaft«, wie er es nannte, dem kosmischen Falken gleich, der er immer gewesen ist. Und ich, seine erdgebundene Falknerin, fühle, wie an dem Seil gezerrt wird, und weiß ohne den leisesten Zweifel, dass da noch immer etwas hält.

Das zwanzigjährige Jubiläum meiner Querfeldein-Reise mit Rafe, das mit der Publikation dieser Neuausgabe gefeiert wird, markiert noch einen weiteren Meilenstein: Ich bin jetzt in demselben Alter wie Rafe damals bei unserer ersten, folgenreichen Begegnung im Scheunenhof, von der ich im Kapitel 1 berichte. Es ist erstaunlich, wie sehr sich unser Standpunkt zwischen dem Alter von siebenundvierzig und siebenundsechzig verändert! Mit einem weiteren Lebensabschnitt in meinem Gepäck habe ich nun endlich bestimmte Aspekte des Kampfes verstanden, den Rafe und ich während unserer gemeinsamen menschlichen Zeit miteinander ausfochten: Dinge, die für mich damals einfach nicht nachvollziehbar waren, ganz egal wie spirituell bewusst ich anderweitig gewesen sein mochte. Nun, da ich mich an der Schwelle zu meinem eigenen Altsein befinde, spüre ich deutlicher denn je den inneren Imperativ, »die Furche tiefer zu hacken«, wie Rafe es nannte, meine letzten spirituellen Aufgaben mit einer noch bewussteren und ernsthafteren Absicht anzugehen.

Rafes Bedürfnis nach Raum verstehe ich heute weitaus besser als damals – Raum für eine bewusste Beziehung mit seiner eigenen Innerlichkeit, der Vorrang vor jeder anderen Beziehung gewährt werden muss, sogar vor der mit einer Geliebten aus Fleisch und Blut. Ebenso erkenne ich jetzt, was er mir mit dem Ausdruck »eine wachsende innere Weite« zu verstehen geben wollte, die gleichzeitig Sirenengesang und Vorgeschmack auf das ewige Leben war, das sich in seinem Inneren öffnete. Und es erstaunt mich mehr und mehr, dass ihm auf seiner Stufe spiritueller Verwirklichung – als Einsiedlermönch von kristalliner Innerlichkeit – sein Vertrauen in die Göttliche Entfaltung und seine Liebe zu einer schutzbedürftigen jüngeren Frau Grund genug waren, aus den Mauern dieser großartigen inneren Burg auszubrechen und uns beide in den heiligen freien Fall zu stürzen. Ich bin mir nicht sicher, ob ich in seinen Schuhen dasselbe vermocht hätte.

Wie Sie im Kapitel 2 lesen werden, nahm ich in diesen zwei wunden Jahren nach Rafes Tod, als ich mit widersprüchlichen Straßenkarten und spirituellen Ratschlägen, die anders lauteten als die Wahrheiten meines eigenen Herzens, nur so bombardiert wurde, schließlich, zum Äußersten entschlossen, die Situation selbst in die Hand, indem ich etwas aufstellte, was ich eine »Pascalsche Wette« nannte:

- Wenn Rafe mich zur Fortsetzung unserer Partnerschaft auffordert und ich dazu Ja sage – dann gehört die Welt uns.
- Wenn Rafe mich nicht dazu auffordert und ich dennoch Ja sage – dann werde ich mein Leben in einer zusammengebrauten Fantasie verschwendet haben.
- Wenn Rafe mich nicht dazu auffordert und ich Nein sage – dann fährt der Zynismus einen weiteren kleinen Sieg ein.
- Wenn Rafe mich zur Fortsetzung unserer Partnerschaft auffordert und ich Nein sage – dann werde ich die größte Gelegenheit meines Lebens verpasst haben.

»Diese Auslegeordnung«, so schrieb ich, »brachte mir Klarheit über meine weitere Vorgehensweise. Das Einzige, was ich zu verlieren hätte, falls ich meinen Instinkten folgen würde, wären die rund zwanzig mir voraussichtlich noch verbleibenden Lebensjahre, und was bedeutete das schon?«

Nun sind diese zwanzig Jahre fast vorbei! Und obwohl es bestimmte Dinge gibt, mit denen ich im Nachhinein definitiv anders umgehen würde (angefangen damit, mich viel weniger zu klammern), kann ich ohne zu zögern sagen, dass meine Antwort noch immer deutlich und unmissverständlich »Ja!« lautet. Die Entscheidung, für dieses höchstmögliche Ergebnis ein Risiko einzugehen, hat die Art und Weise verändert, wie ich lebe, wie ich Gott kenne und vor allem, wie ich mit Rafe gemeinsam weitergehe. Dafür bin auf ewig dankbar.

Sehr froh bin ich auch über die vielen Leserinnen und Leser, die mir in den fünfzehn Jahren seit der Erstausgabe von *Stärker als der Tod ist die Liebe* gedankt haben, dass ich ihre eigenen Erfahrungen, mit einem geliebten Menschen über das Grab hinaus zu arbeiten, bestätigt habe und ihnen helfen konnte, dem Pfad treu zu bleiben. Ich wiederum bin dankbar dafür, dass dieses Buch auf wundersame Art und Weise weiterhin in Druck bleibt und leise den Weg weist zu jenen verborgenen Außenposten des menschlichen Herzens.

CYNTHIA BOURGEAULT
Frühling 2014

Teil eins

Begegnung im Hoffnungskörper

Kapitel 1

Von hier bis zur Ewigkeit

Aus Liebe miteinander, die
zwei Seelen dergestalt belebt,
vermögendere Seele fließt,
die deren Einsamkeit behebt.

JOHN DONNE: »Ekstase«

DER DICHTER ERFASST INTUITIV, WOVOR DER THEOLOGE zurückweicht. Ich schreibe als Angehörige einer kleinen Gruppe von Menschen, die eingeladen wurden, im Reich jenseits des Todes nach einem Geliebten zu suchen. Es war keine Reise, die ich jemals zu unternehmen erwartet hatte.

Meinen Partner in diesem Unterfangen kannte ich während der fünf Jahre unserer gemeinsamen menschlichen Zeit als »Rafe« – Bruder Raphael Robin, Einsiedlermönch in Snowmass, Colorado. In den letzten Jahren seines Lebens schlossen wir eine enge und unergründliche Freundschaft, teils als Lehrer und Schülerin, teils als verwandte Geister, und einander vollkommen zugetan. Obgleich wir die unüberwindbaren Einschränkungen des vollen Ausdrucks unserer Liebe hinnahmen, war es doch so, dass wir – in den Worten von Dylan Thomas – »in unseren Ketten sangen wie das Meer.«

Etwas mehr als drei Monate vor seinem Tod am 11. Dezember 1995 hatten Rafe und ich eine starke Ahnung, dass dieser unmittelbar bevorstand. Körperlich gab es nichts, was diese Wahrnehmung bestätigt hätte. Natürlich alterte er, ein fast einundsiebzigjähriger Mann, der in seiner kleinen Bergklause oberhalb der Trappistenabtei Saint Benedict's Monastery noch immer ein äußerst arbeitsintensives Leben führte. Doch es war ein würdevolles Altern. Er war noch immer zäh und beweglich und fit genug, sein Tagewerk zu erledigen. Ja, er hatte einen etwas zu hohen Blutdruck, und ein ernster Kampf gegen eine Infektion hatte ihn im Sommer davor zu einem einwöchigen Krankenhausaufenthalt gezwungen. Doch er hatte sich erholt und obwohl er noch ein bisschen schwach war, gab es keine Anzeichen für bevorstehende Schwierigkeiten – außer, wie Rafe es ausdrückte, »eine wachsende innere Dringlichkeit« zu vollenden, was getan werden musste.

Doch Rafe lebte nicht aus einem gewöhnlichen Bewusstsein heraus. Seines erwuchs aus dem mystischen Gebet, das seit vierzig Jahren von zentraler Bedeutung in seinem Leben gewesen war. Von diesem Zentrum her konnte er die Vollendung spüren und er sehnte sich nach ihr. Und nach einer zweijährigen intensiven Wechselwirkung mit ihm rieb sich etwas von genau diesem Bewusstsein auf mich ab. Ich kämpfte mit gesundem Menschenverstand gegen diese Erkenntnis an, aber in meinem Herzen wusste ich es ohnehin. Wir beide hatten ein feines Gespür dafür, dass der Zweck der uns gemeinsam verbleibenden Zeit darin bestand, eine bewusste Verbindung zu schmieden, die, wie Rafe es ausdrückte, »von hier bis zur Ewigkeit« Bestand haben sollte.

»Glaubst du, dass es das ist, wofür wir zusammengerufen wurden?«, überlegte er eines Tages, als wir von einem Arzttermin in Aspen zurückfuhren. Dieser einen Sache waren wir uns zumindest sicher: Wir mussten zusammengerufen worden sein; es gab einfach zu viel Synchronizität, als dass wir es als Zufall hätten abtun können. Über den halben Kontinent hinweg und ungeachtet aller unglaublichen Widrigkeiten schienen unsere beiden Leben auf einem langsam konvergierenden Kurs zusammengezogen worden zu sein. Bevor ich ihn kennenlernte, lebte ich auf einer Insel in Maine, an einem Ort, von dem ich annahm, dass ich den Rest meines Lebens dort verbringen würde. Gut eingerichtet in einer stabilen, wenn auch schwierigen zweiten Ehe, betreute ich eine kleine Bischofsgemeinde als deren Teilzeitpriesterin, schrieb und publizierte im Nebenerwerb und entwickelte langsam ein geistliches Amt als spirituelle Beraterin und Exerzitien-Leiterin.

Als ich im Dezember 1990 in Snowmass an einem Trainingsworkshop zum Gebet der Sammlung teilnahm, fand ich mich eines Morgens versunken in ein Gespräch mit dem klösterlichen Eremiten und Klempner, der vorbeigekommen war, um den eingefrorenen Duschablauf in der Scheunenwohnung aufzutauen, die man mir für meinen einwöchigen Aufenthalt zugewiesen hatte. Es war der 10. Dezember, auf den Tag genau fünf Jahre vor unserem allerletzten Gespräch, das wir miteinander führen sollten. Wir standen dort auf dem klösterlichen Scheunenhof – ich erinnere mich noch, dass er einen blauen und einen orangenen Stiefel trug – und unterhielten uns über eine Stunde lang in Worten, die aus einer unbekannten Tiefe unserer Seelen nur so hervorflossen. Aus dem Schwall an Wörtern und Gefühlen, der zwischen uns wogte, erinnere ich mich nur noch an einen Satz – er sagte, als er plötzlich meine Hände in seine nahm: »Es ist alles so einfach, so überaus einfach...« Doch was mir bis zum heutigen Tag dermaßen lebendig in Erinnerung bleibt, ist ein von Rafe ausgehender Lichtkreis, der uns beide umhüllte, sowie das tiefe Gefühl des Trostes und der Vertrautheit zwischen uns, so als ob wir uns schon immer gekannt und lediglich eine Konversation wieder aufgenommen hätten, die seit Ewigkeiten andauerte.

Wieder zuhause in Maine, verschwand diese Episode schnell aus meinem Bewusstsein. Doch eines verschneiten Februarmorgens setzte ich mich aus keinem ersichtlichen Anlass hin und schrieb dem Abt der Trappistenabtei einen Brief. Ich fragte ihn, ob er eine Möglichkeit sehe, dass ich nach Snowmass zurückkehren könnte, um dort eine längere Zeit – sagen wir zwei oder drei Monate – in Einsamkeit und Einkehr zu verbringen. Als er mich zwei Wochen später anrief und Ja sagte, war ich überrascht.

Meine komplizierte Ehe löste sich schnell auf. Innerhalb weniger Wochen teilte mir mein Ehemann mit, dass er sich in eine andere Frau verliebt habe, und leitete ohne Verzug das Scheidungsverfahren ein. Ich hätte bleiben und um das Haus kämpfen können, doch welchen Sinn hätte das gehabt? Ich setzte also meine Zukunft auf nicht mehr als eine tiefe innere Stimme, die mir sagte, dass die Zeit in Snowmass ein Termin sei, den ich nicht verpassen dürfe, packte meine Sachen und machte mich auf den Weg gen Westen.

Ich kontaktierte Raphael nicht sogleich. Nach jener ersten Unterhaltung schien keine wirkliche Dringlichkeit zu bestehen, ihn besser kennenzulernen. Wir waren bereits alte Freunde und zwischen uns herrschte ein unausgesprochenes Verständnis darüber, dass wir die Einzelheiten des Lebens des jeweils anderen nach Bedarf erfahren würden. Er kam ab und zu mit Eiern oder Brot vom Kloster vorbei oder um an der alten Pumpe zu arbeiten, die das Haus, in dem ich nun wohnte, recht unberechenbar mit Wasser versorgte. Nach und nach fanden wir heraus, dass wir dieselben Bücher lasen und mit denselben Fragen rangen. So wie ich, war auch er von Georges Iwanowitsch Gurdjieff fasziniert, dem spirituellen Genie des frühen zwanzigsten Jahrhunderts, der einen Pfad der inneren Transformation aufgezeigt hatte, welcher häufig als der »Vierte Weg« bezeichnet wird. Der Großteil der Bibliothek oben in Rafes Klause bestand (neben seiner Bibel und den gesammelten Werken Shakespeares) aus Büchern von Gurdjieff und dessen drei großartigsten Schülern, P.D. Ouspensky, Maurice Nicoll und John G. Bennett. In einer autodidaktischen Verschmelzung der Ideen des Vierten Weges und der christlichen apophatischen Mystik war Rafes innigster Wunsch, »genügend Sein zu haben, um nichts zu sein.«

Im Lauf der nächsten zwei Jahre, in denen ich zwischen Maine und Colorado pendelte, verflochten sich unsere Leben stärker ineinander. Eines düsteren Wintertages in Maine rief er mich aus heiterem Himmel an, um zu erfahren, ob es eine der Küste vorgelagerte unbewohnte Insel gebe, auf der er vielleicht wohnen könne – »um tiefer in dein bisheriges Leben zu treten«, wie er sagte. Und eines sonnigen Morgens im darauffolgenden Sommer in Colorado nahm er direkt nach der Messe im hinteren Teil der Klosterkapelle erneut meine Hände in seine und suchte meine Augen mit einem Blick, der so voller feierlicher Vorzeichen war, dass ich wusste, dass er später bei mir vorbeikommen und die Liebe, die bereits so lange zwischen uns schwelte, in Flammen aufgehen würde.

Wohin auch immer Rafes Intuition ihn führen mochte, wir erkannten beide, dass unsere gemeinsame menschliche Reise nur von kurzer Dauer sein konnte. Ich räumte die Reste meines alten Lebens in Maine zusammen und kehrte dann so schnell wie möglich wieder nach Colorado zurück, um mich ihm auf diesem letzten bemerkenswerten Abschnitt seiner menschlichen Wegstrecke anzuschließen. Ab Juni 1994, als ich endlich ganz in Snowmass angekommen war, bis zu seinem Tod achtzehn Monate später gaben wir uns vollständig dem »Experiment« hin, als das Rafe unsere Beziehung gerne bezeichnete.

Insbesondere in jenen letzten drei Monaten seines Lebens, als in uns die Gewissheit heranreifte, dass das Zepter des Todes über uns hing, arbeiteten wir hart daran, eine neue Art der Kommunikation zu etablieren, die uns auf dem nächsten Abschnitt der Reise zu führen vermöchte. Ich werde darauf noch sehr eingehend zu sprechen kommen; im Wesentlichen ging es um eine radikale emotionale Umprogrammierung, damit ich vorbereitet wäre, seine Gegenwart zu empfangen und zu erwidern, und zwar nicht auf einer Ebene der Erinnerung oder der Sentimentalität, sondern als eine Infusion unverfälschter spiritueller Liebe und Energie in meinen eigenen lebendigen Körper – »den Hoffnungskörper«, wie er ihn kurz und bündig nannte.

> Für sehr hohe kosmische Zwecke ist es notwendig, dass eine bestimmte Anzahl Menschen sich Seelen erringen [...], und die normale Bildung der Seele im Menschen geschieht durch die Vereinigung der Geschlechter.[1]

»Was glaubst du, was er damit meint?« Rafe zitierte gerne aus John G. Bennetts kleinem Buch, *Sex und spirituelle Transformation,* das zu seinem inoffiziellen Reiseführer durch diese unbekannten neuen Gewässer geworden war. Uns beiden war bewusst, dass Bennett dabei keine physische Vereinigung im Sinn gehabt hatte, sondern etwas Tieferes: eine Vereinigung der Herzen, die auch über das Grab hinaus Bestand haben sollte und es uns erlauben würde, auf diese eine vollständige Seele hinzuwachsen, von der wir bereits spürten, dass wir sie waren. Doch um für diese Seelenarbeit über das Grab hinaus auf die richtige Tourenzahl zu kommen, bedurfte ich meinerseits eines Gegenstücks zu jenem Training, das Rafe in seinen zwanzig Jahren der Einsamkeit in der Klause bereits allein absolviert hatte: das unnachgiebige Zurückweisen der »letztjährigen Sprache« (das heißt jedweder Art von bequemer Gewohnheit, Haltung des Klammerns oder Zufriedenheit mit einem geringeren Ziel) bei gleichzeitigem hartnäckigen Vertrauen in etwas, das nach innen führt. »Dein Herz muss unbesiegbar sein«, sagte er zu mir, und seine Augen blitzten meteorblau. »Du musst auf die Unbesiegbarkeit deines Herzens vertrauen.«

Waren wir bereit für den Augenblick, als es geschah? Wer weiß? Nach einer Woche der Zurückgezogenheit in seiner kleinen Klause und einem wunderbaren Tag unten im Kloster, wo seine letzten Worte an alle lauteten: »Ich bin so dankbar, ich bin so dankbar«, wollte er gerade zurück zur Klause gehen, als ihn ein Herzstillstand zu Fall brachte. Sein Herz platzte; es geschah plötzlich, schnell und im Grunde schmerzlos. Es war 23.26 Uhr. Ich war zuhause am Schlafen und erwachte schlagartig.

1. JOHN G. BENNETT: *Sex und spirituelle Transformation,* Xanten: Chalice Verlag, 2012, Seite 74.

Die Totenwache

Rafe wurde gemäß dem Bestattungsritus der Trappisten beerdigt – einfach, schlicht und unvergesslich. Er wurde vom Leichenbestatter auf einem einfachen Kiefernbrett nach Hause gebracht, damit er während der Nacht in der Klosterkapelle aufgebahrt bleiben konnte. An seinem Kopfende brannte die Osterkerze bis zur Totenmesse am folgenden Morgen.

Ich hatte zunächst nicht vor, an der Totenwache oder dem Begräbnis teilzunehmen. Welchen Sinn sollte es haben, einen toten Körper zu würdigen, da Rafe sich nun doch im kosmischen Raum befand? Als aber die Glocken zu läuten begannen, zog mich irgendetwas trotzdem dorthin, und ich nahm meinen Platz am Ende der Prozession ein, die seinen Leichnam in der Kapelle empfing. Ich war gerade zurück von einem Tag der Einsamkeit in der Klause und hatte meinen Seesack bei mir, in dem sich ein dicker Pullover und ein Paar Stiefel befanden. Das war gut so. Ich sollte sie noch brauchen.

Nach dem kurzen Gottesdienst und einigen Momenten stiller Meditation schloss ich mich der anschwellenden Gruppe von Mönchen und Freunden an, die an Rafe vorbeizogen, um ihm ihren letzten Respekt zu zollen. Als ich vor ihm stand, *wusste ich plötzlich, dass ich nicht weggehen würde.* Es war, als ob eine leichte Willensbewegung, kaum ein physischer Hauch, von Rafe auf mich übersprang: Weder ich noch er würden irgendwohin gehen. Einer der Mönche schien dies ebenfalls gespürt zu haben; er kam kurze Zeit später mit einem Stück Kuchen und einer Tasse Tee auf einem Tablett zu mir. »Er sagte mir, ich solle dir dies bringen«, erklärte der Mönch. Ich aß meinen Kuchen und trank den Tee, das letzte bisschen Wärme in dieser bitterkalten Winternacht, die mein Leben für immer verändern sollte.

Ich weiß nicht, wie ich es erklären kann, und ich möchte auch nicht übertreiben. Ich blieb die ganze Nacht dort, die meiste Zeit an Rafes Seite kniend; im flackernden Licht des Adventskranzes zu seinen Füßen und der Osterkerze bei seinem Kopf glitt meine Hand in seine. Der letzte Mönch, der mit mir Wache hielt, ging um dreiundzwanzig Uhr, und von da an bis zur Totenmesse um halb vier Uhr am nächsten Morgen war da nur noch Liebe, eine Dankbarkeit, die zur Gänze durch die Haut hindurch übertragen wurde – von Körper zu Körper, von Wille zu Wille. In dieser Nacht kannte ich keine Schläfrigkeit, kein Bedauern; niemals habe ich eine tiefere und lichterfülltere Erfahrung gemacht. Alles war vergeben, verstanden, ausgeschenkt; das, was im Leben in der Veränderlichkeit der Körper und Gefühle verborgen gewesen war, wurde unveränderlich und konsistent. Es herrschte ein ausgeprägtes Hochzeitsgefühl: ein Eindruck, dass unser gemeinsames Leben nicht etwa geendet hatte, sondern erst jetzt wahrhaftig begann. Und irgendwann in diesen kalten, dunklen Stunden sagte mir eine Stimme, die eindeutig die von Rafe war: »Ich werde dich treffen... im Hoffnungskörper.«

Gegen vier Uhr morgens, nach dem Ende der Totenmesse, begab ich mich in den Empfangsraum der Kirche, wo ein anderer Mönch für mich und sich selbst eine Tasse Tee holte, bevor die einstündige klösterliche Meditation um halb fünf Uhr begann. Da ich mir selbst nicht gänzlich traute, führte ich mit diesem Mönch eine ziemlich oberflächliche Unterhaltung und unsere ganze Begegnung schien etwas reserviert. Erst einige Wochen später erzählte er mir: »Es war wunderbar, damals in deiner Gegenwart zu sein. Du warst die ganze Nacht wach gewesen – du hast die gesamte Nacht bei Raphael verbracht – und dein ganzes Wesen war ausströmende Liebe. Sie ergoss sich aus dir.«

Kapitel 2

Die nicht gegangene Straße

PRAKTISCH UMGEHEND WURDE DIESE HOCHZEITLICHE STIMmung infrage gestellt. Nach unserer Nacht in der Kapelle fühlte ich mich noch immer halb verschmolzen mit der Präsenz Rafes, als ich in der Beerdigungsliturgie am nächsten Morgen mit den üblichen Zusicherungen konfrontiert wurde, die das christliche Verständnis des Todes bereithält: Rafe habe sein Werk nun abgeschlossen, erreicht, wonach er gestrebt habe, und Ruhe gefunden. Befreit von weltlichen Sorgen und Anhaftungen – so verkündet es uns der Requiem-Text –, finden »der Gerechten Seelen« ihre »Ruhe« an einem »Ort großer Erfrischung«, wo sie in unerschütterlicher Seligkeit ihr Jüngstes Gericht und die Auferstehung ihrer Körper erwarten. Es sollte trösten, doch der wunde Saum meines Herzens fragte noch immer: »Woher wollen wir das wissen?«

In jenen ersten Wochen nach seinem Tod fühlte ich mich wie in einem Kreuzfeuer zwischen Rafe, der mich – soweit ich es ausmachen konnte – bat durchzuhalten, und nahezu allen anderen, die mir sagten, ich solle loslassen. Das Gefühl von Rafes Präsenz nahm weiter an Kraft zu, doch wann immer ich versuchte, meine Erfahrung in Worte zu fassen und sie einigen wenigen vertrauten Freundinnen und Freunden zu vermitteln, erhielt ich Antworten, die von schmerzlichem Mitgefühl bis zu entsetzter Gegenrede reichten – selbst wenn ich eher indirekt darüber sprach oder auch nur andeutete, dass es möglicherweise einen gemeinsam begehbaren Weg geben könnte. Man erinnerte mich daran, dass Rafes Werk getan und er nun zu höheren Dingen abberufen worden sei. Meine Weigerung, ihn loszulassen, könne nur als ein Klammern meinerseits interpretiert werden. Und diese Haltung würde nicht nur mich verletzen, sie könne durchaus auch Rafe in Mitleidenschaft ziehen.

Das war ziemlich beängstigend. Schon bald musste ich einsehen, dass die einzige Kategorie, die meinen Mentoren und Mentorinnen entlang des spirituellen Weges zur Verfügung stand, um das, was ich sagte, irgendwie einordnen zu können, diejenige der »Geister« war. Damit waren jene unglücklichen Seelen gemeint, die aufgrund ihrer ungewöhnlichen und im Allgemeinen tragischen Lebensumstände darin versagt haben, einen klaren Schlussstrich zu ziehen, und nun herumhängen und Unruhe stiften. Ich wusste, dass Rafe kein Geist war, aber die Vorstellung, dass ich unbeabsichtigt psychisch an ihm zerrte und ihn damit an seinem Vorankommen im nächsten Reich hinderte, war eine Sorge, die ich ernst zu nehmen hatte, und mir war klar, dass die sicherste Methode darin bestand, mein Bestmögliches zu geben, ihn loszulassen. Der Kreis meiner Freunde ermutigte mich dazu. Eine Weile versicherten sie mir, dass meine Liebe zu Rafe weiterhin einschneidend und ungewöhnlich bleiben werde. Doch allmählich, wenn die Zeit dazu gekommen sei, würde Rafe in Gott hinein entschwinden und meine eigene eng fokussierte Liebe würde ihm dorthin folgen – und ihr wahres Zuhause finden.

So lauteten die Marschbefehle. Und eine Zeit lang bemühte ich mich wirklich sehr, diesen Pfad zu gehen.

Den Weg auf dieser Befreiungsreise markierten ein paar weise und liebevolle Reiseführer wie etwa das ergreifende Buch *The Reasons of the Heart* des modernen Jesuiten John S. Dunne: eine eindringliche, mit seinen philosophischen Reflexionen verwobene, ganz offenbar persönlich erlebte Geschichte darüber, sich zu verlieben und diese Person wieder loszulassen. Der Tod, den er fühlt, ist echt, und in seinen Worten klingt ein authentisches Mitgefühl an, das dieses Buch vielleicht zur eloquentesten Erklärung eines Szenarios macht, das als »christlicher mystischer Trauerfall« bezeichnet werden könnte: das Hindurchfallen durch die verlorene geliebte Person... hinein in das eigene wahre Selbst.

Dennoch sprechen diese Worte gleichzeitig durch einen Filter – den Filter der zölibatären monastischen Spiritualität, von der Dunne ein wahrer Sohn ist. Seine Ausgangsannahme

> Wenn ich mein Herz an eine andere Person hänge, kann ich ohne diese Person nicht leben; mein Herz wird gespalten. Wenn ich dagegen mein Leben der Reise mit Gott widme, wird mein Herz ganz und ich kann in einer Beziehung mit einer anderen Person ganz sein.

legt das unvermeidliche Ergebnis dieser Reise fest:

> Wenn ich mein Herz meinem Leben [mit Gott] widme, werde ich fähig, die andere Person in Hoffnung loszulassen. [...] Was geschieht, ist, dass ich mit der gefundenen und verlorenen Person eine neue Beziehung eingehe, in welcher mein Herz nicht länger gespalten ist.[2]

Dies ergibt vollkommen und hoffnungsvollen Sinn – vorausgesetzt wir akzeptieren, dass die intime Reise mit Gott und die intime Reise mit einem menschlichen Geliebten nicht denselben Raum einnehmen können und dass Liebe das Herz spaltet. Solche Aussagen, so glaube ich mittlerweile, können nur aus einem zölibatären und monastischen Milieu heraus entstehen. Das Resultat ist eine grundsätzlich tragische Sichtweise der menschlichen Liebe, in welcher Entsagung statt vollständiges Selbstergießen der Preis für Ganzheit ist.

Und doch ist dies der Filter, durch den unsere christliche spirituelle Tradition kanalisiert wird, und er ist dermaßen eingefleischt, dass der Versuch, mich dagegen anzustemmen, sich anfühlte, als würde ich zu einem Felsbrocken in einem strömenden Fluss. »Lass los!«, schrie die Weisheit der Tradition. »Lass Rafe los, lass alles los! Falle durch die Mitte deiner Nichtigkeit in Gott hinein. Entdecke anstelle von Rafe... dein eigenes wahres Selbst.«

Doch jedes Mal, wenn ich es versuchte, traf ich dort am unteren Ende meines Fallens auf Rafe selbst. Und er schien mich nicht darum zu bitten, ihn los- oder gehenzulassen. Auch wenn ich nur ansatzweise versuchte, das Ganze als absurd abzutun und mit meinem Leben weiterzumachen, wurde mir fast buchstäblich Auftrieb verliehen durch die Leichtigkeit seiner Präsenz in mir und das intensive Gefühl einer tragenden Partnerschaft. Weit entfernt von einem tragischen Bild der Liebe erschien mir dies eher als eine Komödie, und zwar im klassischen Sinn von Leichtigkeit und Harmonie und einem freudigen Ende, das einem gegenseitigen Verständnis entspringt. Und genau so hat bekanntlich auch Dante seine Wanderung mit einer Geliebten über das Grab hinaus genannt: eine »Göttliche Komödie«.

Langsam, aber stetig reifte in mir die Überzeugung, dass Rafe und ich tatsächlich *ein* Leben lebten. Und dieses Leben ist nicht einfach eine Erneuerung seines Lebens oder die Weisheit des Meis-

2. John S. Dunne: *The Reasons of the Heart*, New York: Macmillan, 1978, Seite 141.

ters, weitergegeben an die Schülerin, sondern ein vollkommen neues Territorium, auf dem unsere ungenutzten Begabungen und unsere gegenseitige Verpflichtung dem fortlaufenden Werden des anderen gegenüber uns immer tiefer in das Geheimnis Christi eintauchen ließen – eine neue Schöpfung, die für uns beide ein offenes Ende bereithält.

Was also war als Nächstes zu tun? War ich verrückt? Wusste Rafe tatsächlich etwas, als er davon sprach, unsere Verbindung reiche »von hier bis zur Ewigkeit«, oder klammerte ich mich bloß an einen Strohhalm? Wie lässt sich die »unbesiegbare Gewissheit deines Herzens« von neurotischer Selbsttäuschung unterscheiden?

Frustriert griff ich schließlich auf meine eigenen Kräfte zurück und machte eine Aufstellung in der Art einer Pascalschen Wette:

- Wenn Rafe mich zur Fortsetzung unserer Partnerschaft auffordert und ich dazu Ja sage – dann gehört die Welt uns.
- Wenn Rafe mich nicht dazu auffordert und ich dennoch Ja sage – dann werde ich mein Leben in einer zusammengebrauten Fantasie verschwendet haben.
- Wenn Rafe mich nicht dazu auffordert und ich Nein sage – dann fährt der Zynismus einen weiteren kleinen Sieg ein.
- Wenn Rafe mich zur Fortsetzung unserer Partnerschaft auffordert und ich Nein sage – dann werde ich die größte Gelegenheit meines Lebens verpasst haben.

Diese Auslegeordnung verschaffte mir Klarheit über meine weitere Vorgehensweise. Das Einzige, was ich zu verlieren hätte, falls ich meinen Instinkten folgen würde, wären die rund zwanzig mir voraussichtlich noch verbleibenden Lebensjahre, und was bedeutete das schon? Es schien mir ein allzu verlockendes Glücksspiel zu sein, als dass ich es verpassen durfte. Trotz der in meinem Umfeld mehrheitlich herrschenden Meinung zugunsten von Aufgeben und Loslassen schienen mir die internen Gewinnchancen stark zugunsten einer Fortsetzung zu sprechen.

Dies ist die Entscheidung, die in jenen dunklen Tagen des Jahres 1996 in der tief eingeschneiten Einsiedlerklause langsam in mir Gestalt annahm, als ich Rafes persönliche Sachen und die zerbrochenen Überbleibsel meines eigenen Lebens ordnete. Warum sollte ich nicht versuchen, die nicht gegangene Straße einzuschlagen und sie so weit wie möglich zu gehen, um zu schauen, ob aus dem Versprechen, dass die Liebe stärker ist als der Tod, sich ein Weg auftäte? Außerdem ließ mir Rafes Präsenz, die in regelmäßigen Abständen wie ein Güterzug durch mein Leben ratterte, in dieser Angelegenheit kaum eine andere Wahl. Meine griechisch-orthodoxen Freundinnen und Freunde versicherten mir, dass dies alles normal sei in den ersten vierzig Tagen, in denen sich die Seele auf dem Weg zu den höheren Reichen befinde. Doch als die vierzig Tage vorüber waren und die Kommunikation zwischen Rafe und mir sich eher intensivierte als abschwächte, fing ich nochmals von vorne an. Ich begann, in den Büchern der Bibliotheken von Rafe und mir nach irgendetwas zu suchen, das mir helfen könnte, aus all dem schlau zu werden, was ich gerade erlebte.

Nach und nach entdeckte ich eine Tradition innerhalb des Christentums, deren Herz schon immer erotisch verliebt war und die mit unerschütterlicher Gewissheit verkündet hat, dass die geliebte Person niemals verschwindet, weil die beiden zwei Hälften einer einzigen Seele sind. Seit dem Auftauchen neuerer Erkenntnisse behaupten einige, die Beziehung zwischen Jesus und Maria Magdalena sei selbst eine Form dieser ewigen und wahren Liebe gewesen[3] – eine Schlussfolgerung, die meiner Meinung nach für alle offensichtlich sein müsste, die den Ostermorgendialog zwischen den beiden im Johannesevangelium gelesen haben und jemals einen menschlichen Geliebten hatten. Als die Kirche sich um männliche zölibatäre Reinheitsideale herum verfestigte, ging diese Tradition in den Untergrund, doch tauchte sie in verschleierten Formen in der Kunst, in der mittelalterlichen Minne und in den Lehren der hermetischen und inneren Tradition wieder an die Oberfläche.[4] Wenn wir all diese Teile mit der Mystik der erotischen Liebe eines heiligen Bernhard von Clairvaux und anderen zusammenfügen (was theologisch vertretbar ist, weil es sich bei

3. Unter der Flut diesbezüglicher Werke möchte ich auf folgende verweisen: Michael Baigent, Richard Leigh und Henry Lincoln: *Der Heilige Gral und seine Erben,* Bergisch Gladbach: Lübbe, 1984; sowie Margaret Starbird: *Die Frau mit dem Alabasterkrug,* Berlin: Ullstein, 2006; und Denys Arcand [Regie]: *Jesus von Montreal,* kanadisch-französisches Filmdrama, 1989.

4. Eine gute Einführung in diese faszinierende Untergrundgeschichte finden Sie bei Charles A. Coulombe: "The Secret Church of John", im Magazin *Gnosis,* Ausgabe 45 (Herbst 1997), Seiten 47–53.

dem Geliebten in diesen Fällen um Christus handelt), kommt eine Karte dieses Terrains zum Vorschein: ein Bild der erotischen Liebe, der Grundlage jeglichen Begehrens und Urquelle aller Schöpfung, als ursprünglicher und authentischster Ausdruck dessen, was Gott wirklich ist.

Könnten Rafe und ich auf diesen Weg gerufen worden sein? War dies der Grund dafür, dass meine allergrößten Bemühungen, durch ihn hindurch in Gott hineinzufallen, immer wieder zu nichts führten – weil wir diesen Weg zusammen gehen *sollten?* Noch immer fühle ich mich außerstande, dies mit Bestimmtheit zu behaupten. Doch zumindest kann ich es jetzt als authentische Möglichkeit vorbringen, als eine Prämisse, die verifiziert oder falsifiziert wird beim Versuch, sie im Leben umzusetzen.

Kapitel 3

Die mystische Seelenvollendung

DER GEDANKE DER MYSTISCHEN LIEBE DURCHDRINGT SELBSTverständlich die ganze christliche Tradition, angefangen von der erlesenen Bildsprache im Hohelied bis zu den Metaphern der mystischen Vermählung: der Kirche als der »Braut Christi« und unserer spirituellen Einwilligung als dem »Hochzeitsgewand«. Es existieren menschliche Paare als Vorbilder wie der heilige Franziskus und Klara von Assisi oder, was dies betrifft, auch Jesus und Maria Magdalena: Menschen, die unser Herz instinktiv als Paare betrachtet trotz aller Bemühungen, ihre Beziehung zu spiritualisieren oder wegzuerklären. Sie erinnern uns an die vollendende und befreiende Macht von Seelen, die in einer heiligen, in der Essenz erotischen Liebe zusammenarbeiten. Das Konzept ist uns jedoch unheimlich und wird in der Regel wie eine heiße Kartoffel schnell wieder fallengelassen.

Ich hingegen bin davon überzeugt, dass sich in unserer Tradition die Bausteine finden lassen zur Untermauerung einer tragfähigen Theologie der mystischen Seelenvollendung. Die heiße

Kartoffel muss nicht zwangsläufig wieder fallengelassen werden; sie findet in einem erleuchteten christlichen Selbstverständnis nicht nur Platz, sondern bietet auch wichtige Erkenntnisse, die unsere christliche Vorstellung vom Tod und vom Leben nach dem Tod erweitern und abrunden. Denn die erotische Liebe ist ein heiliges Geschenk Gottes. Und manchmal ist diese Liebe so intensiv und kraftvoll und das Empfinden des Einsseins derart stark, dass sie auch über das Grab hinaus weiterwachsen und zwei Seelen zu jener Ganzheit ineinanderwirken, die zu werden ihnen schon immer bestimmt war. Mystische Vollendung geschieht von Zeit zu Zeit in unserer menschlichen Erfahrung, und wenn es dazu kommt, bezeugt sie jene zwei tiefgründigen Einsichten im Herzen des christlichen Glaubens, nämlich dass die Liebe stärker ist als der Tod und dass sie die fundamentale Schöpfungskraft im Universum ist.

Diese Bausteine stammen mehrheitlich aus der christlichen »inneren« Tradition: aus dem Vierten Weg nach G.I. Gurdjieff und aus der Linie der christlichen Hermetik, die sich von Jakob Böhme im siebzehnten Jahrhundert über Valentin Tomberg bis in unsere Tage erstreckt. Da viele dieser Namen einer Leserschaft, die sich im Mainstream der christlichen Tradition zu Hause fühlt, unbekannt sein dürften, habe ich am Ende dieses Buches (Seite 187ff) einige kurze biografische Bemerkungen angefügt. Bitte denken Sie daran, dass »innere« nicht »häretische« meint.[5]

Leser und Leserinnen, die mehr an meiner Geschichte als an der Theorie interessiert sind, mögen es einfacher finden, dieses und das nächste Kapitel in Gänze zu überspringen und direkt zum Teil zwei zu wechseln; sie tun dies, ohne Gefahr zu laufen, den Faden des Erzählten zu verlieren. Doch jenen, deren vorrangiges Interesse der Mechanik der Seelenarbeit über das Grab hinaus gilt, werden die folgenden Seiten einen Überblick über dieses Terrain liefern. Die vier Bausteine sind:

1) die Vereinigung von Seelen,

2) die Vorstellung eines zweiten Körpers,

3) das Gelöbnis oder Versprechen,

4) »die Wunder«.

5. *Gnosis,* der für dieses System innerer Lehren häufig verwendete Begriff, der vom altgriechischen γνῶσις (»Erkenntnis«, »Wissen«) stammt, ist klar zu unterscheiden vom *Gnostizismus,* den von den frühen Kirchenvätern verworfenen häretischen Lehren aus dem ersten nachchristlichen Jahrhundert.

Die Vereinigung von Seelen

In der christlichen inneren Literatur bringen John G. Bennetts Buch *Sex und spirituelle Transformation* sowie Boris Mouravieffs ausgeklügeltes und schwieriges dreibändiges Werk *Gnosis* diese Vorstellung am geradlinigsten zur Sprache. Bennett schreibt in dem Abschnitt, von dem Rafe so angetan war:

> Die Verschmelzung der Wesensnaturen [in der Vereinigung der Willen eines Mannes und einer Frau] ist eine neue Schöpfung. Es ist die wahre Seele des Menschen, durch die er sein Schicksal erfüllen kann und von den Bedingungen der Auflösung in Zeit und Raum frei wird.[6]

Bennett ergänzt: »Die normale Bildung der Seele im Menschen geschieht durch die Vereinigung der Geschlechter« – eine Vereinigung, so verdeutlicht er an verschiedenen Stellen, die normalerweise, aber keineswegs notwendigerweise den geschlechtlich-sexuellen Ausdruck mit einschließt. Worum es hier geht, ist die Vereinigung von Wesensnaturen. Ohne diese Vereinigung erreicht zu haben, »bleiben wir«, obschon wir mittels spiritueller Übungen »Unsterblichkeit innerhalb bestimmter Grenzen« erlangen können, »unvollständige Wesen.«[7]

Mouravieffs *Gnosis* wird, insbesondere in den späteren Bänden, mehr und mehr zu einer Hymne auf diese Art mystischer Vollendung, die, so wird berichtet, Mouravieff selbst mit seiner Frau erfahren habe. Im Widerhall einer Einsicht, die mindestens bis zu Platon zurückdatiert werden kann, behauptet Mouravieff, die menschliche Seele sei »zweipolar«: Es existiere in der Welt ein vollkommen symmetrisches »polares Wesen«, das die einzigartige Vervollständigung des anderen sei. Er erklärt:

> Ein Mensch allein ist unvollständig. Doch genau dort, wo er Schwächen aufweist, ist sein polares Wesen stark. Zusammen bilden sie ein integrales Wesen: Ihre Vereinigung führt zu einer Verschmelzung ihrer Persönlichkeiten und einer schnel-

6. Bennett: *Sex*, Seite 74.
7. Ebenda, Seite 73.

> leren Kristallisation ihrer vervollständigten subtilen Körper, vereint in einer gemeinschaftlichen zweiten Geburt.[8]

Obwohl diese Bilder – Aus welcher unbekannten Tradition mögen sie wohl stammen? – verlockende Einsichten bieten, bin ich ihnen gegenüber stets ein wenig skeptisch geblieben, da sie scheinbar ein beträchtliches Risiko mit sich bringen, die spirituelle Suche in Richtung einer mythologischen Jagd nach dem perfekten Partner beziehungsweise der perfekten Partnerin abzulenken, anstatt die sanfte Empfänglichkeit zu fördern, die im Kern wahrer spiritueller Erkenntnis liegt. Darüber hinaus beruhen diese Ideen auf der Vorstellung einer zerbrochenen Seele: einer geheimnisvollen Gabelung dessen, was uranfänglich eins war. Obwohl dieses Konzept archetypisch stringent zu sein scheint, ist es mir zu spekulativ und zu anfällig für romantische Selbsttäuschung, um einen wirklich sicheren Ausgangspunkt zu liefern.

Ein stabileres Fundament zur Konstruktion einer Mechanik der Vereinigung von Seelen liegt, so glaube ich, in der inneren Tradition der *sich entwickelnden* Seele. Der Kern dieser Lehre besagt, dass kein Mensch als vorgeformte Seele beginnt (weder als eine vollständige noch als eine zweipolare), sondern eine solche nach und nach *entwickelt,* und zwar durch eine konsequente innere Praxis, welche im Wesentlichen auf die Zunahme innerer Aufmerksamkeit und die Verschmelzung innerer Gegensätze abzielt.[9]

Diese Behauptung ist selbstverständlich die Wasserscheide, an der sich die Tradition des Vierten Weges vom klassischen exoterischen Christentum trennt, das von einer einmaligen, unvergänglichen (und vermutlich unveränderlichen) Individualität ausgeht, die uns als wesentlicher Bestandteil des Lebens selbst vorgegeben ist. Falls diese letztgenannte Annahme stimmt, wird aus der Idee einer mystischen Fusion von Personen, die durch die Liebe eine Seele formen, eine operative Unmöglichkeit und die Vorstellung einer Vereinigung von Seelen wird auf eine liebenswürdige Metapher eingedampft.

8. Boris Mouravieff: *Gnosis,* Band 1, Newbury, MA: Praxis Institute Press, 1989, Seite 245.

9. Eine exzellente Zusammenfassung dieser Praxis finden Sie bei Jacob Needleman: *Lost Christianity,* New York: Doubleday, 1980, insbesondere auf den Seiten 166–168.

Doch Maurice Nicoll zeigt in dem bemerkenswerten Kapitel »Der Begriff der Rechtschaffenheit« seines Buches *The New Man* einen Weg aus dieser scheinbaren Sackgasse auf. In seinem Kommentar des Evangelientextes »Denn wer sein Leben retten will, wird es verlieren; wer aber sein Leben um meinetwillen verliert, wird es finden« (Matthäus, 16.25) erklärt Nicoll:

> Hier bedeutet »Leben« ursprünglich »Seele«. [...] Die Übersetzung des Wortes »Seele« mit »Leben« [...] ist richtig, wenn wir unter dem Wort »Leben« nicht das physische Leben – das Leben des Körpers – verstehen, sondern die Entwicklungsstufe des Menschen, auf der er steht. Man muss begreifen, dass das Leben eines Menschen nicht nur das äußere Leben seines physischen Körpers ist, sondern alles, was er denkt, wünscht und liebt. Das ist das Leben des Menschen, und das ist seine Seele [...]; denn was man innerlich bejaht, macht das Leben aus, es ist die Seele des Menschen.[10]

»Aus alledem können wir anfangen zu begreifen«, schlussfolgert Nicoll,

> dass die Seele des Menschen nicht etwas Herrliches oder vollkommen Fertiges ist, sondern etwas, das sich in ihm formt, seinem Leben entsprechend, und dass sie tatsächlich *sein gesamtes Leben darstellt,* dass sie das Abbild all dessen ist, was er gedacht, gefühlt und getan hat.[11]

Nicoll zeigt hier die Grundlagen dafür auf, wie sich die Vorstellung der Vereinigung von Seelen gänzlich innerhalb des Rahmens der Lehren des Evangeliums verstehen lässt. »Der Mensch muss seine Seele [für seinen Nächsten] lassen: Das ist die tiefste Bedeutung von *bewusster Liebe.*«[12] Das heißt, durch ein Leben in bewusster Liebe – im unentwegten Praktizieren der Hingabe unseres eigenen Lebens für einen anderen, also des Verschmelzens oder Vereinigens zweier Willen mit dem Bestreben, den anderen an die erste Stelle

10. Maurice Nicoll: *The New Man,* London: Stuart and Richards, 1950; deutsch: *Ich bin der Weg...,* Frankfurt am Main: Sten-Verlag, 1950, Seiten 97–99 (eine Neuausgabe dieses Titels erscheint demnächst im Chalice Verlag).

11. Ebenda, Seite 100.

12. Ebenda, Seite 97.

zu setzen – stellen sich Schritt für Schritt die Bedingungen ein für die Schaffung einer Seele. Solange das Leben in einer immer wieder erneuerten Willensvereinigung weitergeht, können wir von »einer Seele« sprechen, denn »die Seele ist das Abbild eines Lebens.«

Eine solche Vereinigung von Seelen kann nicht aus purer Romantik geschehen, aus diesem anfänglichen Sturm erotischer Anziehung, der das Einzige darstellt, was die meisten von uns unter »Liebe« verstehen. Sie ist kein Produkt der Anziehung, sondern vielmehr der Läuterung, das heißt der Verpflichtung, mit der die Partner die spirituelle Praxis des Hingebens ihrer Leben füreinander eingehen: sich ihren Schatten zu stellen, alte Muster und Rechnungen aufzugeben, jegliche Selbstgerechtigkeit ans Licht zu bringen, offenzulegen und loszulassen. Anders ausgedrückt: Ohne eine gegenseitige und bewusste Verpflichtung, unsere menschliche Liebe in wohlwollenden Einklang mit der opfernden und gebenden Liebe, dem Quell jeglicher Schöpfung, zu bringen, gibt es keine Vereinigung von Willen oder Seelen. Die Bereitschaft, für das Werden des anderen zu sterben – auf welcher Ebene auch immer –, ist die Praxis, die erotische Anziehung nach und nach in eine Kraft der heiligen Verschmelzung verwandelt.

Der zweite Körper

Doch kann diese Vereinigung von Willen über das Grab hinaus fortdauern und es der einen Seele ermöglichen, sich weiterzuentwickeln? Zugebenermaßen reizt diese Idee die Grenzen traditioneller christlicher Vorstellungen über das Leben nach dem Tod sehr weit aus, doch ist sie keineswegs unbekannt oder theologisch nicht zu rechtfertigen.

Mit überwältigendem Konsens gehen die theologischen Traditionen davon aus, dass, wenn der physische Leib wegfällt, das Entwicklungsstadium der Seele an ihr Ende gekommen ist und danach das Stadium der Beurteilung beginnt. In Abhängigkeit davon, wo wir uns im Spektrum der christlichen Orthodoxie verorten, kann diese Evaluation unterschiedliche Formen annehmen. Gemäß der strenggläubigen buchstabengetreuen Interpretation ist damit der Tag des Jüngsten Gerichts gemeint, das ewige Verdammnis oder ewigen Lohn zur Folge hat.

In den mystischen und inneren Traditionen machen Verurteilung und Strafe hingegen Platz für ein flexibleres Paradigma des Angleichens an eine Schablone. Die Zeit, in der wir mit der äußeren Bedeckung eines Körpers gesegnet sind, stellt eine Möglichkeit dar, die Fertigkeit der heiligen Unterscheidungskraft zu entwickeln und uns auf den Wegen der Göttlichen Liebe formen zu lassen. Jakob Böhme, der Mystiker aus dem siebzehnten Jahrhundert, denkt in diesen Kategorien, wenn er schreibt:

> Alsdann wircket und will Gott in ihm, und wohnet Gott in seinem gelassenen Willen, dadurch wird die Seele geheiligt, dass sie in Göttliche Ruhe kommt. Wann nun der Leib zerbricht, so ist die Seele mit Göttlicher Liebe durchdrungen und mit Gottes Licht durchleuchtet, wie das Feuer ein Eisen durchglüet, davon es seine Finsterniß verlieret.[13]

Wenn sich jedoch der Wille während seines Lebens im Körper bloß mit »Bosheit, Lügen, Hoffart, Geiz, Neid und Zorn« vermählt, werden diese zur Schablone, und »dieselbe Eitelkeit wird in ihr auch offenbar, und wirckend und durchdringet die Seele ganz und gar, wie ein Feuer das Eisen.«[14]

Den eigenen Willen vollständig der Schablone der Göttlichen Liebe anzupassen, ist eine spirituelle Praxis, die Böhme »den Leib Christi annehmen« nennt.

Für andere, wie Nicoll und Mouravieff, wird dieselbe Idee in der biblischen Metapher des hochzeitlichen Gewandes vermittelt, das als Eintrittskarte zum Hochzeitsmahl dient (Matthäus 22.2–14). Wie auch immer wir uns das Ende ausmalen, es stellt das große Ziel und die Hoffnung der christlichen inneren Tradition dar: dass wir durch unermüdliche Praxis im Laufe dieses Lebens einen zweiten Körper entwickeln können, »den Leib Christi« oder das Hochzeitsgewand, das es uns nach dem Tod erlaubt, ein Zuhause im Himmel zurückzuerlangen, weil es bereits unsere menschliche Gestalt aufweist. Obwohl er nicht aus Fleisch und Blut besteht, ist dieser Körper dennoch von einer eindeutigen Substanz. Böhme begreift diese als aus »dem heiligen Element« ge-

13. Jakob Böhme: *Christosophia: oder Der Weg zu Christo* [1621], Amsterdam 1731, Seite 154.

14. Ebenda, Seite 155.

bildet und nennt sie »Barmherzigkeit« – strahlende, lebensspendende Liebe.

Doch kann sich dieser zweite Körper, dieses Hochzeitsgewand, nach dem physischen Tod weiterentwickeln? Könnte Böhmes »heiliges Element« eine Straße mit Gegenverkehr sein, sodass die Seele jenseits des Todes Nahrung nicht nur weiterhin zu geben imstande ist, sondern auch vom geschaffenen Leben zu erhalten vermag und in himmlischen Maßstäben weiterwächst?

Einer, der ganz gewiss davon ausging, war G. I. Gurdjieff. In seinem großen mythologisch-fantastischen Lehrgebilde *Beelzebubs Erzählungen für seinen Enkel* ist es der »Heilige Planet Fegefeuer«, auf den jene Individuen, die ein fortgeschrittenes Niveau spirituellen Verständnisses erreicht haben, zwecks »weiterer Vervollkommnung« geschickt werden, »die früher oder später von jedem entstandenen höheren Seins-Körper unausbleiblich erreicht werden muss.«[15] Wenn ein entscheidendes Momentum innerer Entwicklung einmal erreicht ist, so lautet Gurdjieffs Sicht, ist das weitere Wachstum über den physischen Körper hinaus nicht nur eine Möglichkeit, sondern zwingend – weil die vollständige Reifung solcher erleuchteten Seelen für die Erhaltung des bewussten Lebens auf dem Planeten essenziell ist. Sie gehören zu etwas, was verschiedentlich auch »der Bewusste Kreis der Menschheit« genannt wird, »die Gerechtgewordenen« oder »die Gemeinschaft der Heiligen«.

Sollten diese faszinierenden Einsichten Böhmes und Gurdjieffs wahr sein, ist es durchaus möglich, sich das Fegefeuer nicht so sehr als einen Ort vorzustellen, an dem eine Seele für vergangene Sünden büßt, sondern als einen, an dem sie sich weiter vervollkommnet und sich in heiligem Bewusstsein und in Liebe zu ihrer vollständigen Gestalt erhebt. Das Fegefeuer des christlichen Westens war immer eine recht unspezifische Doktrin. Einerseits beinhaltet sie die Überzeugung, dass die Gebete der Lebenden auf irgendeine Weise das Geschick derer in der jenseitigen Welt erreichen und beeinflussen können. Dabei handelt es sich um eine der kräftigsten Beteuerungen unseres Glaubens: dass der Tod von beiden Seiten für die Liebe durchlässig ist! Doch hat die Tradition die Implika-

15. G. I. Gurdjieff: *Beelzebubs Erzählungen für seinen Enkel: Eine objektiv unparteiische Kritik des Lebens des Menschen*, 3 Bände, Basel: Sphinx Verlag, 1981, Seite 817.

tionen dieses Glaubenssatzes niemals ausreichend entwickelt und dem Fegefeuer die Luft abgedreht durch die Neigung des exoterischen Christentums, dessen Bedeutung auf die Ebene von Sünde und Strafe zu beschränken. Es scheint ihr am Mut zu mangeln, den nächsten Schritt zu wagen, nämlich: dass Gebet, dargeboten in tiefem Glauben und tiefer Liebe, das eigentliche Wesen der Seele, für die gebetet wird, zu verwandeln vermag und es ihr ermöglicht zu wachsen.

Tatsächlich aber zeigt sich Gurdjieffs Vorstellung eines »hohen« oder heiligen Fegefeuers als das logische Ergebnis einer christlichen Inkarnationstheologie, die das höchste Ziel menschlicher Entwicklung nicht im Zurückschmelzen in eine undifferenzierte Einheit sieht, sondern im Vermögen, die leidenschaftliche Besonderheit der Liebe aufrechtzuerhalten. Anstatt in der Gottheit aufgelöst zu werden, wächst dieser zweite Körper, gebildet in der Matrix der eigenen einzigartigen menschlichen Kreatürlichkeit, im Sinne eines tiefer und tiefer werdenden Vermögens, das Göttliche Licht zu empfangen und zu verherrlichen. Dies, so nehme ich an, ist der mystische Kern dessen, was die innere Tradition mit »permanenter Individualität« meint.

Das Gelöbnis

Doch es war Jakob Böhme, der mir schließlich in einem einzigen obskuren Absatz in seiner *Beschreibung der drei Principien göttlichen Wesens* den Schlüssel zu der Frage lieferte, warum das Geheimnis des Wachstums über den physischen Körper hinaus in unserer Tradition so hartnäckig mit der erotischen Bildsprache (das Hochzeitsgewand, die mystische Vermählung, der Bräutigam) verbunden wird und mit der Seelenarbeit Liebender, die durch den Tod getrennt wurden. Darüber nachsinnend, was die Seele »in sich fasst« – das heißt beinhaltet –, wenn sie erst einmal den Körper verlassen hat, versichert Böhme, dass unter gewöhnlichen Umständen die Seele jenem bereits früher in diesem Kapitel beschriebenen Prozess unterzogen wird: Sie wird sich entweder in der Hölle oder im Himmel wiederfinden, abhängig davon, mit welchen dieser Formen (Böhme nennt sie »Prinzipien«) sie sich selbst während des körperlichen Lebens in Einklang gebracht hat. Aber dann fügt er hinzu:

> Also kann sie [die Seele] gefasset werden, so sie sich in Zeit des Leibes hat in etwas verlobet, und das nicht widerrufen, so fasset sie dasselbe Wort und ernste Zusage, davon allhier billig geschwiegen wird; sonst fasset sie nichts als ihr eigen Principium, darinnen sie stehet, es sei der Hölle oder Himmel Reich.[16]

Das Wort »verlobet« lässt wenig Zweifel daran, dass Böhme speziell an einen Liebesschwur dachte. Wenn ich dies richtig interpretiere, meint er hier, dass unter bestimmten Bedingungen (»davon allhier billig geschwiegen wird«, wie er rätselhaft ergänzt) ein ernsthaftes Gelöbnis, das sich zwei wahre Geliebte während ihres körperlichen Lebens schwören, zu einem eigenständigen »Prinzip« werden kann: einer Matrix, in der ihre Liebe weiterhin wachsen kann, auch wenn einer der Liebenden gestorben ist, und welche die unvermeidliche Begegnung mit Himmel oder Hölle vorwegnimmt. Das herkömmliche »bis dass der Tod uns scheidet« wird ersetzt durch »bis in alle Ewigkeit«.

Als ein moderneres Bild dessen, was Böhme hier im Sinn hat, könnten wir uns eine Art kovalente Bindung über den Abgrund des Todes hinweg vorstellen, welche es zwei Atomen ermöglicht, als ein einziges Molekül zu funktionieren. Diese Bindung wird durch die Energie erotischer Liebe gebildet.

Egal, welche Vorstellung wir heranziehen, es geht darum, dass es den beiden Liebenden – anstatt dass die gegenseitige »Belebung« ihrer Seelen (um in den Worten aus John Donnes Gedicht »Ekstase« zu bleiben) mit dem Tod besiegelt wird – unter bestimmten Umständen erlaubt ist, diese weiterzuführen. Sie unterhalten gewissermaßen keine zwei, nun durch den Tod getrennte Seelen mehr, sondern ein fortwährendes gemeinsames Konto, dessen Ausdrucksweise der Transaktion durch das Medium des zweiten Körpers erfolgt. Die Abschlussbilanz wird in der Stunde des Todes des überlebenden Partners gezogen. Doch diese Möglichkeit ist nur gegeben, wenn dieser zweite Körper, oder das Hochzeitsgewand, der es ihrer Liebe erlaubt, in dieser neuen Form geteilt zu werden, mindestens in einem der Partner zur Gänze (und im anderen wenigstens ansatzweise) entwickelt ist.

16. Jakob Böhme: *Die drei Principien göttlichen Wesens* [1619], Leipzig: Verlag von Johan Ambrosius Barth, 1841, Seite 239, Absatz 21.

Dieses waren die Lektionen, die Rafe mir in unserer gemeinsamen Arbeit, kurz bevor er starb, beizubringen begann. Im Wesentlichen war es ein Crash-Kurs über die Bildung des zweiten Körpers, die auf dem christlichen inneren Pfad vorrangig durch die Praxis der »wahren Gelassenheit« (wie Böhme sie nennt) geschieht – durch das Niederlegen des persönlichen Willens, um uneingeschränkt gegenwärtig zu sein für den Willen Gottes.

Diese von Rafe in Gang gebrachte Umgestaltung meines Willens setzt sich seit seinem Tod in meinem langsamen und schmerzhaften Lernen fort, dass ich nur durch die Entwicklung eines zweiten Körpers in mir fähig werde, die riesigen Liebesgaben zu empfangen und zurückzugeben, die zwischen uns noch geteilt werden sollen. Erinnerung und affektive Emotion sind ganz einfach zu schwach; unter der Oxidierung durch die Zeit brechen sie irgendwann zu einer schmerzhaften Einsamkeit zusammen.

»Die Wunder«

»Es braucht ein Spielerherz, um die spirituelle Reise zu unternehmen«, sagte mir Rafe einmal am Anfang unserer gemeinsamen Zeit. Und ich denke ans Spielen, wenn ich zum letzten Teil dieser Frage komme, nämlich, worin der Sinn liegt, insbesondere für Rafe, eine Partnerschaft mit offenem Ende über das Tal des Todes hinaus fortzuführen?

Für mich liegen die Vorteile auf der Hand, obwohl sich der Alltag keineswegs als einfach erweist. Es wird immer offensichtlicher, dass die Verschiebung der inneren Orientierung, die vom Ego allein niemals bewerkstelligt werden könnte, langsam durch Liebe erreicht wird: die Verschiebung weg von der gewohnheitsmäßigen Beschäftigung mit den Dingen dieses Lebens. Wie es in der Bibel heißt: »Denn wo dein Schatz ist, da ist auch dein Herz« (Mätthäus 6.21).

Folglich befindet sich für mich das Herz im Himmel. Damit meine ich keine Todessehnsucht, sondern mehr eine Art von Nichtverhaftetsein, welche die gewöhnlichen Ablenkungen und Aufregungen des körperlichen Lebens entschieden hinter sich lässt. Wann immer ich das große Bild vergesse, wann immer ich für einen Augenblick oder aus Gewohnheit in Strebsamkeit oder Verzweiflung verfalle, muss ich mich daran erinnern – wenn auch nur im Sinne einer hypothetischen, Pascalschen Art von Wette –, dass ich damit nicht bloß mein Leben beeinträchtige, sondern *unser* Leben. Verzweiflung, Feigheit, Faulheit, Selbstgerechtigkeit – all diese Dinge, in welche mich meine Torheit in meiner eigenen irdischen Ecke des Lebens führen kann – können nicht die richtige Antwort sein, wenn ich mich an den erinnere, der seine Seele für mich gelassen hat. Alles in allem ist es ein guter Schleifstein für eine tiefere und intensivere Praxis.

Doch was hat Rafe von all dem? Vielleicht können wir uns dieser Frage am besten durch die Erkenntnis der zeitgenössischen Theologin Beatrice Bruteau nähern. »Liebe sucht stets das letztlich *Wirkliche*«, schreibt sie in ihrem Essay »Verliebte Menschen«.[17] Und was letztlich in uns wirklich ist, so sagt sie weiter, ist zentriert in »einem ausfließenden Wirken des Liebens anderer Menschen.«

In anderen Worten: Liebe erweckt die Wirklichkeit der geliebten Person, und der Liebesakt ruft unser authentischstes und dynamischstes Zentrum hervor. Das Ergebnis besteht in einem immer tieferen gegenseitigen Hineintreiben ins Werden, in die Entfaltung des Wunders jedes einzelnen Menschen.

Rafe und ich haben wieder und wieder beobachtet, dass unsere Augenblicke hohen Strebens weniger authentisch waren als die unstrukturierten, stets überraschenden Auftritte einer unbekannten neuen Person, die in unser Leben trat – nicht indem diese sein oder mein essenzielles Wesen gebändigt hätte, sondern durch die schöpferische Spannung einer Liebe, die uns alle Fluchtrouten versperrte. Was wir einander gaben, waren Freude und Vertrauen, das Sehen und Gesehenwerden, was es uns ermöglichte, uns nicht nur den dunklen Seiten unserer selbst zu stellen, die der Heilung bedurften, sondern auch den hellen Aspekten, die zur Welt gebracht werden mussten. Unsere heilige Stofflichkeit jenseits des physischen Leibes entspringt nicht dem Ast des Höchsten, was wir hier entwickelt haben, sondern dem *Ganzesten.*

*

»Denn Gott hat uns nicht zur Eigen-Herrschaft geschaffen, sondern zum Werckzeuge Seiner Wunder«, schreibt Böhme.[18] Im Kern von Böhmes komplexer Theologie finden wir die einfache Überzeugung, dass die Seele auf ihrer Reise des Werdens ein krea-

17. BEATRICE BRUTEAU: “Persons in Love” in *The Roll,* Vierteljährlicher Newsletter der Schola Contemplationis (März 1996), Pfafftown, NC, Seiten 9–10.
18. BÖHME: *Christosophia,* Seite 94, Absatz 37.

tives Instrument »der Wunder« ist. In ihrem Ringen darum, zu entdecken und hervorzubringen, was sie wirklich ist, wird sie zu einem einzigartigen Ausdruck des Herzens Gottes, einer sichtbaren Flugbahn jener hervorströmenden Göttlichen Liebe, die sich auf keine andere Art ausdrücken kann. Überdies lässt Böhme an einer bemerkenswerten Stelle durchblicken, dass es die Stärke und der Mut und die Intensität des »reinen Werdens« der Seele in *dieser* Welt sind, die »Majestät« erschaffen, jenes essenzielle Attribut der *nächsten.*[19]

Dies ist ziemlich sicher die innere Bedeutung des Gleichnisses Christi von den anvertrauten Talenten, das denjenigen kritisiert, der auf Nummer sicher geht und seinen Schatz in der Erde vergräbt (Matthäus 25.14–30). Der Schatz muss aus der Erde zum Vorschein kommen; bewusste Form und Formgebung müssen aus unbewusster Angst und Initiative erscheinen; und mit einem Spielerherz und dem Geschick des Künstlers muss das Blatt ausgespielt werden, das einem die Essenz ausgeteilt hat. Denn »alle Wunder [...] / die du allhie gemacht und funden hast«,[20] werden zur Leuchtkraft der Seele, deren Licht Christi ist.

In diesem Sinn möchte ich eine Annahme darüber wagen, was es Rafe bringen könnte, eine gegenseitig belebte Seelenpartnerschaft über die Grenzen des physischen Todes hinaus fortzuführen. Gestärkt und im Hoffnungskörper eins geworden, können er und ich weiter in den Wundern arbeiten, wobei meine Ecke der Wirklichkeit und seine einander durchdringen und ein andauerndes Ganzes bilden. Nicht, indem ich Rafe imitiere, sondern indem ich seinem tiefsten Wunsch nach meinem Werden erlaube, das Epizentrum meiner eigenen Reise zu sein, kann ich den Wundern in uns beiden treu bleiben, die durch die menschliche Liebe zur Welt gebracht werden, und sie werden für uns beide weiterwachsen und reifen.

Jedenfalls ist dies die Route, die ich beschreite, und die Straßenkarte, soweit ich sie verstehen kann. Doch ich erinnere mich an

19. »Und ist die Natur mit den Wundern eine Feuer-Schärffe / und fengt die Ewige Freyheit [das heißt die ewige, unmanifestierte Einheit Gottes] / macht also Majestät in der Freyheit in den Wundern«, schreibt Böhme in *Vierzig Fragen von der Seelen* [1620], Amsterdam: Hans Fabeln, 1648, Seite 89, Absatz 23. Ich werde die Bedeutung von Majestät, einem entscheidenden Parameter im Verständnis der Seelenarbeit über das Grab hinaus, in Kapitel 14 erörtern.

20. Ebenda, Seite 88.

Rafes Worte aus einer dieser Zeiten des Vergebens nach einem Sturm: »Ich habe mich bemüht, ihr eine Form zu verleihen, aber sie hat keine Form. Das Einzige, was ich tun kann, ist mein Herz immer tiefer zu öffnen.«

Teil zwei

Wie wir zusammen arbeiteten

Kapitel 4

Die Kompassrose

Liebende, wäre nicht der andre, der
die Sicht verstellt, sind nah dran und staunen…
Wie aus Versehen ist ihnen aufgetan
hinter dem andern… Aber über ihn
kommt keiner fort, und wieder wird ihm Welt.

RAINER MARIA RILKE:
Duineser Elegien, »Die achte Elegie«

DOCH FÜR RAFE WAR ES NICHT SO. ENTSCHIEDEN UND LEIdenschaftlich dem verpflichtet, was ihm offenbart worden war, nämlich das Mysterium Christi, war er überzeugt, wir beide *würden* dem sehr nahekommen und staunen und nicht die Sicht des jeweils anderen verstellen. Schon zu Beginn unserer gemeinsamen Zeit war er sich sicher, dass der Zweck unserer menschlichen Liebe darin bestehe, eine bewusste Verbindung herzustellen, die den physischen Tod überstünde – und darauf richtete er seine Anstrengungen. Die vier Lektionen, nach denen er selbst lebte und die er mich lehrte, sind in den Monaten seit seinem Tod zu Rettungsleinen geworden, entlang denen ich mir auf dieser Orpheus-Reise meinen Weg hangle.

Ich begann, sie als Kompassrose zu betrachten, eine Lektion aus jedem der vier Quadranten: Osten, Norden, Süden und Westen. Dies war natürlich nicht die Art und Weise, wie er sie lehrte. Lektionen von Rafe waren immer Catch-as-catch-can: ein Einblick, der hier oder dort aufgeschnappt werden konnte, mal beim Herumbasteln an einem alten Schneemobil, mal beim Einheizen des Holzofens. Doch auch wenn das Format zufällig war, der Inhalt war es nicht. Die Lehren sind kompromisslos schwierige spirituelle Wahrheiten, und zumindest bei zwei Gelegenheiten waren sie von einer Energieübertragung begleitet, die traditionell als *baraka* (Segenskraft) oder *gratia infusa* (eingegossene Gnade) bezeichnet würde. Ich sage dies nicht, um Rafe zu mythologisieren, sondern um das Offensichtliche auszusprechen: dass Rafe nach jahrelangem Leben in intimer Nähe zum spirituellen Feuer zu einem brennenden Busch geworden war, der nicht verbrannte. Ich glaube, darin liegt die Integrität des Pfades und die Hoffnung für jene, die ihn wahrhaft betreten.

Kapitel 5

Die Lektion des Ostens

»Das Gesetz der letztjährigen Sprache«

SOLLTEN SIE EINMAL DAS BENEDIKTINERKLOSTER IN SNOWmass besuchen, gelangen Sie einen knappen Kilometer hinter dem Hauptabzweig auf eine zugewachsene Einfahrt zu Ihrer Rechten, die zu einem verlassenen Farmhaus führt. Der Hof ist überwuchert und das schlenkernde Scheunentor und einige zerbrochene Fenster entblößen das Haus unvermeidlich Wind und Wetter. Davor liegt ein großer Haufen Müll und Bauschutt: die Überbleibsel des missglückten Versuchs eines neuen Mieters, den Ort kernzusanieren und neu anzufangen. Im Inneren treffen Sie auf ein verstreutes Durcheinander von auseinandergefallenen Schränken, zerbrochenem Geschirr und einer Schicht Gipskarton-Staub, durchzogen von Mäusekot. Schwer vorstellbar, dass hier einmal jemand gelebt haben soll.

Doch es ist noch gar nicht so lange her, dass die Stanley-Farm ein funktionierender Haushalt war: natürlich funky, wie es sich für ein echtes Schmuckstück aus den 1960er-Jahren gehört, aber ausgestattet mit allem, was ein Haus so braucht, sogar mit »fließendem heißem und kaltem Wasser«, wie Rafe gerne betonte. Während vier Jahren war es immer mal wieder mein Zuhause. Es war der Ort, den die Mönche mir großzügigerweise für meine Übergangszeit von Maine nach Colorado überlassen hatten, und dies für eine bescheidene Miete und als Gegenleistung für meine ebenso bescheidenen Bemühungen, dem Strom der Entropie Einhalt zu gebieten. Rafe war als Hausmeister eingeteilt, und während unserer gemeinsamen Arbeit an dem Gebäude lernten wir uns wirklich kennen.

In jenem ersten Winter in Colorado verbrachten Rafe und ich, zu unserer eigenen Überraschung, Weihnachten gemeinsam in "Stanley Place". Für ihn war es eine schon seit Langem etablierte Gewohnheit, rund um die Weihnachtstage eine längere Zeit abgeschieden in seiner Klause zu verbringen. In diesem Jahr jedoch schienen alte Muster im Glück der neuen Umstände zu schwinden. Am Weihnachtsmorgen klopfte es an meiner Tür und Rafe stand davor in seiner ganzen Cowboy-Pracht, mit einer Schachtel Weihnachtsschmuck unter dem Arm und einem kleinen Geschenk, das aus seiner Manteltasche hervorlugte. Wir schmückten einen Baum, machten uns ein feines Frühstück und tauschten natürlich unsere Präsente aus. Er gab mir eine indianische Kette aus Bärenkrallen; ich schenkte ihm eine Ausgabe von T.S. Eliots *Four Quartets.* Wir saßen im Wintergarten, nippten an unserem Kaffee und hörten uns auf meinem alten Kassettenrekorder Musik von Gurdjieff an, während die Sonne sich rund und voll über die schneefunkelnden Berge erhob, und wir beide strahlten vor Freude über den Tag und übereinander. »Das schönste Weihnachten, das ich je erlebt habe«, sagte Rafe, als er wieder ging. Die Erinnerungen an diesen Tag nährten mich fast das ganze Jahr hindurch, und beim nächsten Erntedankfest freute ich mich bereits auf eine Wiederholung.

Aber dann, zwei Tage vor Weihnachten, kündigte Rafe an, er werde in seine Klause zurückkehren, um diese Zeit, wie er es gewohnt war, in tiefer Zurückgezogenheit zu verbringen.

Ich war am Boden zerstört – wegen seines abrupten Verhaltens ebenso wie aufgrund der Aussicht, mein erstes Weihnachtsfest nun allein verbringen zu müssen – und stürmte hinunter zu seiner Werkstatt, um zu protestieren. Er machte gerade sein Schneemobil startklar, eine ansehnliche Tasche mit Proviant war bereits darauf verschnürt, und zeigte sich nicht in der Stimmung zu reden. »Aber wenn du doch letztes Jahr dein schönstes Weihnachten erlebt hast...«, bat ich inständig. Mit einem kräftigen Ruck am Starterkabel warf er den Motor an und fuhr los. Wütend ging ich den weiten Weg durch das Bachbett zurück, vorbei an den vereisten

Ästen und Brombeersträuchern, die noch das letzte bisschen verbliebener Weihnachtsstimmung aus mir herauspiksten.

Als ich die Stanley-Farm erreichte, stieß ich am Ende der Zufahrtsstraße auf Schneemobilspuren, die hin- und auch wieder wegführten, und Schuhabdrücke den Gehweg zur Tür hinauf und wieder hinunter. Auf der Küchentheke fand ich eine alte Postkarte vom Kloster, auf der Rückseite zwei Zeilen in Rafes unverwechselbarer Handschrift:

> Die letztjährigen Worte stammen aus der letztjährigen Sprache
> Und die Worte des kommenden Jahres warten auf eine andere Stimme.

Darunter stand wie ein Nachtrag:

> Kein Grund zur Sorge. Alles bestens.

Diese Zeilen stammen aus dem Gedicht "Little Gidding", das letzte in T.S. Eliots Sammlung *Four Quartets.* Ich weiß nicht, ob Rafe sie aus dem Buch abgeschrieben hatte, das ich ihm im Jahr zuvor geschenkt hatte, oder, was wahrscheinlicher war, aus Helen Lukes Essay über dieses Gedicht in ihrem weisen Werk *Old Age,* einem von Rafes Lieblingsbüchern, das oben in seiner Klause stand. Die profunden Ratschläge dieser Autorin, »ins Alter hineinzuwachsen«, waren in den letzten Jahren seines bereits ausgeprägten Lebensweges bei Rafe auf offene Ohren gestoßen. Im Grunde ging es ihm bei seinem Einsiedlerstreben um ein fortwährendes Zurückstutzen seiner selbst, mit dem er sich, wie er es ausdrückte, von der kleinlichen Tyrannei seiner »Gewohnheiten und emotionalen Faulheit« zu befreien versuchte – um Raum zu schaffen für etwas, das einer vollkommen neuen Ordnung angehörte.

»Siehst du nicht, wie Menschen, die sich lieben, sich gegenseitig eine Falle stellen?«, schnaubte er. »Du sagst: ›Ich liebe dich‹, aber du willst nicht, dass ich mich verändere. Wie kann das Liebe sein? Ich glaube, dies ist der Grund dafür, dass so viele Ehen scheitern, meinst du nicht auch?«

Das klang alles gut und schön, als wir irgendwann im August darüber gesprochen hatten. Aber das war im August gewesen, und jetzt war es Heiligabend, Herrje! Konnte er denn nicht *ein* Mal eine Ausnahme machen? Doch ich hatte bereits begonnen, diesen ungewöhnlichen Aspekt von Rafes Wesen zu verstehen. Für ihn gab es keine Ausnahmen. Das, woran wir glauben, müssen wir auch umsetzen. Punkt. Alles andere ist bloßes Gerede. Und alles Gerede war die letztjährige Sprache. Er sah, was er sah, und tat, was er tat. Und mein Weihnachtsgeschenk war, dass ich lernen musste, damit zu leben.

*

Als wir in diesem Winter 1995 unser Umbauprojekt betrachteten, mussten Rafe und ich zugeben, dass Stanley Place sich schon sehr verändert hatte. Nach den zwei Jahren, in denen wir gemeinsam daran herumgewerkelt hatten, war dieser Ort zwar nicht zu seiner vollen früheren Eleganz restauriert, doch mittlerweile wieder recht ordentlich bewohnbar. Ich war mir sicher, dass Rafe alles in allem nicht weniger Spaß an der Sache hatte als ich. Ich gab die Schreinerin, er war der Klempner und der Elektriker, und beide hatten wir eine Sammlermentalität. Er brachte Stühle, einen Teppich und eine Badewanne vorbei – entweder aus dem klösterlichen Müllcontainer gerettet oder im örtlichen Gebrauchtwarenladen spottbillig erstanden – und gelegentlich auch ein echtes Juwel, wie einen mächtigen Ashley-Holzofen für den Wintergarten oder passende Barhocker für die Küchentheke. »Was dieser Ort braucht, ist...«, begann er jeweils, und schon wusste ich, dass der Gegenstand bald da sein würde – nicht immer der schönste, aller Wahrscheinlichkeit nach nicht allzu stilvoll, aber auf seine ganz eigene Art ein Schatz.

Wir besaßen sogar eine Cappuccino-Maschine – unser einziger brandneuer gemeinsamer Haushaltsgegenstand. Nachdem er mich fast eine Woche lang aufgezogen hatte mit: »Was der Ort braucht, ist eine echte Cappuccino-Bar«, kam er eines Tages, schmiss 87 Dollar auf die Küchentheke und verkündete mit augenzwinkernder Feierlichkeit: »Meine ganze Altersrente.« Damit, und mit meiner Kreditkarte, fuhren wir in die Stadt und kauften uns eine Cappuccino-Maschine, zwei hübsche Steingutbecher und eine Tüte Espresso-Röstung. Für die uns verbleibende Zeit in Stanley Place hatten wir von dem Moment an unser Ritual: auf unseren Barhockern zu sitzen, unsere Becher zu erheben und den unvermeidlichen Toast auszubringen: »Zur Feier unserer Vertiefung!«

Doch meine Zeit auf der Stanley-Farm neigte sich ihrem Ende zu. Die Mönche hatten mir erlaubt, »bis zum Frühling« dort zu wohnen, und »bis zum Frühling« war eingetroffen. So kam der sonnige Tag im Mai, als wir zum letzten Mal unsere Becher erhoben. Tränen traten in meine Augen und auch Rafe wandte sich für einen Augenblick ab, klatschte dann seine Hand heftig auf meine und sagte: »Pst, pst! Wenn das Gebäude errichtet ist, braucht du das Gerüst nicht länger.«

»Aber was ist mit all dem, das wir hier geschaffen haben?«, jammerte ich. »Die Liebe? Die Fürsorge? Wo soll sie jetzt wohnen?«

»Sie lebt in unseren Herzen«, sagte er, »wo sie für immer beschützt wird.«

Wir packten meine Sachen und fuhren damit die Straße etwas weiter zu einer Pension, in der ich ein Zimmer gefunden hatte. Unterdessen war es Juni geworden; die Schneedecke schmolz in den Bergen und die Überschwemmungen richteten etwas an, was der Frost des Winters seltsamerweise nicht geschafft hatte – sie brachten die Sanitäranlagen in Stanley Place zum Erliegen. Ich richtete mich ein, Rafe richtete sich ein, das Leben nahm seinen Lauf. Im August ging ich für einen dreiwöchigen Aufenthalt nach Maine zurück. Eine Woche nach meiner Abreise zog er sich eine schwere innere Entzündung zu; während einer Fahrt mit seinem alten Scout-Geländewagen von seiner Klause hinunter, verlor er das Bewusstsein und landete danach für eine Woche im Krankenhaus. Als ich zurückkam, gab es nicht viel zu bereden. So geräuschlos, wie ein Sommer in den Bergen während dieser ersten Tage im August in den Herbst übergeht, so bewegte sich auch unser Leben unmerklich in eine neue Jahreszeit. Rafe war ruhiger geworden, seine Ausdauer hatte nachgelassen, ansonsten aber war er derselbe geblieben.

Eines Tages sannen wir oben in seiner Klause über Orte und Dinge nach, die uns in unserem Leben genährt hatten – wir nannten sie »die Wasserstellen«. Rafe war in einer dieser himmelblauen Stimmungen, wie sie ihm nach Zeiten tiefen Gebets häufig zuteilwurden, und seine Augen strahlten mit einem Licht, das von weit jenseits herzukommen schien. Plötzlich, wie aus dem Nichts, sagte er: »Die Wasserstellen! Ja, wir brauchen sie. Doch wir verharren zu lange bei ihnen und lassen zu, dass sie uns gefangen nehmen. Wir vergessen, dass eine Wasserstelle zur nächsten führt. Sie sind alle durch einen unterirdischen Fluss miteinander verbunden.«

Wir schwiegen eine Weile, sein Blick wanderte in Richtung des Mount Sopris, der in seinem ersten Schleier aus Herbstschnee am westlichen Horizont glitzerte. Dann, als sei der unterirdische Fluss durch seine eigenen Träumerei hindurch wieder an die Oberfläche getreten, fuhr er fort: »Das Versetzen des Berges durch den Glauben. Der Perspektivwechsel zu einer neuen Art des Sehens, jenseits des Verhaftetseins...«

»Bist du schon dort, Rafe?«, fragte ich.

»Nein«, sagte er, »es ist alles noch im Werden...«

*

Am letzten Wochenende seines Lebens machte sich Rafe wieder auf zu seiner Klause und bretterte mit dem Schneemobil los auf seine erste Fahrt in dieser neuen Saison. Er war schroff und barsch, als ich ihn bei der Werkstatt verabschiedete, ganz bei sich und begierig darauf, klar zu sein zur Wende in die neue Sprache der Ewigkeit. Irgendwann an diesem Wochenende besuchte ich ihn auf eine Tasse Tee an seinem Holzofen. Es war ein trauriger, schweigsamer Spätnachmittag, an dem wir, wie eingehüllt in einen riesigen Raum, dasaßen und unseren Gedanken nachhingen. Als ich ging, sagte er seine letzten Worte als Mensch zu mir: »Du wirst es sehen. Nichts wird uns genommen.«

Welche Vorsehung auch immer die Hand im Spiel hatte – am letzten Tag von Rafes Leben war ich nicht bei ihm. Ich hatte Dinge in Denver zu erledigen und verpasste, wie mir später andere berichteten, einen Raphael von vollkommen verklärter Freude und Präsenz. Obwohl mein Herz, davon bin ich überzeugt, ihn in jener Nacht auf seiner Passage begleitete, erfuhr ich es offiziell erst am nächsten Morgen, als ich zur Messe ins Kloster kam, aus einer an die Tür gehefteten Nachricht: »Liebe Teilnehmerinnen und Teilnehmer der Einkehrtage, Bruder Raphael ist heute am frühen Morgen verstorben...«

Es war das Fest Unserer Lieben Frau von Guadalupe. Irgendwie stand ich es durch und sang sogar das Gloria. Dann, aufgelöst im Schmerz, machte ich mich auf den Weg den Hügel hinauf zurück in mein kleines Zimmer. Als ich an Stanley Place vorbeikam, entdeckte ich Spuren eines Schneemobils, das angehalten und seine Fahrt wieder fortgesetzt hatte, und Stiefelabdrücke, die zum Haus und zurück führten.

In einem schaurigen Déjà-vu folgte ich ihnen den Gehweg hoch und stieß die knarrende alte Tür auf zu einem nun leeren und frostigen Raum. Instinktiv wanderte mein Blick zur Küchentheke und dort stand, genau wie damals, eine Karte. Doch dieses Mal war es ein Adventsmotiv, das ich aus einer Schachtel vergilbter Grußkarten kannte, die Rafe oben in seiner Klause gesammelt hatte. Der verblasste gedruckte Schriftzug auf der Vorderseite verkündete: »Siehe, ich komme bald.« Auf der Innenseite stand ein Gedicht von Hermann Hesse – in Rafes ordentlicher Handschrift. Die Tinte war fast ebenso verblasst wie die Karte selbst; sie musste schon vor langer Zeit geschrieben worden sein, irgendwann in den Jahren seines einsamen Kampfes. An seinem letzten Lebenstag hatte sie Rafe für mich heruntergebracht.

Und hier ist das ganze Gedicht, so, wie Rafe es abgeschrieben hatte. Es handelt, kurzgesagt, vom »Gesetz der letztjährigen Sprache«, dem stillen Bekenntnis, nach dem er all die Jahre zu leben versucht hatte:

Wie jede Blüte welkt und jede Jugend
Dem Alter weicht, blüht jede Lebensstufe,
Blüht jede Weisheit auch und jede Tugend
Zu ihrer Zeit und darf nicht ewig dauern.
Es muss das Herz bei jedem Lebensrufe
Bereit zum Abschied sein und Neubeginne,
Um sich in Tapferkeit und ohne Trauern
In andre, neue Bindungen zu geben.
Und jedem Anfang wohnt ein Zauber inne,
Der uns beschützt und der uns hilft, zu leben.

Wir sollen heiter Raum um Raum durchschreiten,
An keinem wie an einer Heimat hängen,
Der Weltgeist will nicht fesseln uns und engen,
Er will uns Stuf' um Stufe heben, weiten.
Kaum sind wir heimisch einem Lebenskreise
Und traulich eingewohnt, so droht Erschlaffen;
Nur wer bereit zu Aufbruch ist und Reise,
Mag lähmender Gewöhnung sich entraffen.

Es wird vielleicht auch noch die Todesstunde
Uns neuen Räumen jung entgegensenden,
Des Lebens Ruf an uns wird niemals enden...
Wohlan denn, Herz, nimm Abschied und gesunde![1]

1. HERMANN HESSE: »Stufen« in *Das Glasperlenspiel,* Frankfurt am Main: Suhrkamp Verlag, 1994, Seite 536.

Der Osten. Sonnenaufgangspunkt. Neuanfang. Die diesjährige Sprache. Sein ganzes Leben lang, egal wie sehr es auch schmerzte und was es kostete, egal zu welchen Bedingungen, hatte Rafe sich darin geübt, in diese Richtung zu gehen, sich selbst ständig darauf einzustellen. Und darauf kommt es an, denn die Sprache der Ewigkeit ist nicht dasselbe wie unsere schweren, überkrusteten Worte der Sentimentalität und Gewohnheit, wie unsere unbeholfenen Liebesbemühungen, in denen wir zu konservieren versuchen, was wir lieben. Später fand ich bei meiner eigenen Lektüre von Rilkes *Duineser Elegien:* »Das freie Tier hat seinen Untergang stets hinter sich und vor sich Gott.«[2]

Seither habe ich langsam begonnen, die Wahrheit in den Worten Hesses zu verstehen und wie mit diesen schroffen Abschieden, die ich als Zurückweisung empfand, Rafe mir tatsächlich das größte Geschenk gemacht hatte. Es ist unmöglich, auf dieser Reise voranzukommen, solange wir unterschwellig alles mit dem Vergangenen vergleichen, solange wir uns nach einer Rückkehr nach Stanley Place sehnen. Die nächstjährige Sprache bedient sich der Worte des nächsten Jahres. Wir können sie hören und in unserer menschlichen Natur für sie aufmerksam bleiben. Doch dies geht bis an die äußersten Grenzen des menschlichen Vermögens und kann nur erreicht werden, wenn wir uns innerlich nicht selbst bekämpfen, sondern von ganzem Herzen – mit Körper, Verstand und Geist – darauf brennen und uns ganz und gar und rückhaltlos in die Hände dessen geben, was neu entsteht.

2. Rainer Maria Rilke: *Duineser Elegien,* »Die achte Elegie«, in *Gesammelte Werke,* Stuttgart: Philipp Reclam, 2015, Seite 779.

Kapitel 6

Die Lektion des Nordens

»Die Abwesenheit Gottes ist die Gegenwart Gottes«

DER NORDEN IST DER PUNKT DER KLARHEIT, DES HELLEN Lichts. Manche würden es als »kalt« bezeichnen. Künstlerinnen und Künstler mögen es, weil es die Dinge so zeigt, wie sie sind.

Ab und zu sagte ich in jenen Gesprächen mit Rafe etwas Zutreffendes, und eine dieser Gelegenheiten war folgende. Wir saßen in Stanley Place gerade bei einem Cappuccino und blickten die anderthalb Kilometer über das Tal hinweg in Richtung des Schornsteins seiner kleinen Klause auf dem Hügel. Ich erzählte ihm von meinem kürzlich errungenen kleinen Sieg im andauernden Kampf dagegen, ihn besuchen zu wollen, wenn er sich zu einer Phase der Abgeschiedenheit entschlossen hatte. Am Anfang unserer gemeinsamen Zeit hatte er diese Besuche noch begrüßt und verbrachte viel Zeit damit, mich geduldig in den Drill einzuweisen, der in seiner Einsiedelei herrschte. Doch nach seinem Krankenhausaufenthalt war ein neuer Faktor in der Gleichung hinzugekommen und meine Gegenwart in der Klause wurde für ihn mehr und mehr zu einer Störung. Ich bemühte mich mit aller Ernsthaftigkeit, den sich in seinem Inneren ausdehnenden Raum zu respektieren, und dieses Mal hatte ich auch wirklich die Kraft dazu. »Ich habe mir überlegt«, sagte ich, »wenn ich dich über die Entfernung von anderthalb Kilometern hinweg lieben kann, dann kann ich es auch über den Raum der Ewigkeit hinweg.«

Er lächelte breit. »Nun machst du Fortschritte!«, rief er aus. Und dann, wie eine Art Anerkennung, erzählte er mir eine Geschichte aus seinen eigenen Lehrjahren. Etwa 1971, so schilderte er, hatte er sein damaliges Kloster in Georgia verlassen, um auf der Suche nach größerer Abgeschiedenheit gen Westen zu ziehen. Ein Freund des Klosters hatte ihm einen einfachen privaten Lagerplatz in einer abgelegenen Ecke im Süden Colorados angeboten, und dort, aus allem Gewohnten herausgerissen und vollkommen allein, begann Rafe sein Einsiedlerleben. Es war eine spannende Zeit für ihn in seiner neu entdeckten Freiheit, aber die Anstrengungen der Einsamkeit und Orientierungslosigkeit – ganz zu schweigen von der physischen Härte des Ortes – forderten allmählich ihren Tribut. An einem Spätnachmittag war er draußen auf einem dicht überwachsenen, von Geröll übersäten Feld und versuchte, einen größeren Felsbrocken zu bewegen, um für den Bau seiner Klause Platz zu schaffen. Er zerrte und stieß mit Spitzhacke und Brechstange, aber das Gestein wollte nicht nachgeben.

»Und plötzlich brach ich in Tränen aus«, erzählte er, »ich war so müde; alles fühlte sich nur noch einsam an und vollkommen sinnlos. Ich saß dort auf jenem Felsen und sagte zu mir: ›Hör zu, Gott hat dich nicht darum gebeten herzukommen, du bist aus freien Stücken hier.‹ Niemals zuvor hatte ich mich so gefühlt. Es war ein Schmerz, der bis ans Ende des Universums reichte. Ich erkannte, dass dies mein ›nacktes Selbst‹ sein musste.«

Im Laufe der nächsten Monate, so erzählte Rafe weiter, gewöhnte er sich allmählich daran. Dieser Schmerz bis ans Ende des Universums war, wie die Dinge sein würden, wie sie sein mussten.

»Gott kann nur durch unser nacktes Selbst in uns wirken«, beteuerte er. »An dem Punkt, wenn ein Mensch wirklich bereit ist, dort zu warten, sagt Gott: ›Aha. Nun können Wir uns an die Arbeit machen. Endlich ist da etwas, womit Wir arbeiten können.‹«

Später fügte Rafe eine erstaunliche Beobachtung hinzu: »Wir denken bloß, es sei nackt, weil das Licht so stark ist, dass es uns blendet.«

*

Immer wieder lehrte mich Rafe, auf eine solche Art und Weise zu arbeiten, ohne vor diesen Momenten absolut unaufhörlicher Leere zurückzuschrecken. »Du musst die Öde aushalten, bis ganz allmählich etwas anderes darin zum Vorschein kommt«, sagte er mir – die Lektion jener langen, leeren Winter oben in seiner Klause. »*Darin*«, betonte er, »nicht *daraus*.« Es ist nicht der Brutkasten des Neuen; es ist das Neue selbst, am Anfang seiner eigenen wahren Dimensionalität, öde und mitleidslos allumfassend.

Manchmal, so erzählte er, habe er vor panischer Angst aufgeschrien. Vor all dem Schmerz, vor all der Sinnlosigkeit. Vor einem verschwendeten Leben, vor einem weit entfernten Gott. »Das ist der Anfang. Das ist der Beginn aller Fortschritte. Wenn du in diesem nackten Selbst gegenwärtig bleiben kannst, beginnst du zu entdecken, dass die Abwesenheit Gottes die Gegenwart Gottes ist.«

Wir sind Menschen. Wir wollen diesem Moment entkommen. Wir wollen ihn ausfüllen mit Ablenkung und Beschäftigung, mit unserer eigenen Bedeutung. In meinem Fall: den Hügel hinauflaufen zu Rafes Klause, den Moment mit einem Menschen ausfüllen, der in seinem Stuhl sitzt auf seiner einsamen Winterwache – einem Menschen, der, wie mir mein Herz sagte, bald gegangen sein würde. Den Moment mit einem Gespräch füllen, mit einem Cappuccino, mit der zwischen uns fließenden Energie, mit der Freude über die miteinander verbrachte Zeit, mit dem Leuchten menschlicher Liebe. Doch in dieser Welt zu leben, sich an ihrem Feuer zu wärmen, bedeutet, in unüberbrückbarem, zerreißendem Verlust festzusitzen, sobald das Feuer nicht mehr flackert. Wenn wir die ewige Gemeinschaft finden wollen, dürfen wir uns nicht davor fürchten, uns hinauszuwagen auf das dunkle, schwarze Meer dessen, was ein unbeschreibliches Fehlen zu sein scheint. Und was noch schmerzhafter ist: Wir müssen uns für das Hinauswagen *entscheiden,* während das Feuer am Ufer noch immer brennt. Denn nur das, was wirklich hier begonnen wurde, kann in Ewigkeit weitergehen.

Darin verweilen..., die Langweiligkeit aushalten, bis darin allmählich etwas zum Vorschein kommt. Oft liege ich nun in meinem Bett und alles schmerzt. Aber dann versuche ich mich daran zu erinnern, dass dieser Schmerz das ist, was mir in diesem Moment gegeben wurde, um die Gegenwart selbst auszudrücken, oder, frei nach Rilke: Es ist der Beginn einer Liebe, die ich in menschlicher Form gerade noch ertragen kann. In der kosmischen Sphäre ist alles eine Straße mit Gegenverkehr. Durch genau diesen Schmerz weiß ich, dass ich noch immer in Liebe verbunden bin; er ist die Brücke, die ich überquere. Ich erinnere mich, wie Rafe sagte: »Es erscheint nur deshalb nackt, weil es so voller Licht ist.«

»Wenn ich dich über die Entfernung von anderthalb Kilometern hinweg lieben kann, dann kann ich dich auch über den Raum der Ewigkeit hinweg lieben.« Und dies beginnt sich zu erweisen, langsam, aber wahrhaftig. Vor vielen Jahren lernte ich dieselbe Lektion in Maine, als ich mit meinem Segelboot nachts auf dem Meer unterwegs war. Zunächst erscheint es uns wie blind machende Finsternis...; da draußen ist nichts, absolut nichts. Doch allmählich, falls wir nicht in Panik geraten und nach einer Taschenlampe greifen, erhellt sich die Dunkelheit und nimmt Gestalt an. In ihrem seltsam umgänglichen Licht mache ich weiter.

Kapitel 7

Die Lektion des Südens

»Alles, was uns eine Umarmung bringen würde, ist bereits hier.«

DER DRITTE WINKEL DES DREIECKS, IN WELCHEM SICH UNSER Lernen entfaltete, war Rafes vier mal neun Meter große Werkstatt an der Rückseite des klösterlichen Holzschuppens. Stieß man deren heruntergekommene Garagentür auf, gelangte man hinaus auf einen Hinterhof, rappelvoll mit Schneemobil-Wracks, Traktorteilen und diversen Zweitaktmotoren. Diese Ecke seines Universums war Rafes Basislager für seine winterlichen Fahrten die zweieinhalb Kilometer lange Schneepiste berghoch zu seiner Einsiedlerklause.

Ein großer Teil des Austauschs zwischen uns – eigentlich sogar der Hauptteil – bestand ganz einfach darin, dass wir gemeinsam Zeit in dieser Werkstatt verbrachten. Wir arbeiteten vor uns hin, meistens damit beschäftigt, in den Türmen von Wracks im Hof nach alten Schneemobilteilen zu stöbern, um dann eine oder zwei Maschinen so weit wieder flottzukriegen, dass sie es durch den Winter schaffen würden. Rafe warf dann jeweils ein paar Holzscheite in den alten Kohleofen, und wenn es warm genug zum Arbeiten war, legten wir los. Nach einiger Zeit begann ich vorherzusehen, was er als Nächstes brauchen würde, und reichte ihm die Werkzeuge und Zündkerzen oder machte mich an Stellen zu schaffen, wo seine großen Hände nicht gut hinkamen. Seit Langem daran gewöhnt, allein zu arbeiten, erduldete er meine Anwesenheit mehr, als dass er sich darüber freute. Doch wenn ich Anstalten machte zu gehen, begann er ein Gespräch: »Kalte Hände?«, fragte er dann. »Wärmen wir uns etwas auf.« Wenn wir dicht am Ofen in der Wärme saßen, sprachen wir über alles Mögliche. In solchen Augenblicken fielen ihm dann für gewöhnlich die Juwelen aus der Tasche, jene berühmten Raphael-Einzeiler wie: »Ich will genug Sein haben, um nichts zu sein.«

Der Süden: die Spitze der Wärme, des Beistands von oben. Die Wintersonne auf ihrer halben Wegstrecke schmilzt die Eiszapfen der Nacht und erfüllt die Erde mit der Wärme eines Feuers weit jenseits der irdischen Größenordnung. Dieses Feuer zu empfangen, ohne zerstört zu werden; von einer Liebe genährt und durchlichtet zu werden, die in der menschlichen Natur kaum zu ertragen ist; der Busch, der brennt und doch nicht verzehrt wird...

*

Ich war ein Kind der neuen Schule. Ich glaubte, Umarmungen seien gut und dass es kaum etwas gebe, was sie nicht wieder hinbiegen könnten.

Rafe war noch auf die alte Schule gegangen. Mit den klösterlichen Methoden der vorherigen Generation erzogen und bis zum Ende seiner Tage mit seiner Sexualität unversöhnt geblieben, hatte er sein ganzes Leben damit zugebracht, seine Leidenschaften zu zähmen, welche er als fremde Mächte betrachtete, die ihn von seinem Sehnen nach vollständiger Versenkung in Gott abhielten. Manchmal umarmten wir uns tatsächlich, und der Raum zwischen uns wurde unermesslich und leuchtend. Zu anderen Zeiten war Rafe rau und distanziert und entzog sich blitzschnell wie ein wildes Tier, das vor eine Falle zurückspringt. »Es leistet nur der Schwäche Vorschub, es begünstigt bloß die Schwäche«, murmelte er dann.

Das warf uns immer wieder in einen schlechten Orbit. Er machte sich über mein Klammern und Anschmiegen lustig und wetterte: »Besorg dir einen Ehemann!« Worauf ich seine »Flucht in die Heiligkeit« geißelte und spöttelte: »Wenn du doch solch ein toller Einsiedler bist, warum bleibst du dann nicht eine Weile dort oben?« Im Laufe von zwei Jahren steckten wir oft in diesem Umlauf.

Und genau so ging es auch los an jenem Aschermittwochmorgen in seiner Werkstatt. Wir saßen am Ofen, nachdem wir mit der Arbeit an einer Kupplung gut vorangekommen waren. Innerlich ging es allerdings bergab. Den ganzen Morgen über hatte ich gespürt, wie er nach und nach in diesen »zuhöchst Einsamen« in seinem Inneren geschlüpft war, launisch und introvertiert, an den Ort, wo ich ihn nie finden konnte. Und in meinem eigenen zunehmenden Gefühl der Ängstlichkeit und des Abgelehntwerdens konnte ich regelrecht dabei zusehen, wie es diese dumme Regung auslöste, mit der ich in solchen Umständen stets reagierte. Eine weinerliche leise Stimme, tief aus meiner Kindheit kommend, bat: »Rafe, können wir uns umarmen?«

Er begann, sich zurückzuziehen, wie er es in solchen Momenten immer tat. Aber dann, ganz plötzlich, geschah etwas anderes. Ich erkannte es sofort, als es anfing. Jene blauen Augen blickten mich dieses Mal nicht verärgert oder reserviert an, sondern tief und konzentriert, als er sagte: »Du wirst es sehen: Alles, was uns eine Umarmung bringen würde, ist bereits hier.«

»Verschone mich mit dem platonischen Zeugs«, fing ich an, hielt dann aber schlagartig inne. Der letzte Gedanke, an den ich mich erinnere, war: »Lieber Gott, er hat ja recht!« Das mächtigste Gefühl von Vereinigung war doch schon da, mindestens ebenso stark – tatsächlich sogar weitaus stärker – als irgendeine körperliche Umarmung, in die wir uns je hineingegeben hatten. Für den Bruchteil einer Sekunde fühlte ich es, erkannte es: Dies war die Kraft der reinen Absicht, jenseits aller Form, im Inneren der Form, in deren Kern. Und genau auf mich gerichtet.

Nur ein Sekundenbruchteil – und mein Verstand fuhr vollständig herunter. Ich konnte den Gedanken nicht zu Ende denken, vermochte noch nicht einmal, dessen Anfang zu rekonstruieren. Einige Stunden später, als ich versuchte, nochmals durchzuspielen, was da geschehen war, konnte mein Verstand noch immer bloß bis zu jenem Abgrund kraxeln, an dem er ins Nichts stürzte. Maurice Nicoll hätte gewiss gesagt, dass der Energieschub in mein höheres emotionales Zentrum die niedrigeren Zentren vollständig überflutet hatte. Mein Alltagsverstand war, wie das Pumpenhaus in Stanley Place, von der Überschwemmung mitgerissen worden. Das Letzte, woran ich mich erinnerte, war die Präsenz der inneren Essenz der äußeren Umarmung, vollkommen und in ihrer Ganzheit, die nackte »Sache an sich«. Rafe wich nicht zurück, flüchtete sich nicht in Heiligkeit. Er teilte mit mir einfach nur die volle Wucht dessen, was er wusste: dass die äußere, physische Form etwas verlangsamt oder verdickt, was ebenso gut unverzüglich als rohe Absicht übertragen werden kann. Bei diesem ersten Mal war mein ganzes System von deren Intensität überflutet worden. Es würde eine Weile dauern, bis in mir ein Hoffnungskörper Gestalt annehmen konnte, der fähig wäre, Energie in dieser Form zu empfangen und zu halten.

*

Ich habe immer der Versuchung widerstanden, Rafe zu mythologisieren. Zum Teil, weil er das nicht wollte. Er betrachtete sich selbst bloß als einen Menschen – was er auch war –, nicht als einen

Engel, trotz seines Ordensnamens, den sie ihm im Kloster gegeben hatten, noch als einen Schamanen in Jeans und Holzfällerhemd. Er verstand sich als ein zerbrechliches menschliches Wesen aus Fleisch und Blut, das gegen beträchtliche innere Leidenschaften und Abhängigkeiten anzukämpfen hatte. Und dennoch trifft es zu, dass er durch die vielen Jahre der Arbeit an sich selbst gewisse Kräfte entwickelt hatte, die über das Übliche hinausgingen und die vielleicht tatsächlich als »schamanisch« bezeichnet werden könnten. Ich erinnere mich, wie er mir eines Tages oben in seiner Klause klipp und klar sagte: »Vor zehn Jahren hätte ich dich geheiratet. Aber damals wusste ich noch nicht, was ich heute weiß.«

Ich glaube, das, was Rafe in diesen Jahren gelernt hatte, gehört zur alten, heute größtenteils vergessenen Wissenschaft der Transformation von sexueller Energie.

Über die Umstände, die diesen Lernprozess angestoßen hatten, sprach er nie besonders viel. Ab und zu zog er Bruchstücke der Geschichte wie Glassplitter aus einer alten Wunde hervor. Allein und noch immer mit dem Debakel ringend, das sich kurz nach seiner Ankunft in Colorado ereignet hatte – »eine Anziehung«, sagte er gereizt, »die irgendwie einfach aufgehört hat...« –, Auge in Auge mit seiner blinden, leidenschaftlichen Natur, die er sich kurzerhand abschnitt »wie ein Alkoholiker, der diesen ersten Drink nicht nehmen kann«, und zu welch furchtbarem Preis auch immer, für seine Psyche und die derer, die er hinter sich gelassen hatte, stolperte er weiter in Richtung eines unbekannten Gottes, Der alles forderte.

In diesen Jahren hartnäckigen Ringens mit seinen Leidenschaften kristallisierte sich in ihm nach und nach eine gewisse Fähigkeit, seine Seele dorthin ›zu versetzen‹, wo immer er sie haben wollte, das heißt, mit der Kraft des bewussten Willens über seinen physischen Körper hinaus zu reisen. Ich verstehe das so: Er lernte im Grunde genommen, die enorme schöpferische Kraft seiner unausgedrückten sexuellen Energie zu erschließen und dadurch sein ganzes Selbst in seinem Herzen zu sammeln und es in einer intensiven psychischen Dosis nach außen zu katapultieren. Denn, wie der Autor der *Wolke des Nichtwissens* es beschreibt: »Wahrlich ist eine Seele dort, wo ihre Liebe ist, so wie sie in dem physischen Leib ist, den sie belebt.«[3] Rafe entdeckte im Laufe der Zeit das Geheimnis, wie er in engem Kontakt mit denjenigen sein konnte, die er

3. Anmerkung der Übersetzer: Dies ist der zweitletzte Satz des 60. Kapitels aus der englischen Version der *Wolke des Nichtwissens,* der in der deutschen Über-

geliebt hatte... und von dort aus mit der gesamten Gemeinschaft der Heiligen.

»Wenn du eine wahre Einsiedlerin bist«, sagte er mir einmal, »bist du nie allein.«

Auch andere haben Situationen beschrieben, die Rafes Vermögen bestätigten, sich selbst durch gesammelte psychische Energie mitzuteilen. Eine Frau, selbst eine Autorin und bemerkenswert begabte spirituelle Visionärin, erzählte einer gemeinsamen Freundin, dass sie zum Schreiben eines Buches ins Saint Benedict's Monastery gekommen sei, weil ihr innerlich »zu verstehen gegeben wurde«, dort lebe ein Einsiedler, der für die Entstehung ihres Buches entscheidend sei. Auch für meinen Umzug von Maine war dies nach meiner Überzeugung der ausschlaggebende Faktor gewesen: Auf irgendeine Weise hatte Rafe mich dahin gerufen, zu der Arbeit, die wir gemeinsam zu erledigen hatten. Wie er mir über sein nächtliches Gebet erzählte, kam es dabei manchmal zu »bezaubernden« Reisen in viele Dimensionen, auf denen er durch die Verläufe der Raumzeit schwebte wie der Rotschwanzbussard, der irgendwie fast immer über seinem Kopf kreiste, oder wie der Bergadler in *Moby Dick* auf der Seite des Buches, wo Rafe beinahe schon die Druckerschwärze abgelesen hatte.

Jedenfalls brachten wir beide es in dieser Übung nie richtig zur Meisterschaft. Die Versuchung der echten physischen Person war zu stark und das Umarmen blieb bis zum Schluss ein Thema. Manchmal denke ich, dass es für ihn so war, als träfen wir uns auf halber Höhe: er ein Wanderer, der vom einsamen Berg zurückkehrt. Denn die nicht zu verleugnenden psychischen Fähigkeiten, die er erlangt hatte, waren nicht alles von ihm; er hatte sie erworben zu einem horrenden Preis für jenen Teil von sich, der lernen musste, andere zu nähren und genährt zu werden, sich selbst zu lieben, indem er einen anderen Menschen in seiner unmittelbaren Nähe richtig liebte. Wie Bennett sagt: Obwohl spirituelle Übungen zur »Unsterblichkeit innerhalb bestimmter Grenzen« führen können, »bleiben wir unvollständige Wesen«, solange es nicht zur ganzen Erfahrung der gemeinsamen Liebe kommt.[4] Zumindest

tragung von Willi Massa nicht enthalten ist. Als Doktorin der Mediävistik zitiert die Autorin die *Clowde of Unknowyng* für gewöhnlich direkt aus der ursprünglich mittelenglischen Version der Early English Text Society. Siehe: CYNTHIA BOURGEAULT: *Das Herz im Gebet der Sammlung,* Xanten: Chalice, 2021, Teil drei.

4. BENNETT: *Sex,* Seite 73.

bete ich, dass dies die erlösende Wirkung der gemeinsamen Zeit von Rafe und mir war, in der wir uns weiterhin berührten und nicht berührten, der Anziehungskraft des unschuldigen Nachhausekommens erlagen und gleichzeitig mit der ganzen Energie unseres Strebens dagegen ankämpften.

Doch wir lernten und sind daran gewachsen; und gegen Ende schuf diese ständige Debatte schließlich einen neuen Begegnungsort, wo wir voneinander Abstand hielten und wahre, einleuchtende Worte und Gefühle sich zwischen uns hin- und herbewegen konnten. Mein Bruder spürte das eines Tages, als er mich besuchte und wir in der Werkstatt neben einer Leiter standen und nichts weiter taten, als über dieses und jenes zu sprechen. »Es machte den Eindruck«, sagte er, »als ob ihr beide absolut im Einklang miteinander wärt, und die ganze Werkstatt war in Liebe getaucht.« Tatsächlich schienen wir in diesen letzten Wochen von Rafes Leben manchmal Kilometer hoch über unseren Köpfen miteinander zu reden und einander zuzuhören, so als ob Rafe mich hinaufzöge, wie Petrus beim Gehen über die Wellen gehalten wurde, mich in eine Sphäre anheben würde, wo die Hochwassermarke der immer gegenwärtigen Liebe niemals zurückgeht, wo die Dinge gewusst werden und immer abrufbar sind und ihre reinen Essenzen dem erleuchteten Herzen unmittelbar einfallen. Es war der Vorgeschmack auf das, was unsere kraftvolle Gemeinschaft in der Nacht der Totenwache möglich machen sollte.

Doch vielleicht gab es den ersten wirklichen Vorgeschmack schon früher, während jener Reise zurück nach Maine. Rafe war, ohne dass ich davon wusste, ins Krankenhaus eingeliefert und drei Tage lang auf der Intensivstation behandelt worden. Er wollte keinen Besuch empfangen und schickte mir auch keine Nachricht. Ich hatte keine Ahnung davon. Ich wusste nur, dass eine Reise, die ich im Vorfeld für schwierig gehalten hatte, von Beginn an auf eine magische Art und Weise unterstützt wurde; eins führte ganz leicht zum anderen. Eines Nachmittags, an einem Strand von Eagle Island, fast dreitausend Kilometer entfernt, stand ich da und blickte nach Westen und ganz plötzlich, wie aus dem Nichts heraus, fühlte ich, wie sich mein Leben mit Hoffnung und Stärke und Freude erfüllte, ein mysteriöses Wohlbefinden, das unmittelbar aus dem Herzen des Kosmos auszuströmen schien.

Als ich wieder zurück in Colorado war, arbeiteten wir in der Werkstatt weiter an den Schneemobilen; Rafe bewegte sich noch immer langsam, müde und abgelenkt. Ansonsten das Übliche: Er flüchtete sich, wie gewohnt, in die Heiligkeit, und ich verfiel, wie vorherzusehen, der Anhänglichkeit: »Rafe, hast du mich vermisst, als ich weg war?« – »Nein«, brummte er und blickte mich einen Moment lang herablassend an. Oder doch nicht; beim zweiten Hinsehen konnte ich erkennen, dass es eher eine tiefe Enttäuschung war, die in seinem Blick lag, so als wäre ein teures Geschenk wie nebenbei entgegengenommen und nachlässig beiseitegestellt worden. Er schüttelte seinen Kopf, nahm seine Arbeit wieder auf und murmelte: »Du verstehst es noch immer nicht, oder?«

Kapitel 8

Die Lektion des Westens

»Vertrau der Unbesiegbarkeit deines Herzens«

SCHON FRÜH IN UNSERER GEMEINSAMEN ZEIT SAGTE RAFE recht mühelos und häufig: »Ich liebe dich.« Doch gegen Ende dieses letzten Sommers gab es nur noch selten ein »Ich liebe dich« und schließlich blieb es ganz aus. Mit einer einzigen Ausnahme sagte er es in seinem physischen Leben niemals wieder. Wenn ich ihn fragte, ob er mich liebe, sagte er: »Nein.« Aber er bestand darauf, dass nichts nachgelassen habe. »Worte«, sagte er, »sind nichts weiter als Anziehung.« – »Na und?«, fragte ich. »Welchen Schaden können sie schon anrichten?«

Doch Rafe war diese Sache keinesfalls gleichgültig. Irgendwie, irgendwann, während einer jener Nächte des mystischen Reisens wurde ihm der Unterschied zwischen der von ihm angestrebten Liebe und dieser »Anziehung« offenbart und zu verstehen gegeben, wie sehr jedwedes Menschliche dieses Ziel verfehlt. Danach war das Äußerste, was er darüber sagte: »Es wäre keine Wertschätzung für dich, wenn ich das Gefühl, das ich für dich hege, als ›Liebe‹ bezeichnete.«

Zum Ende hin verfestigte sich diese unaufgelöste Spannung in mir zu einer tiefen Traurigkeit. Ich wusste, dass die Zeit knapp war. Ich sah, wie Rafe langsam verschwand, langsam entglitt. Mehr und mehr auf das Klostergelände beschränkt, kam er, wenn er es schaffte, in seine Klause hoch, wo die üblichen Arbeiten, die er seit so vielen Jahren gewohnt war – Holzholen und Sägen –, ihn atemlos machten und erschöpften. Wann immer ich konnte, spaltete und schichtete ich die Scheite für ihn, damit er zumindest brauchbares Feuerholz hatte, wenn er dort ankam. Mit jedem neuen Schneefall stieg eine tiefe Vorahnung höher in mir auf. Bald, allzu bald, würde er fort sein und ich würde nie wirklich gewusst haben, wo er in Bezug auf mich gestanden hatte.

*

Manche Trennungen kündigen sich mit derart quälenden Vorzeichen an, dass sie nicht übersehen werden können. An jenem Tag, als ich nach Maine abreiste, ging ich früh am Morgen zur Klause hoch, um mich zu verabschieden. Es war Ende Juli und der Sommer in den Bergen golden und opulent in diesen kurzen Wochen zwischen der letzten Kälte des Frühlings und dem ersten Frost des Herbstes. Rafe saß in der frühmorgendlichen Kühle draußen auf seiner Veranda und nippte an einem Kaffee. Mir fiel auf, dass er seltsamerweise ganz in Weiß gekleidet war – weiße Jeans, weiße Jacke, weißes lockiges Haar und ein weißer Dreitagebart; nur seine schwarzen Stiefel und das Blau seiner strahlenden Augen stachen aus dem Bild hervor. Er war in einer sanften Stimmung und wir sanken in ein leichtes Sinnieren darüber, dass die Wildblumen rund um seine Klause bereits verblüht waren, wohingegen sie aus den Schneefeldern auf den höhergelegenen Gebirgswiesen jetzt erst auftauchten. »Die Lebenskraft in ihnen ist so stark«, stellte er erstaunt fest. »Sie wissen schneller zu arbeiten, weil ihnen nur so wenig Zeit bleibt.«

»Denkst du, es verhält sich ebenso auf den höheren Ebenen des spirituellen Lebens?«, überlegte ich, und er ging darauf ein. »Ich jedenfalls fühle in mir ganz bestimmt eine wachsende Dringlichkeit der Vollendung«, sagte er mit einer Kraft, die noch Stunden und Kilometer später in mir nachhallte, als ich mich auf dem Weg in den Osten befand.

*

Der Herbst schritt in diesem Jahr mit mörderischem Takt voran; sogar für dieses Gebirgstal in Colorado war er sich selbst voraus.

Im September setzte beträchtlicher Schneefall ein und am 12. Oktober, dem Kolumbus-Tag, tobte ein heftiger Sturm, der das Tal als düsteres Omen des Winters in schweren, matschigen Schnee hüllte. An diesem Wochenende hatte Rafe es zu seiner Klause hinauf geschafft, und um ihn in der Einsamkeit seiner Einsiedelei eine Zeitlang zu begleiten, hatte ich mich ebenfalls in einer Hütte, die einer Freundin von mir gehörte, hoch in den Bergen weit über der Schneegrenze einquartiert. An jenem Sonntagnachmittag saß ich an einem zugefrorenen Bergsee bereits im Schatten, als die Sonne hinter dem Grat unterging, und fand mich schmerzhaft damit ab, dass ich der Wirklichkeit nicht länger ausweichen konnte.

Ich begriff, dass Rafe am Sterben war. Keiner von uns wusste genau woran, aber es war offensichtlich, dass das Leben langsam aus ihm abfloss. Es war so offensichtlich, dass auch der Raum zwischen uns sich weitete. Und vor diesem Hintergrund musste ich mir eingestehen, dass das Zurückhalten der Worte »Ich liebe dich« genau das bedeutete, wovor ich mich am meisten gefürchtet hatte. Es war Rafes Art, darum zu bitten, seine Freiheit zurückzuerhalten; er bat um die Entlassung aus unserer Beziehung. Hielt ich ihn gegen seinen Willen fest? War es Zeit für mich zu gehen? Plötzlich schienen die Antworten augenfällig und mein eigenes Klammern herzergreifend klar. Es gab nur eine Sache, die wir tun konnten, um seinetwillen wie auch für mich: ein für alle Mal zu klären, wo wir miteinander standen, und dann – wie es jetzt so überwältigend offensichtlich geworden war – mich von ihm zu verabschieden, meine Zelte abzubrechen und nach Maine zurückzukehren.

Langsam, einen Fuß vor den anderen setzend, stapfte ich den Berg hinunter.

Er saß in seinem alten, tief gepolsterten Sessel bei einem knisternden Abendfeuer und war über die Störung verärgert, doch ich blieb trotzdem. »Rafe«, sagte ich, »ich muss wissen, wo wir stehen. Wenn du mich noch immer liebst – wenn du noch immer willst, dass ich hierbleibe –, dann musst du es mir jetzt sagen. Ansonsten denke ich, dass es Zeit ist aufzuhören.«

»Was sagt dir dein Herz?«

»Mein Herz sagt mir, dass du mich liebst. Doch deine Worte sagen, dass du es nicht tust.«

Er sah mich mit festem Blick an und plötzlich schien alles, was sich in ihm aufgebraucht hatte, sich machtvoll zu sammeln. Als er sprach, war seine Stimme, die in jenen Tagen eher kraftlos geworden war, scharf und glockenklar: »Dein Herz muss unbesiegbar sein. Du musst der Unbesiegbarkeit deines Herzens vertrauen.«

Der schlaue Fuchs! Natürlich würde er es mir nicht sagen, würde mir nicht die Arbeit abnehmen, die ich lernen musste, selbst zu erledigen. Was war es, was mein Herz mir sagte? Ich schloss die Augen und sah unsere Cappuccino-Zeremonien vor mir ablaufen, unsere Trinksprüche, wie wir die Becher erhoben und uns tief anblickten – »Ich schaue dir in die Augen, Kleines!« Ich sah, wie die Lebensmittel geliefert wurden, das fließend heiße und kalte Wasser, die Arbeitskleider, die ich trug, von Kopf bis Fuß Geschenke von ihm... unsere gemeinsame Zeit, seine Liebenswürdigkeit, seine immer und überall kostbare Aufmerksamkeit – sogar jetzt waren wir beide, jeden Muskel bereit, bestrebt zu erkennen, was unser Gegenüber als Nächstes täte.

Auch Rafe beschäftigte in dem Augenblick etwas zutiefst. Er sprang auf, stellte sich an den Kamin und streckte seine zitternden Hände aus. »Schau mich doch an, sieh mich an!«, sagte er. »Du musst erkennen, wie unbeständig mein Ich ist; du musst das einsehen. Einen Moment lang will es dies, den nächsten will es jenes. In der einen Minute reiße ich dich an mich, in der nächsten stoße ich dich von mir weg; in der einen verletze ich dich, in der nächsten raube ich dir dein Herz. Du musst doch sehen, dass ich nicht verwurzelt bin. Wie kann ich denn sagen: ›Ich liebe dich‹, wenn da gar kein ›Ich‹ ist, das lieben kann? Du musst das erkennen – du *musst.*«

Ich tat es. Endlich. Ich hob meinen Kopf hoch genug über meinen eigenen Ereignishorizont und sah ihn dort stehen, im Licht des Feuers hinter ihm, der kleine Wachsoldat auf seinem Einsiedlerposten, und verstand, dass er seine eigene tiefste Wahrheit ausgesprochen hatte. Seine Worte beinhalteten ein ganzes Leben des Ringens, mehr als vier Jahrzehnte intensiver spiritueller Arbeit an sich selbst, in denen er über die üblichen Wasserstellen hinaus vorgestoßen war in Richtung jenes neuen Menschen in Christus, der darauf brennt, sich aus seiner menschlichen Zerbrechlichkeit und Unbeständigkeit herauszuholen. Einmal, in einem Augenblick äußerster Zärtlichkeit, hatte er mir erzählt: »Ich möchte meine Vergangenheit zusammenfügen, alles, was ich bin, und es dir schenken.« Und dennoch konnte ich in meiner eigenen blinden Bedürftigkeit sein Zurückhalten der Worte »Ich liebe dich« damals nur als Ablehnung begreifen. Jetzt endlich erkannte ich, dass es nichts anderes war als ein Ausdruck seines Ringens.

»Abgesehen davon«, sagte er, als sich die Stimmung zwischen uns wieder beruhigt hatte, »weißt du ganz genau, dass keiner von uns beiden einen Rückzieher machen wird.«

*

Keine Worte. Das wäre eine billige Lösung gewesen. Rafe wusste, dass ich, wenn ich die kommende Phase überleben wollte, lernen musste, mithilfe von Fähigkeiten zu erkennen, zu vertrauen und zu navigieren, die wesentlich subtiler waren als Anziehung und beruhigende Worte. Ich musste zu einer neuen Art von Wahrnehmung gelangen und lernen, Dinge unmittelbar in ihrer innersten spirituellen Essenz zu erkennen und nicht an ihrer äußeren Form. Doch diese neue Art der Wahrnehmung – »einen direkten Kontakt mit dem elektromagnetischen Feld der Liebe«, wie es der moderne Sufi-Meister Kabir Helminski ausdrückt –, ist nur dem Herzen möglich, nicht dem Verstand. Und solange ich dem nicht vertrauen könnte, bliebe ich von vornherein davon abgeschnitten.

Die Reise geht Richtung Westen: in die untergehende Sonne, dem Ende aller konventionellen Sichtweisen entgegen. In den kommenden Monaten sollte ich mich auf Dinge verlassen müssen, von denen die Leute sagten, sie seien verrückt: dass eine Leiche mich während der Totenwache in einer bloßen Geste des Geistes zu sich hinzuziehen vermochte; dass ich – damals und auch danach – mit Sicherheit sagen konnte, dass die Seele eines Verstorbenen sich mir allein durch die unverkennbare Eigenschaft seiner Aufmerksamkeit genähert hatte; dass er mit seinem Willen und seinem Herzen fortfährt, mein Leben zu gestalten, so wie ich weiterhin das seine beeinflusse. Ein riesiges, unsichtbares Universum öffnete sich für uns beide, auf dass wir es erkunden, es miteinander teilen und in der »Sprache des nächsten Jahres« auskosten. All dieses Lernen lag noch vor uns. Aber die einzige mögliche Hoffnung, uns zu dieser Reise aufzumachen, bestand darin, den Teil von mir zu erkennen und ihm zu vertrauen, der wusste, was er wusste, und aus dem heraus zu handeln. Und zwar ab sofort.

Ich stand auf und ging zum Fenster; Rafe kam zu mir, und gemeinsam blickten wir auf den Hauch einer silbernen Mondsichel, die sich über die dahintreibenden Wolken erhob. »Schau«, sagte Rafe, »kannst du den Vollmond erkennen, der sich hinter der Sichel abzeichnet? Das sind wir.«

»Was meinst du damit?«, fragte ich.

»Psst... Du wirst es verstehen.«

Wir lachten und konnten fühlen, wie die Freude zurückkehrte, als wir uns an der Hoffnung des jeweils anderen erbauten. Dann ging ich in die Nacht hinaus und er still zu seinem Sessel zurück, seine einsame Wache fortzusetzen. Als ich die Tür zuzog, hörte ich ihn flüstern: »Du wirst es verstehen.«

Kapitel 9

Im Ringkampf mit einem Engel

IM ALLGEMEINEN SIND DIE VON RAFE GELEHRTEN REGELN zur Ausrichtung der spirituellen Praxis einfach und klar: Nichtverhaftetsein, Zustimmung, inneres Erkennen und Hingabe. Er war ein strenger, aber guter Lehrer, und genau durch diese Strenge brachte er mir Dinge bei, die auf keine andere Art und Weise erlernt werden können.

Doch es gibt Zeiten, auch in der spirituellen Praxis, in denen wir einfach gegen die Regeln verstoßen müssen.

Dies ist die Geschichte einer solchen. Aus Gründen, die sogleich offensichtlich werden, erzähle ich sie mit einem gewissen Zögern. Zweifelsohne war es mein schmerzhaftester und schimpflichster Moment mit Rafe, eine Begebenheit, bei der ich komplett versagte. Doch seltsamerweise war es auch unser intimster Moment und ein echter Wendepunkt in unserer gemeinsamen Arbeit. Er half uns beiden zu verstehen, was es wirklich bedeutet, das eigene Leben für den anderen hinzugeben, und ließ uns einen Blick werfen auf die gewaltige heilende Kraft, die in einer solchen alchimistischen Liebe entfesselt wird – eine entscheidende Kraft, so glaube ich mittlerweile, für die Zusammenarbeit von Seelen über das Grab hinaus. Vielleicht nicht ganz überraschend ist dies auch die Geschichte jener bereits erwähnten Ausnahme, als Rafe ein letztes

Mal auf unserem gemeinsamen menschlichen Weg zu mir sagte: »Ich liebe dich.«

Wie bereits erwähnt: Rafe war ein Kind der alten Schule. Er war in der klassischen monastischen Tradition der spirituellen Kriegsführung ausgebildet worden, also der Bezwingung der »Leidenschaften«, wie Euagrios sie im vierten Jahrhundert bezeichnete, die sich stets in Aufruhr befinden und unentwegt gegen unsere wahre spirituelle Bestimmung meutern. Rafe nahm sich diese Lektionen sehr zu Herzen. In jenen langen Jahren des Kampfes gegen sein eigenes rebellisches Wesen hatte er wie Keats gelernt, allein an der Küste der weiten Welt zu stehen und sich vom Schmerz einfach den ganzen Weg hinuntertragen zu lassen, hinein in Gott – »bis Liebe und Ruhm in ein Nichts entgleiten.«

Ich hingegen war ein Kind der neuen Schule. Zwanzig Jahre jünger als Rafe und erzogen im psychologischen Klima unserer Zeit, war ich argwöhnisch gegenüber einer spirituellen Praxis, die emotionalen Schmerz und Leidenschaft begraben will – »die ins Heilige flieht«, wie ich es etikettierte. Meine eigenen Instinkte bewegten sich eher entlang der Denkrichtung von Pater Thomas Keating, meinem Lehrer im Gebet der Sammlung in Snowmass – »um emotionalen Schmerz loszuwerden, muss er gefühlt werden.« Wenn Angst oder Traurigkeit in mir aufstiegen, erwartete ich, wie die meisten Menschen meiner Generation, ganz natürlich, dass ich »unterstützt« würde, dass Rafe in meiner Nähe bleiben, mich anhören und mich mit seiner Zuneigung und vielleicht einer Umarmung beruhigen würde. »Verstehst du denn nicht, dass du es damit nur noch schlimmer machst?«, spottete er. Wann immer ich begann, in eine schlechte Stimmung abzugleiten, ging er. Erst später, nachdem sich in mir etwas verändert hatte, kam er zurück und machte, als ob nichts geschehen wäre, da weiter, wo wir aufgehört hatten.

Diese Spannung lösten wir nie auf. Aber durch die Arbeit mit ihm kam ich mehr und mehr dazu, seine Sichtweise anzunehmen.

Häufig jedoch spürte ich eine tiefe Traurigkeit in ihm. Seine unerschütterliche Ausrichtung auf die »Sprache des nächsten Jahres« und seine ständige Wachsamkeit gegenüber den Verlockungen eines »selbstgezimmerten Zuhauses« kamen mir manchmal vor wie ein in Wüstenspiritualität übersetztes: »Mach das Beste aus dem, was dir das Leben zugeteilt hat.« Wenn Rafe beabsichtigte zu gehen, lautete seine bevorzugte Redewendung: »Ich bin seit fünf

Minuten weg«, und darin lag eine tiefe psychologische Wahrheit. Denn so schnell wie möglich auf das Neue zuzurennen, ist natürlich auch die bestmögliche Strategie, um die an unseren Fersen leckenden Flammen der Zerstörung weit hinter uns zu lassen. Es war so, als ob irgendetwas in Rafe wusste, dass ihm alles, was er liebte, genommen werden würde.

Als einige Winter zuvor sein Pferd Saddalu in einem Schneefeld gestorben war, ging einer der Mönche zu Rafe hinauf, um es ihm mitzuteilen. Im Wissen, wie sehr er den schönen weißen Araberhengst geliebt hatte, nahmen seine Brüder an, die Nachricht werde ihn schwer treffen. Doch Rafe ließ den Mönch in erhobener Reserviertheit abblitzen: »Wozu diese Aufregung? Pferde sterben; ich sterbe, du stirbst; wir alle werden sterben.« Etwas mehr als drei Jahre später, als Rafe mir diese Geschichte erzählte, zitterte seine Stimme noch immer vor Ärger.

Auch ich war zornig. »Du sprichst bloß so, um dich davor zu schützen, verletzt zu werden«, sagte ich gereizt. Er zuckte zusammen, als ob ich ihn geschlagen hätte: »Du kannst das denken, wenn du willst.« Der Ausdruck seiner Augen ließ mich jäh innehalten. Wenn ein Blick zugleich »quälen« und »gequält sein« kann, dann war dies vielleicht so einer – ein nacktes, bodenloses Leid. Doch Rafes Leid war nicht nahezukommen. Manchmal vermochte ich es zu spüren, und mein Herz litt mit ihm. Doch der damit einhergehende Zorn war zu explosiv. Nachdem er mir die Geschichte mit Saddalu erzählt hatte, dauerte es eine Woche, bevor er sich mir wieder nähern konnte.

*

Und so spürte ich, nachdem ich von meiner Reise nach Maine zurückgekehrt war, wie Rafe über seine emotionalen Grenzen hinausging, als er mir davon erzählte, was ihm in meiner Abwesenheit widerfahren war. Er stürzte sich noch einmal in die Details jener Albtraumfahrt den Hügel hinab, als er am Steuer seines Scouts ohnmächtig geworden war, einen Baum gestreift hatte, in einem Stacheldrahtzaun gelandet war und sich schließlich zum Kloster hinuntergeschleppt hatte. Vielleicht standen wir beide unter Schock. Die Freude über unser Wiedersehen kaschierte das Vorgefallene für eine Weile, aber schon bald ruderten wir beide wieder zurück. Er machte einen hastigen Rückzug, und ich lag die ganze Nacht hindurch wach und ging sämtliche Einzelheiten in wachsendem Schrecken und Unglauben noch einmal durch.

Am nächsten Tag befanden wir uns in unserem schlimmsten »Besorg dir einen Ehemann«-Umlauf – Rafe in voller Flucht und ich in wilder Verfolgung. Je mehr ich versuchte, ihm nahezukommen, desto stärker stieß er mich zurück. Schließlich verlangte er, ich solle in die Klause hinaufgehen und dortbleiben, bis die Dinge sich beruhigt hätten. Er selbst verbrachte die Nacht unten im Kloster.

Am darauffolgenden Morgen saß ich noch immer in seinem alten Sessel – ein bisschen ruhiger, so glaubte ich zumindest–, als ich das Rumpeln des alten Scouts in der Einfahrt hörte und einen Augenblick danach seine Schritte auf der Veranda. Ich nehme an, er war ein wenig überrascht, mich noch immer dort anzutreffen, und seine Stimmung war durchaus nicht milder geworden. Er legte das Bündel Feuerholz ab, das er bei sich trug, und mit einem Blick eisiger Geringschätzung machte er sich wieder auf den Weg hinaus. »Rafe«, sagte ich, »bitte lass uns reden.« – »Es gibt nichts zu sagen«, brummte er und riss die Tür auf.

Und dies war der Augenblick, als es geschah. Irgendetwas in mir rastete aus. *»Nein!«,* schrie ich mit einer Kraft, die alle innere Zurückhaltung hinwegfegte. Ich sprang aus dem Sessel, riss die Tür aus seinen Händen, knallte sie vor ihm zu und flehte: »Rafe, Rafe, bitte geh' nicht, geh' nicht...« Ich konnte es nicht glauben, aber es passierte wirklich.

Auch er konnte es nicht glauben. Einen Augenblick lang starrte er mich mit schierem Entsetzen an, dann schob er mich zur Seite und ging die Verandatreppe hinunter. Ich stürzte hinter ihm her und umschlang seine Beine.

So fing es an. Die nächste halbe Stunde rangen wir miteinander. Und das ist keine Metapher. Wir flogen über die Veranda und rollten und wanden uns auf dem Hof, verbissen in einem verzweifelten Kampf der Willen. Ich umklammerte erst seinen Arm und hielt dann sein Bein fest, als ginge es um mein Leben. Der Absatz seines Stiefels landete auf meinen Kiefer und Rafe verdrehte mein Handgelenk dermaßen, dass ich es fast schon knacken hörte. Ich schrie, ließ aber nicht los. »Du bist verrückt!«, brüllte er. »Das ist ganz egal«, brüllte ich zurück.

Nach einer gewissen Zeit nahm unser Kampf einen seltsamen, fast surrealen Ausdruck an. Wir rangen noch eine Weile, dann gaben wir erschöpft auf, saßen an den gegenüberliegenden Enden des Holzstapels und musterten uns argwöhnisch. Irgendwann redeten wir wieder wenige Worte miteinander. »Kann das Liebe sein?«, klagte ich, und er schüttelte traurig seinen Kopf. »Ich bin bereits weg«, sagte er. »Du versuchst, nach mir zu greifen, aber du hältst nur an dir selbst fest.«

Dann machte er Anstalten zu gehen und der Ringkampf flammte erneut auf. Doch mit jeder neuen Runde schien der Zorn mehr und mehr daraus entwichen zu sein und etwas Tieferes, fast schon Heiliges kämpfte *durch* uns. Das Bild einer Geburt schoss mir kurz durch den Kopf.

An irgendeinem Punkt hörte es auf. Wir hatten uns im Zickzack zu einem Bewässerungsgraben hinter der Einfahrt hinabgekämpft, und dort, unter einem Felsenbirnbusch, ließ ich schließlich los. Ich konnte nicht mehr festhalten; der Sturm in mir war erschöpft und ich lag nur noch dort und schluchzte. Rafe hatte sich etwas entfernt, stand unter einer Espe und spuckte auf den Boden... dann kann er langsam zu mir zurück.

Schweigend, ohne uns zu berühren, gingen wir zurück zum Scout. »Ist es in Ordnung, wenn ich jetzt gehe?«, fragte er. Ich nickte. Irgendwie war es okay.

»Rafe, gibst du mir deinen Segen?« Die Worte purzelten einfach so aus meinem Mund... Warum bloß?

»Du hast ihn bereits«, brummte er. Dann fuhr er den Hügel hinunter und ich ging zurück in die Klause.

*

Was hatte mich da geritten? Ich wusste es nicht. Gewiss war nun alles vorbei; Rafe würde nie wieder zurückkehren... Aber trotzdem, warum...? Warum empfand ich, als ich so dasaß in meinem emotionalen Taumel und mit pochendem Kiefer, dieses seltsame Gefühl der Hoffnung? Warum fühlte ich, merkwürdigerweise, so etwas wie... Stolz? Aus all dem Schamgefühl und der Verwirrung erhob sich in mir dieses Gefühl, dass ich – Wie soll ich es beschreiben? – vielleicht zum ersten Mal in meinem Leben etwas richtig gemacht hatte. Mit diesem eigenartigen Eindruck saß ich lange dort, bis er allmählich abklang und ich in die Stille trieb.

Und dann trat im Spiegel dieser Stille mit einem Mal ein Gesicht hervor – ein Gesicht, das lange in meinem Unterwusstsein begraben gelegen hatte. Später, beim Blättern in alten Tagebüchern, entdeckte ich zu meiner Überraschung, dass ich dieses Gesicht zuletzt am 27. August 1980 betrachtet hatte – auf den Tag genau fünfzehn Jahre zuvor.

Es war das Gesicht meiner Mutter. Sie lag in ihrem Bett in einem von der Christlichen Wissenschaft betriebenen Krankenhaus in Kalifornien und starb an Krebs. Sie nannten es »einen Anflug von Arthritis«. Eine undurchdringliche Mauer des Leugnens trennte uns voneinander. Ich sah ihre schmerzerfüllten Augen, die sich kurz von mir verabschieden wollten, sich dann aber wieder zurückzogen und mich abwiesen. Ich stand noch einen Moment in der Tür, drehte mich dann um und ging hinaus, wohlwissend, dass ich sie niemals wieder sehen würde.

Das Bild verschwand fast genauso schnell, wie es sich gezeigt hatte, aber ich begann zu verstehen. »Geh nicht friedlich in die gute Nacht«, sagt der Dichter Dylan Thomas. »Wüte, wüte gegen das Ersterben des Tageslichts!« Und ich *hatte* gewütet – für meine Mutter, für mich, für Rafe, für ein Leben voller Dinge, die nun durch die Tür davongeglitten waren, unwiederbringlich und uneingestanden. »Ach Rafe, *Rafe!*«, klagte ich laut. Die Liebe hatte an jenem Morgen den Kummer aus mir herausgerissen, von dem ich nicht gewusst hatte, dass er überhaupt da gewesen war.

Nachdem ich, ich weiß nicht wie lange, geweint hatte, vernahm ich ein Rumpeln im Hof und das Quietschen von Bremsen. Der Scout war zurück. Langsam wurde die Tür aufgestoßen und da stand Rafe.

Auch er hatte geweint. Seine Augen waren gerötet, Tränen glitzerten darin, und seine trockengewischten Wangen waren staubverschmiert. Für einen Augenblick stand er dort und begann dann unbeholfen: »Ich wollte sichergehen, dass ich dich nicht verletzt habe.« Wir blickten uns in die Augen und sagten im gleichen Atemzug beide dasselbe: »Vergib mir.«

Dann brachen wir beide erneut in Tränen aus. Er drückte sich neben mir in den Sessel, wir umarmten einander und schluchzten unsere Leben der Verluste und des Kummers aus uns heraus. Und als die Worte zwischen uns wieder flossen, über seit langer Zeit begrabene Erinnerungen und nie eingestandenes Bereutes, fügten wir uns gegenseitig unserem Schmerz wie dem Frost, der aus der Frühlingserde aufsteigt.

Später, nachdem die Tränen versiegt waren, fuhren wir gemeinsam im Scout den Hügel hinunter. Er brachte mich zum Tor meiner Hütte. Dort standen wir noch einen Moment lang und suchten den Blick des anderen. Ich sagte: »Rafe, du bist der erste Mensch, den ich genug liebe, dass ich um ihn kämpfe.«

»Ich weiß«, entgegnete er fast flüsternd. »Und du bist der erste Mensch, den ich genug liebe, um nicht davonzurennen.«

*

Wer lag richtig, wer lag falsch? Ganz gewiss verstießen wir gegen sämtliche Regeln, und ich denke, dieser Ringkampf, nur zwei Wochen nach seiner Entlassung aus dem Krankenhaus, hat seine Lebenszeit nicht unbedingt verlängert. Es ist eine Schuld, die ich bis an mein eigenes Grab mit mir tragen werde. Vielleicht blieb auch einfach die Zeit an den Türen unserer Herzen stehen; ich weiß es nicht und möglicherweise werde ich es nie erfahren.

Doch ich weiß, dass seit dieser Zeit jeglicher Widerstand zwischen uns verschwand und wir die Verwundbarkeit des jeweils anderen mit Ehrfurcht trugen, wie ein Geheimnis, das wir in der Stille unserer Herzen teilten. Rafe rannte nie wieder davon. Und in den Zeiten, wenn mich Verzweiflung und Klammern-Wollen überkamen, wartete er ganz einfach an meiner Seite, gesammelt und gegenwärtig, bis sich der Aufruhr meiner Gefühle wieder gelegt hatte. Irgendwann am Anfang unserer Beziehung hatte Rafe gesagt: »Ich möchte wissen, was es bedeutet, jemanden wahrhaftig zu lieben.« Gegen Ende, so glaube ich, begannen wir beide, es herauszufinden. Zwar kämpften wir auch weiterhin miteinander, doch gingen wir jene letzten drei Monate unseres menschlichen Lebens gemeinsam, in gewisser Weise schon als ein einziger Wille, und gaben unser Leben einfach und täglich für das des anderen hin.

»Ganzheit«, schreibt Helen Luke, »wird geboren aus der Akzeptanz des Konflikts zwischen dem Menschlichen und dem Göttlichen in der individuellen Psyche.«[5] Doch frage ich mich, ob ein solches Akzeptieren wirklich möglich ist, ohne sich selbst von einem anderen Menschen tief geliebt zu wissen. Wenn der wichtigste Liebesdienst in *diesem* Leben darin besteht, »die Dunkelheit zu entriegeln«, wie Dylan Thomas sagt, und ihre Gefangenen der Schande freizulassen, ist dies dann nicht, und sogar noch stärker, die Göttliche Alchimie des *nächsten,* mittels der unsere Hochzeitsgewänder in der Ewigkeit gesponnen werden? Denn wenn ich auf die Zeit mit Rafe zurückblicke, beeindruckt mich die Tatsache, dass in diesem reinen Werden, nach dem wir uns beide so sehr sehnten, es nicht das Beste in uns war, sondern das Schlechteste,

5. HELEN LUKE: *Old Age,* New York: Parabola Books, 1987, Seite 95.

das Gott verwandelte, um daraus den neuen Menschen zu schaffen. Die Kraft, vor der Rafe sich am meisten fürchtete, war seine »Anziehung«, die aus dem Liebesfeuer des Destillierofens als echte Bindung hervorging. Und das Schlechteste in mir, mein verzweifeltes Klammern, zerschmolz nach und nach in etwas, von dem ich nie geglaubt hatte, dass ich dazu fähig wäre: wahre Hingabe. Es ist unsere Schlacke, die, zurückgefordert und gereinigt durch die Liebe (falls wir einander denn genug vertrauen, um es so weit zu bringen), zum lebendigen Kern unserer »heiligen Besonderheit« wird, durch die wir uns in der Ewigkeit immer finden werden.

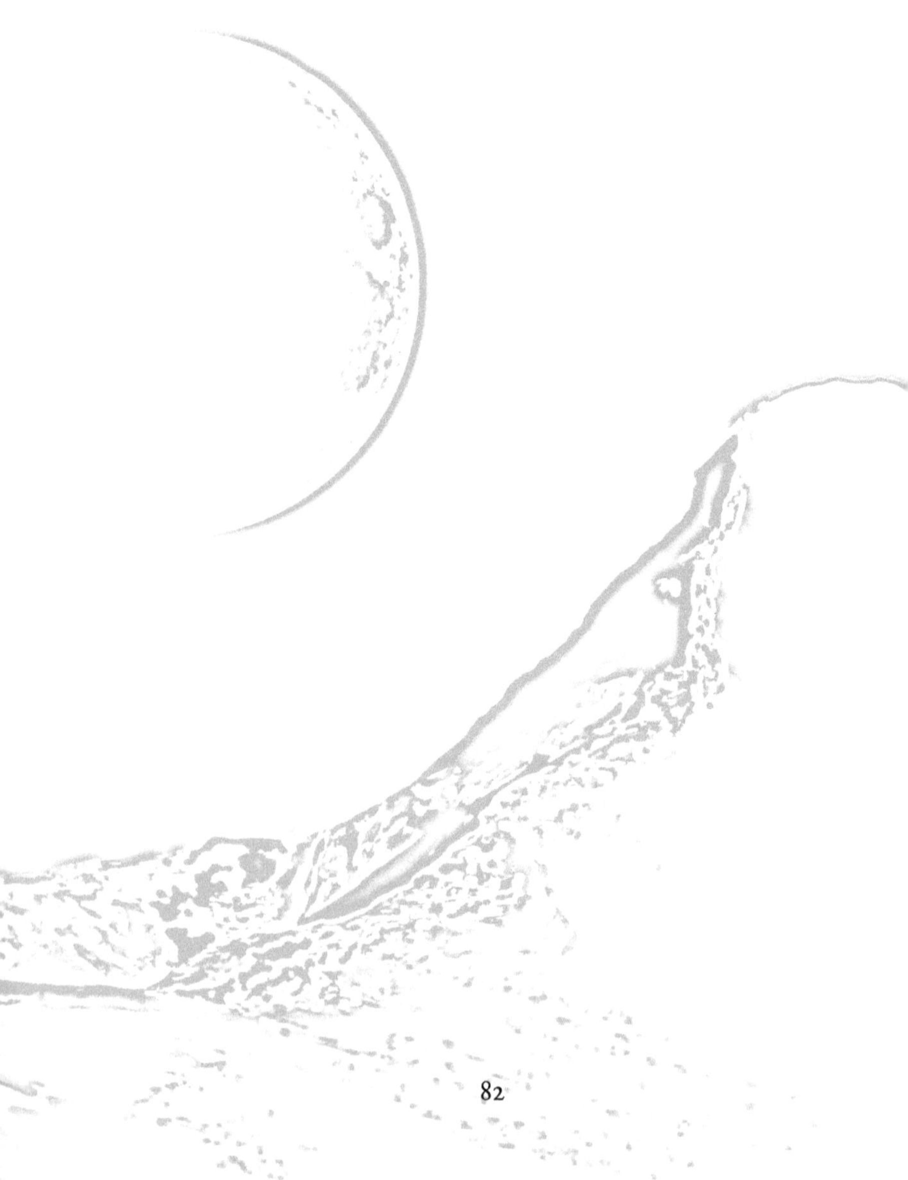

Teil drei

Den Weg wirklich gehen

Kapitel 10

Der Hoffnungskörper

»ICH WERDE DICH IM HOFFNUNGSKÖRPER TREFFEN.« ES WAREN diese seltsam anmutenden Worte, die ich in der Nacht der Totenwache vernahm! Weder Rafe noch ich hatten den Begriff je verwendet, und so zerbrach ich mir in den ersten Wochen nach seinem Tod den Kopf darüber, was er bedeuten könnte. Doch dann, eines Nachmittags, fand ich es plötzlich heraus.

Es war Februar geworden und noch keine zwei Monate her seit Rafes Tod, als ich auf meinem Weg die Straße hoch an Stanley Place vorüberging. Aus dem Inneren vernahm ich ein Knallen, das sich nach einem Vorschlaghammer anhörte, und vor dem Haus lag ein Haufen Schutt im Schnee, also blieb ich stehen.

»Die Mönche stellen mir diesen Ort den Sommer über zur Verfügung«, sagte der Hausmeister des neuen Exerzitienzentrums des Klosters grinsend und mit verschwitztem, staubverschmiertem Gesicht. »Ich habe mir gedacht, ich öffne ihn ein wenig, damit ein bisschen Licht einfällt.«

Ihn ein wenig öffnen? Das Haus war komplett entkernt! Unfassbar, dass ein einzelner Mensch an nur einem Nachmittag einen solchen Wirbelsturm entfesseln konnte. Gipskarton-Platten und zerschlagene Möbelstücke lagen nun dort auf einem Haufen, wo einst das Wohnzimmer gewesen war, neben zerbrochenem Geschirr und achtlos zertrampelten Lebensmitteln. Stromkabel hingen von den Deckenbalken und ein Wasserhahn baumelte an einem Stück Kupferrohr, aus dem die letzten Hurras der Tage des »fließenden warmen und kalten Wassers« tropften. Stanley Place war, wie man so schön sagt, Geschichte.

»Morgen komme ich mit einem Muldenkipper«, ließ er mich noch wissen, packte dann seine Werkzeugtasche zusammen und ging. Er kam nie wieder zurück. Ob die Mönche ihn von diesem Projekt abberufen haben oder ob er unter dem selbst angerichteten Chaos in die Knie ging, weiß ich nicht. Jedenfalls fühlte es sich an, als hätte eine Bombe exakt auf dem Fleckchen Erde eingeschlagen, zu dessen Zerstörung sie gedacht war.

Nachdem er gegangen war, stolperte ich noch eine Zeit lang im Kadaver des Stanley umher. Wie Schutt, der in den Sturzbächen des Frühlings bergabgespült wird, zogen sich kleine Erinnerungsfetzen durch den Scherbenhaufen, auf merkwürdige Art unpassend disloziert – ein Barhocker, der aus den Trümmern hervorragte, Rafes altes Paar Arbeitshandschuhe in den Resten einer Schublade. Noch immer an einem Stück gespaltener Holzverschalung der einstigen Wohnzimmerwand klebend, die Postkarte von vorletzter Weihnacht mit der Aufmunterung: »Kein Grund zur Sorge. Alles bestens.« In Tränen aufgelöst, ging ich hinaus auf die Terrasse.

Und dann, als ich dort draußen im Schnee saß und weinte, geschah es. Ich begann, eine Veränderung wahrzunehmen. Obwohl ich noch immer schluchzte, verlor der emotionale Stachel allmählich seine Kraft, und buchstäblich aus meinen Zehenspitzen stieg eine ungekannte prickelnde Präsenz in mir auf. Ich fühlte mich wie ein leeres Glas, das langsam mit Champagner gefüllt wird.

Unwillkürlich war ich fasziniert. Sprudelndes, blubberndes Leben schien sich in mich zu ergießen und verlieh mir einen derartigen Auftrieb, dass ich mich nicht länger verzweifelt fühlen konnte. Und dann kam ein Punkt, an dem Stanley Place schlicht und einfach von mir abfiel, wie Schuppen von den Augen, und mit einem Mal vermochte ich, durch all die Relikte und lieben Erinnerungen hindurchzuschauen, und sah die Liebe selbst.

Ich erhob mich und begann auf der Terrasse zu tanzen wie in jener Schlussszene von *Alexis Sorbas* und summte eine kleine Melodie zu den Worten: »Wenn das Gebäude errichtet ist, brauchst du das Gerüst nicht länger.« In dem Augenblick erkannte ich, dass ich von einem unsichtbaren, zutiefst fröhlichen Partner gehalten wurde.

*

Es war meine erste Begegnung mit Rafe nach seinem Tod, aber blitzartig ergab alles einen Sinn. War es nicht genau das, was er versucht hatte, mir beizubringen? Und so spürte ich sie also: die reine Essenz seiner Gegenwart und die enorme Kraft seiner Liebe – genauso, wie sie immer gewesen waren, – jetzt nur abzüglich seines physischen Körpers. Was also fehlte wirklich? Ich verstand, dass das Fundament zwischen uns nun gelegt war, auf dem ich ihn in dieser Form erkennen und empfangen konnte. Seither hat die verbleibende Aufgabe darin bestanden, mich an diesen neuen Zustand zu gewöhnen.

Der »Hoffnungskörper« ist für jedes Verständnis einer anhaltenden Seelenarbeit über das Grab hinaus derart entscheidend, dass ich ein bisschen detaillierter auf ihn eingehen muss. Selbstverständlich spreche ich von einem feinstofflichen Körper – einer nicht-materiellen, energetischen Manifestation – und mir ist klar, dass ich allein durch das Aufbringen dieses Themas möglicherweise auf esoterischem Treibsand wandle. Zu Derartigem neigende Leserinnen und Leser können bereits aus einer Fülle von alten und modernen metaphysischen Systemen wählen (fünf davon könnte ich spontan aufzählen), und ich bin nicht daran interessiert, diesen eine weitere Kosmologie von Körpern hinzuzufügen. Doch die Vorstellung als solche ist eine Notwendigkeit, da es relativ sinnlos wäre, eine derartige Beziehung weiterführen zu wollen ohne ein zumindest grundlegendes Verständnis dessen, was sich da für uns jenseits der physischen Form »verkörpert«. Also werde ich diesen »Körper«, wie ich ihn mit Rafe erfahren habe, von einem möglichst einfachen und praktischen Standpunkt aus zu beschreiben versuchen.

Zusammengefasst:

- Ich begreife den Hoffnungskörper als eine lebendige, fühlbare und bewusste Energie, welche die sichtbaren und unsichtbaren Welten zusammenhält. Metaphorisch gesprochen ist es der Saft, in dem die höhere Kommunion oder Gemeinschaft fließt: das Teilen persönlicher Liebe sowie das Eintreten und die Entfaltung der Wunder zwischen zwei Menschen. Der Hoffnungskörper ermöglicht den Austausch von Substanzen zwischen zwei Sich-Liebenden und das anhaltende Wachstum ihrer vermögenderen Seele, auch wenn der Tod sie voneinander trennt. Es ist das »heilige Element«, wie Böhme es nannte, das sich zwischen Himmel und Erde ausdehnt und die vertrauteste Verbindung zwischen diesen beiden Ebenen ermöglicht.

- Der Hoffnungskörper ist nicht selbst die höhere Person, der individuelle Auferstehungskörper oder der Wesenskern, doch er trägt und ernährt diesen Kern in dessen vollen individuellen Besonderheit und ermöglicht es ihm, zu wachsen und, wenn nötig, sich selbst als sichtbar zu konfigurieren.

- Der Hoffnungskörper an sich ist universal, doch unsere individuelle Verbindung zu ihm entsteht dadurch, dass etwas in uns belebt (oder, in Gurdjieffscher Terminologie, »kristallisiert«) wird, das ihn direkt empfangen kann. Traditionellerweise wird dieses Etwas als »zweiter Körper« oder »Hochzeitsgewand« bezeichnet.

Das »intelligible« Universum

Wir können uns das, was ich hier beschreibe, als unsere sichtbare, geschaffene Welt vorstellen, die eingebettet ist in ein sich entfaltendes spirituelles Energiefeld – einen spirituellen Schoß, wenn man diese Metapher mag. Es ist in der Tat eine ›atmosphärische Schicht‹, die unser Universum umgibt, auch wenn es nicht aus Atomen und Molekülen besteht, sondern aus Bewusstsein, Energie und Potenzialität. Es ist das Alpha und Omega aller geschaffenen Dinge, aus dem unsere Lebensenergie in der Form hervorgeht und in das unsere Form zurückkehrt, wenn unsere Reise durch die Zeit vorüber ist. Die griechischen Kirchenväter nannten es das »intelligible« (oder geistig fassbare) Universum – reine, energetisierte Idee –, in dem unser »sinnlich wahrnehmbares« Universum der Form und Besonderheit enthalten ist. Wir verlassen das geistig Fassbare nicht, wenn wir Form annehmen – weil es unmöglich ist, es zu verlassen; nichts Geschaffenes könnte jemals daraus verschwinden –, und wenn wir sterben, ist unser gesamtes Leben noch immer vollständig darin enthalten.

Nannte Rafe es deshalb den *Hoffnungs*körper? Mag sein. Doch immer stärker ist in mir die Überzeugung gereift, dass es ihm vor allem darum ging, Aufmerksamkeit auf eine besondere Fähigkeit dieses Körpers zu lenken, die ich versucht habe, mittels der Bilder von »Saft« und »Schoß« zu vermitteln. Der Hoffnungskörper ist zuallererst ein lebensspendender Körper; er fließt in und durch die sinnlich wahrnehmbare Welt mit der Energie des reinen Werdens und gestaltet den Verlauf der Dinge sowohl in dieser Welt als auch in der Ewigkeit. Den Schlüssel zu Rafes Erkenntnis fand ich in einer bemerkenswerten Textstelle in dem Buch *Meditations on the Tarot.* Laut dessen Autor Valentin Tomberg

> ist Hoffnung nichts Subjektives, das einem optimistischen oder heiteren Naturell zuzuschreiben wäre oder einem Kom-

> pensationsverlangen im Sinne der modernen Psychologie Freuds oder Adlers. Sie ist eine objektiv strahlende Lichtkraft, welche die schöpferische Evolution in Richtung der Zukunft der Welt lenkt. Sie ist die himmlische und spirituelle Entsprechung des natürlichen und irdischen Instinkts der biologischen Reproduktion. [...] Anders ausgedrückt: Hoffnung ist das, was *spirituelle Entwicklung* in der Welt bewegt und lenkt.[1]

Weshalb? Weiter vorne in dem Buch unterscheidet Tomberg, in seiner Meditation über die Kraft, zwischen zwei Arten von Energie, oder zwei Lebenskräften, die auf der Erde wirken: *Bios,* die natürliche Lebenskraft, und *Zoe,* die Quelle, das höhere oder anregende Leben.

> Es ist *Bios,* die von Generation zu Generation fließt; und es ist *Zoe,* die das Individuum in Gebet und Meditation, in Opfertaten und in der Teilnahme an den heiligen Sakramenten erfüllt. *Zoe* ist Belebung von oben in einem *vertikalen* Sinn; *Bios* ist Lebenskraft, die, obwohl einst derselben oberen Quelle entsprungen, von Generation zu Generation *horizontal* weitergegeben wird.[2]

Die Bedeutung dieser Unterscheidung ist fundamental. Echte spirituelle Hoffnung ist kein Glücksgefühl, das in der Erwartung zukünftiger Erfüllung von Wünschen gründet. Vielmehr ist sie ein Urquell: das Einfließen von *Zoe* – höherem, anregendem Leben – direkt in das Individuum am tiefsten Grund seines Daseins. Sie ist das lebendige Wasser aus Johannes 4, das aus den Tiefen der Seele hervorquillt, um zu beleben und wieder lebendig zu machen. Dies, so glaube ich, ist die Dimension, auf welche Rafe meine Aufmerksamkeit lenken wollte.

Somit ist der Hoffnungskörper tatsächlich ein Bindegewebe, das die sinnlich wahrnehmbaren und die intelligiblen Reiche im Liebestanz als »reines Werden« miteinander verbindet. Er besteht zum Zweck dieses Tanzes. Er ermöglicht es der Kraft der Göttlichen Liebe, tief in die menschliche Natur hinabzuwirken – in dem Zu-

1. Valentin Tomberg: *Meditations on the Tarot,* Rockport, MA: Element Books, 1993, Seite 471–472; deutsch: *Die großen Arcana des Tarot, Peiting:* Meum Vita Verlag, 2020.

2. Ebenda, Seiten 277–278.

stand, der theologisch üblicherweise als »Gnade« bezeichnet wird. Und gleichzeitig erlaubt der Hoffnungskörper den sehnsüchtig ausgestreckten Händen der Schöpfung, in das Herz Gottes einzudringen und etwas hervorzurufen, das nur in der Dimension des sinnlich Wahrnehmbaren Ausdruck finden kann. Er ist die ursächliche Einheit und gegenseitige Verbundenheit aller Dinge in dem, was Kabir Helminski »das elektromagnetische Feld der Liebe« nennt.[3] Und weil dieses Feld empirisch existiert, sind alle, die tief – »bis zum Grund hinab« – geliebt haben, in der Lage, in diesem Feld und durch dieses Feld zueinanderzukommen.

Manifestationen des Hoffnungskörpers

Energie

Die deutlichste und drastischste Erfahrung des Hoffnungskörpers geschieht, wie ich es an jenem Nachmittag draußen auf der Terrasse erlebte, in einer hochkonzentrierten Infusion von Lebenskraft in das eigene System. In einem Moment bin ich leer, ausgezehrt, niedergeschlagen, im nächsten tanzt neues Leben in mir.

Vielleicht finden wir die klassische Beschreibung einer Begegnung im Hoffnungskörper in Dostojewskis *Brüder Karamasoff*, im Kapitel »Die Hochzeit zu Kana in Galiläa«. Nach dem Tod seines Lehrers, Pater Zosima, überkommt den jungen Mönch Aljoscha allmählich der Schlaf, während er dem Evangelium über die Hochzeit zu Kana lauscht, das Pater Païssij am Sarg seines geliebten Kirchenältesten laut vorträgt. Aljoscha hat eine Vision von Zosima, wie er am Hochzeitsfest tanzt und so am ersten Wunder Christi teilnimmt. Daraufhin erwacht Aljoscha, tritt hinaus in die sternenklare Nacht und ist ganz von Jubel erfüllt – »als verbänden sich unsichtbare Fäden von all diesen zahllosen Welten Gottes in ihm, und seine ganze Seele erschauerte.«[4] Pater Bruno Barnhart kommentiert diese Episode mit den Worten: »In dem, was nach einer Initiierung in die Fülle des Heiligen Geistes durch den alten Mönch aussieht, kommt Aljoscha schlagartig in sein Mannesalter,

3. Kabir Edmund Helminski: *Living Presence: A Sufi Way to Mindfulness and the Essential Self*, New York: Jeremy Tarcher / Putnam, 1992, Seite 118.

4. Fjodor Michailowitsch Dostojewski: *Die Brüder Karamasoff*, München: R. Piper & Co. Verlag, 1980, Seite 592.

erfüllt von Gewissheit und Kraft.«[5] »Als schwacher Jüngling war er noch zur Erde niedergefallen«, führt Dostojewski aus, »als ein für's ganze Leben gewappneter Kämpfer erhob er sich wieder. [...] Sein ganzes Leben lang, niemals, niemals konnte Aljoscha diesen Augenblick vergessen... ›Jemand hat in dieser Stunde meine Seele heimgesucht‹, sagte er später in festem Glauben an diese seine Worte.«[6]

Dieses Ereignis ist eine typische Erfahrung des »Hoffnungskörpers«. Es kommt zum unmittelbaren Einflößen von Energie, einhergehend mit dem seltsamen Empfinden einer Initiation – einem Gefühl, mit unserer wahren Identität und Bestimmung verbunden zu sein. Und da ist diese tiefe, uns umfassende Liebeserfahrung, die ihre ganz besondere Gewissheit mit sich bringt, dass dies nicht nur eine Infusion höherer Energie ist, sondern eine bestimmte Präsenz: »Jemand hat in dieser Stunde meine Seele heimgesucht.«[7] Kein Wunder, dass Dostojewski diese Episode im Rahmen der Hochzeit zu Kana entfaltet, dieser tiefgründigen Evangeliumsparabel der mystischen Vermählung, denn sie beschreibt präzise den Pfad, den die beiden Liebenden beschreiten, wenn sie lernen, sich in diesem seltsamen neuen Land des Herzens zu bewegen.

Tinctur

Aber woher weiß ich, dass es sich dabei nicht einfach »nur« um höhere Energie handelt? Was macht mich so sicher, dass dieses Wer oder Was, das da in mich eintritt, nicht bloß das liebende, transpersonale Ausgießen des Heiligen Geistes ist, sondern die besondere Handschrift der Person Rafes trägt? Die Antwort lautet – und dies ist das Entscheidende –, dass die einflößende Präsenz zwei unverkennbare Elemente Rafes aufweist, die ich mit *Tinctur* und *bewusstem Willen* bezeichnen werde.

»Tinctur« ist ein schwer zu erklärender Begriff. Ich übernehme ihn von Jakob Böhme, weil ich nichts Treffenderes finde, um zu beschreiben, was ich auszudrücken versuche.[8] Mit »Tinctur« ist im

5. Bruno Barnhart: *The Good Wine: Reading John from the Center,* Mahwah, NJ: Paulist Press, 1994, Seite 196.

6. Dostojewski: *Die Brüder Karamasoff,* Seite 592.

7. Ebenda.

8. Anmerkung der Übersetzer: Dieser Begriff sollte nicht mit dem heutigen deutschen »Tinktur«, also einer Flüssigkeit, verwechselt werden. Vergleiche dazu

Wesentlichen die Qualität von Lebendigkeit gemeint. Alles Lebendige hat eine Tinctur, eine ganz einzigartige und unverwechselbare Note, einen Duft, ein Funkeln.

In jener Nacht der Totenwache fragte ich mich an einem gewissen Punkt: »Was lässt mich denn so sicher sein, dass dies hier Rafe ist?« Die Antwort kam unmissverständlich und überzeugend, als ich realisierte, dass das erlebte Gefühl exakt dasselbe war wie jenes, das stets zwischen uns geherrscht hatte, als Rafe noch lebte. Wir beide hätten ebenso gut auf der Stanley-Terrasse sitzen können mit unseren Cappuccino-Bechern; so stark war der »Duft«. Die Art von Präsenz, die wir voneinander immer gekannt hatten – diese ganz besondere Handschrift von Freude und Zartheit –, umgab und umhüllte mich. Wenn ich mir diese innere, emotionale Farbe unserer gemeinsamen Zeit ohne ihre äußere tragende Struktur vorstelle, so als würde man die Gießform entfernen und das Gussteil enthüllen – genau so war es.

In einer von Rafes Lieblingsgeschichten in Tania Blixens Roman *Jenseits von Afrika* erzählt die Autorin, wie sie einst von einer wunderschönen Schlange fasziniert war; ihre Haut funkelte in feinen, abwechslungsreichen Farben. Sie war dermaßen von ihr hingerissen, dass einer ihrer Hausangestellten das Tier tötete und dessen Haut zu einem Gürtel für sie verarbeitete. Doch zu ihrem Entsetzen war die vorher funkelnde Schlangenhaut jetzt nur noch stumpf und grau, einfach weil die Schönheit ganz und gar in der Qualität der Lebendigkeit gelegen hatte – in der Tinctur, nicht in der physischen Haut.

Stellen wir uns nun vor, es wäre durch spirituelle Arbeit möglich, die Tinctur aus ihrem physischen Träger herauszulösen, also genau andersherum als in der Geschichte von der Schlange, sodass dieser wegfällt und nur die Qualität der Lebendigkeit verbleibt.

den entsprechenden Eintrag im *Jacob-Böhme-Lexikon,* herausgegeben von Heiko Krämer, Ronnenberg: Verlag Magische Blätter, 2020, Seite 381:

> »Nicht ein flüssiger Extrakt, der die Kraft, Farbe oder Eigenschaft aus einem Dinge gezogen in sich hat, sondern eine wirkende Kraft, ein Geistwasser, das zwischen Geist und Wesen oder Leibe ein Mittleres ist. Durch die Tinctur wirkt der Geist im Leibe, erscheint in ihm wirksam, treibend, scheinend, glänzend, grünend, blühend […]« (Tscheer). »In Summa, es ist der webende und ausdringende Hauch oder Duft der inneren Leiblichkeit, des seelisch-ätherischen wie des geistlichen Leibes in seiner Wirkung auf andere empfängliche Wesen« (Claassen).

Dies, so glaube ich, ist eine Sicht aus Gottes Perspektive auf den Prozess des Todes. Die Tinctur wird dann im Hoffnungskörper getragen.

An jenem Nachmittag auf der Terrasse erlebte ich bloß einen Vorgeschmack darauf, als Stanley Place mit all seinen Artefakten wegfiel und ich die Liebe selbst zu sehen vermochte und Rafe mitten in ihr. Es war ein flüchtiger Moment, doch dauerte er lange genug, um ein Licht auf den Pfad zu werfen, der nun vor mir lag.

Die Tinctur ist ein Wiedererkennen von Dingen an deren innerem spirituellen Duft. Diese Fähigkeit, die wir erlernen können, ist enorm wichtig, denn – wie wiederum Kabir Helminski betont – »zwei Steine können nicht denselben Platz einnehmen, zwei Düfte jedoch sind dazu imstande.«[9] Ich bin überzeugt, dass diese Erkenntnis den Schlüssel liefert für die Begegnung (und Verschmelzung) im Hoffnungskörper.

Bewusster Wille

Der andere Aspekt dieser personalisierten Präsenz besteht für mich in der Begegnung mit Rafes individuellem Willen. Ich spreche nicht von den *psychischen Residuen* einer verstorbenen Person, wie dies die Hermetik mitunter tut und damit die feinstofflichen Relikte der Energien meint, die den Menschen belebten – wie Emotionen, Erinnerungen, Begabungen und so weiter – und die nach dessen physischem Tod vielleicht noch für eine Weile heftig vibrieren, jedoch selbst kein echtes Leben besitzen. Auf solche psychischen Residuen Rafes treffe ich in überwältigendem Maß an seinen zwei Aufenthaltsorten, in seiner Klause und an seinem Grab, wo jede Verständigung zwischen uns hundertmal intensiver und vergrößert ist. Ich rede hier vielmehr von einer Begegnung mit einem anhaltenden Willen, der von meinem verschieden und zu einer lebhaften und zielgerichteten Interaktion fähig ist. Da ist definitiv ein echtes Wesen.

Auch davon machte ich meine prägende Erfahrung während der Totenwache. Als ich neben Rafe stand, war es, als springe ein kleiner Funke seines Willens von seinem Wesen in das meine über, und ich wusste, unser Zusammensein würde andauern.

9. Helminski: *Living Presence,* Seite 130.

Seitdem ist dies mehrere Male geschehen und ich fühlte mich dann jeweils in der Gegenwart eines deutlichen, resonierenden Willens, der sich von meinem unterschied. Am eindrucksvollsten ereignete sich dies an einem Strand in British Columbia im Herbst 1996, nicht ganz ein Jahr, nachdem Rafe gestorben war. Ich verbrachte gerade einige Tage an der Vancouver School of Theology, um dort zu unterrichten. Es war das Ende eines hektischen, mit Seminaren und Workshops vollgepackten Herbstes, und die Zeit, die ich mittlerweile entfernt von Colorado verbracht hatte, begann sich hinzuziehen. Ich wollte wieder nach Hause und fühlte mich ausgezehrt, so als ob genau das Thema, worüber ich Vorlesungen hielt – die kontemplative Einkehr –, mir zwischen den Fingern zerrinne. Traurig und einsam unternahm ich einen Spaziergang am Strand. Ich setzte mich auf eine Mole, blickte hinaus aufs Meer und fühlte mich wie eine Ente im Trockenen.

Ganz plötzlich kräuselte der Wind Katzenpfoten auf die Wasseroberfläche und die Wellenformation kam auf mich zugerast. In dem Moment wusste ich, dass irgendetwas passieren würde. Das Erste, was ich vernahm, war aus dem Nirgendwo Rafes lachende Stimme (keine hörbare, aber ein starker innerer Eindruck): »Ich liebe es, das Wasser durch deine Augen zu sehen!« Und dann kam er zum Kern der Sache: »Du brauchst nicht den ganzen Weg zu mir zu kommen, weil auch ich zu dir komme.« Beinahe konnte ich seinen typischen Ruck mit dem Kopf sehen, als er sein letztes interessantes Bruchstück der Unterhaltung hinzufügte, das mir schmerzlich vertraut war: »Du willst mich dich einfach nicht lieben *lassen!*«

Recht hatte er. Mein Fehler war offensichtlich. In meinem verzweifelten Gefühl, dass er ruhte oder mit höheren spirituellen Dingen beschäftigt war, hatte ich mir vorgestellt, dass ich allein die ganze Last des Kontakthaltens zu tragen hätte und mir dies nur durch intensive Gebete und Zurückgezogenheit möglich wäre. Es war mir nie in den Sinn gekommen, dass genau dieser Würgegriff meiner Bemühungen ihm den Raum nehmen könnte, den er brauchte, um in meinem Leben gegenwärtig zu sein. Irgendwie hatte es mir bisher nie gedämmert – zumindest nicht auf diese Art –, dass er sich um mich sorgte.

Es war eine erstaunliche psychologische Drehung des Windes, scheinbar aus dem Nichts. Nur einen Augenblick zuvor hatte ich mich noch einsam gefühlt, geplagt von Heimweh und in Nostalgie verfangen. Ich erhob mich von der Mole, frei und leichtfüßig.

Skeptiker mögen diese Episode als reine Einbildung abtun. Doch ich bleibe dabei, diesen Visitationen zu trauen, einfach wegen ihres erquickenden Gefühls eines objektiv »anderen« Willens, der sich gegen meinen eigenen erhebt und mich in eine Richtung zieht, die meinen natürlichen Neigungen nicht entspricht. Ich glaube nicht, dass ich ganz allein und auf eigene Faust mir die Augen hätte öffnen können. Und sogar, wenn ich das versucht hätte: In all den Jahren, in denen ich mich selbst in Sachen hineingesteigert habe, war ich kein einziges Mal fähig, aus eigener Kraft heraus solch einen Einklang von Gefühlen hinsichtlich einer neuen Möglichkeit heraufzubeschwören. Diese Begegnung, davon bin ich überzeugt, entstand nicht aus meinem Inneren, sondern von außen. Und sie trug durch und durch die Handschrift von Rafe.

Das Buch des Lebens

Nebst Energie, Tinctur und bewusstem Willen ist die vielleicht hervorstechendste Gabe, die innerhalb des Hoffnungskörpers abrufbar ist, die Möglichkeit eines offenen »Buches des Lebens« zwischen uns und unserem Geliebten: ein gegenseitiger Zugang zur Summe der irdischen Eindrücke und Erinnerungen beider, ganz unabhängig davon, ob sie während der gemeinsamen menschlichen Zeit tatsächlich zusammen erlebt wurden oder nicht. In Zeiten tiefer Stille und innerer Sammlung sehe ich Abschnitte aus Rafes Leben offen vor mir, fast so, als ob wir ein gemeinsames Bewusstsein teilten.

Das ist weniger seltsam, als es sich zunächst anhört. Es zu beherrschen, gelingt nach einem ziemlich einfachen Prinzip, welches sich unmittelbar aus dem soeben Erklärten ergibt: nämlich, dass nach dem Tod unsere Tinctur – die Qualität unserer Lebendigkeit – im Hoffnungskörper getragen wird. Und diese Qualität unserer Lebendigkeit, wir erinnern uns, ist kein irgendwie denaturierter Extrakt unserer selbst; sie ist *die Gesamtheit unseres Lebens* – all das, was wir fühlten, erträumten, erlebten, für wichtig hielten –, die in einer unendlich konzentrierteren Form gegenwärtig ist.

Vielleicht trägt eine einfache Analogie zum besseren Verständnis bei: Eines Sonntags vor vielen Jahren, als ich noch in Maine lebte, brachte ich meine Tochter Lucy zum Anleger der Fähre, die unsere Insel mit dem sechs Kilometer entfernten Festland verband, wo sie mit ihrem Freund Scott verabredet war. Danach stieg ich auf eine hohe Klippe und konnte, da der Tag außergewöhnlich klar und ruhig war, beobachten, wie sich das kleine Schauspiel entfaltete. Ich sah jede einzelne der Sequenzen sich nacheinander abspielen: Die Fähre näherte sich dem Festland und Scotts kleiner, gelber Toyota kam die Straße zum Anleger hinuntergefahren. Ich konnte ihre zunehmende Aufregung über das lang erwartete Treffen spüren, das nun kurz bevorstand. Doch von meinem Aussichtspunkt aus war alles bereits gegenwärtig in einem riesigen, imposanten »Jetzt«. Das, was die beiden innerhalb der Dimension der Zeit durchlebten, war von meiner Warte aus in Raum verwandelt, und das Bild war vollständig.

Ich glaube, im Augenblick des Todes geschieht Ähnliches. Die Linearität, die wir im Leben als vorübergehende Zeit erleben, wird im Augenblick unseres Todes konvertiert in eine absolute Gegenwart für alles, was unser Leben war. Darum sprechen so viele Berichte über Nahtoderfahrungen von dem Phänomen, dass das Leben vor den eigenen Augen blitzartig nochmal abläuft. Und im echten Tod klingt dieses Aufblitzen eben nicht wieder ab, sondern ist bereits der Anfang einer neuen Dimension unserer selbst im Hoffnungskörper. Der römisch-katholische Theologe Ladislaus Boros beschreibt dies als, für das eigene Leben »pankosmisch präsent« zu sein. Es gleicht einer Welle, die einst unser Leben war und nun Teilchenform annimmt; sie ist präsent als ein konzentrierter Punkt. Vielleicht ist es das, worauf Nicoll hinauswollte, als er sagte: »Die Seele ist die Abbildung des Lebens.« Die Seele ist das größere Bild – so wie ich die Geschichte mit der Fähre beobachtet hatte –, das die Bewegungen, die Hoffnungen, die Anregungen des Lebens selbst beinhaltet, alles lebendig und genau aufbewahrt. Und in diesem Sinn können wir dann tatsächlich davon sprechen, dass die *Seele* im Hoffnungskörper bewahrt wird.

Das schenkt uns enorme Möglichkeiten für anhaltendes Wachstum und für Heilung zwischen den Partnern, deren Liebe füreinander das gemeinsame Buch ihrer Leben aufschließt. Denn wenn diese Erinnerungen und Erfahrungen alle da und erhalten sind, bewahrt im Hoffnungskörper, sind sie ebenso zugänglich – indem sie sozusagen wieder in ihre Wellenform zurückwechseln – in dem stillen Herzen des tief eingestimmten Geliebten.

Ich erinnere mich, wie mir dies zum ersten Mal geschah und welch außerordentliche Wirkung es hatte. Wie bereits erwähnt, war ich bei Rafes Tod nicht anwesend. Er starb allein im Waschraum des Klosters und es dauerte einige Stunden, bis jemand ihn dort fand. Mehr als irgendetwas anderes, das mit seinem Tod zusammenhing, war es diese Tatsache, die so schwer hinzunehmen war. Hatte er Angst? Wusste er, was mit ihm geschah? War er dem Sakrament seines Todes gewachsen? All diese Fragen hatte ich in einen traurigen Schmerz zusammengefasst, den ich nie würde auflösen können – denn ich war ja nicht bei ihm gewesen.

Ein Jahr später, an seinem ersten Todestag, war ich oben in der Klause früh schlafen gegangen ohne irgendwelche Erwartungen hinsichtlich der vor mir liegenden Nacht. Ungefähr fünf Minuten vor der genauen Uhrzeit seines Todes wurde ich hellwach und realisierte, dass ich tatsächlich die letzten Augenblicke seines Lebens durchlebte – oder vielmehr, dass ich von einer starken, aber zarten Präsenz durch sie hindurchgeführt wurde. Mir wurde gezeigt, dass Rafe, kurz bevor sein Herz schließlich platzte, die Situation, in der er sich befand, erkannt und das Vaterunser zu sprechen begonnen hatte, das Gebet, das vierzig Jahre lang die Hauptstütze seines religiösen Lebens gewesen war. Als wir diese letzten paar Zentimeter seines menschlichen Weges noch einmal gemeinsam gingen, ›trat‹ er – auf eine bestimmte Weise, die wir zwischen uns ausgemacht hatten, um uns auszutauschen, wann immer menschliche Worte als solche von allergrößter Bedeutung waren – in meinen Kiefer ›ein‹, um die Wörter zu bilden: »Va... ter... un... ser..., Der... Du... bist... im... Him... mel...« Die allerletzten von ihm gesprochenen Worte lauteten: »Dein Wille geschehe wie im Himmel so auch auf Erden.« Mit der Zeile »unser tägliches Brot gib uns heute« verließ seine Seele das Leben und Rafe wurde hinübergetragen.

Selbstverständlich sei es Skeptikerinnen und Skeptikern unbenommen, mir auch in diesem Fall kolossale Subjektivität vorzuwerfen. Ich habe keine Gegenargumente. Alles, was ich weiß, ist, dass mein Herz von einer derartigen Gewissheit und Freude erfüllt war, als wäre ich tatsächlich bei ihm gewesen. Danach sollte das fehlende Abschließen-Können mit seinem Tod nie wieder ein Thema für mich sein.

Wie alle psychischen Begabungen lässt sich auch eine solche sicherlich missbrauchen. Ein willentliches Herbeibeschwören von Seelen von Toten wird »Nekromantie« genannt und kann gravierenden spirituellen Schaden anrichten. Doch die Angst vor dem

Missbrauch dieser Gabe sollte niemanden zu der Aussage verleiten, dass es sie nicht gibt. In der Verbindung zwischen Partnern, die sich zutiefst geliebt haben, bildet die Liebe selbst das sichere Geleit, denn die oder der Geliebte wird aus freien Stücken geben, was es für das Werden der oder des anderen braucht. Wir müssen unser Herz bloß vertrauensvoll dieser Liebe als solcher öffnen, und das wahrhaft Notwendige wird eintreten.

Konfiguration

Ich sollte vielleicht kurz etwas über die Formen sagen, in denen die Toten sich uns zeigen, nachdem sie den physischen Körper verlassen haben. Mit unserer stark visuellen Ausrichtung, die offenbar unser vorrangiger Sinn im Leben ist, erwarten wir natürlich Visionen und Erscheinungen vollständiger Körper – und manchmal tauchen sie auch dergestalt auf. Ich habe Freundinnen und Freunde, denen sich ihre verstorbenen Partner als lebendige, körperliche Erscheinungen zeigen – sie sind vollständig dort, mit ihnen im selben Zimmer, bekleidet und in jedem Detail realistisch. Solch eine Begegnung hatte ich nie. Das, was in meinem Fall einem »Sehen« von Rafe am nächsten kommt – abgesehen von gelegentlichen lebhaften Träumen –, ist ein Erscheinen und eine Verstärkung desselben goldenen Lichts, das in der Nacht seiner Totenwache in der Kirche gegenwärtig war. Und ehrlich gesagt ist es schon so, dass ich darüber manchmal etwas enttäuscht bin. Es gibt Zeiten, in denen ich mir mehr als alles andere in der Welt wünschte, dass er plötzlich erscheinen würde, im Kommunionskreis im Kloster neben mir stünde, ganz wie in den alten Zeiten – so wie Christus an jenem Ostermorgen Maria Magdalena im Garten erschien. Etwas in unserem Inneren – oder zumindest in meinem – beharrt offenbar darauf, dass je lebendiger die geliebte Person unseren Sinnen erscheint, desto tiefer wir auch geliebt sind.

Aber die Wahrheit liegt wohl näher beim Gegenteil. Das Prinzip, nach dem Erscheinungen ablaufen, ist in den Evangelien gut aufgezeigt: in der Schilderung der vierzig Tage von Jesu Wiederauferstehungserscheinungen. Maria Magdalena, völlig verzweifelt im Garten, braucht es, ihren Geliebten noch einmal in Fleisch und Blut zu sehen. Und so geschieht es. Doch sobald sie ihn gesehen hat, ist sie vollkommen überzeugt; sie glaubt und kann die Verzweiflung hinter sich lassen, ohne eine Berührung zu benötigen. Dem stark zweifelnden Thomas wird eine vollkommen viszerale Menschlichkeit gezeigt; er darf Jesus nicht nur sehen, er wird sogar eingeladen, dessen Wunden zu berühren. Er tut es, und er glaubt. Und Johannes, der »geliebte Jünger«, hat einen derart ruhigen Glauben, dass er keiner privaten Auferstehungserscheinung bedarf – er fühlt seinen auferstandenen Herrn bereits in seinem Herzen. Das Prinzip deutet darauf hin, dass Jesus genau in dem Maße physisch präsent ist, wie die Gläubigen es brauchen, um ihr individuelles Bedürfnis zu stillen, sodass »Glaube, Hoffnung und Liebe« wachsen können.

Demzufolge werden die besondere Form und das Wesen der Erscheinung mehr von der Bedürftigkeit des noch verkörperten Geliebten bestimmt als von der Lebendigkeit des oder der über das Fleisch Hinausgegangenen. Bei Rafe und mir ist die Berührung die häufigste Form der Gemeinschaft. Meistens kündigt er sich dadurch an, dass ich eine mich umhüllende und umkreisende Präsenz wahrnehme, oft einen ausgeprägten Druck. Und ich begegne ihm auch durch Worte, die in meinem Herzen anklingen – wie an jenem Tag am Strand von British Columbia –, aber manchmal manifestieren die Worte sich auch äußerlich. Jenes »Ich liebe dich«, nach dem ich mich im Leben so gesehnt hatte, habe ich nach seinem Tod viele Male gehört, auf dieselbe Art und Weise, wie ich die Worte in jener Nacht vernommen hatte, als ich seinen Tod durchlebte: Sie bilden sich deutlich und voller Kraft in meinem Kiefer.

All dies erscheint als durchaus plausibel, wenn wir das Grundprinzip des Hoffnungskörpers verstehen. Eines der von der christlichen Theologie niemals zur Gänze gelösten großen Rätsel besteht in der Frage, ob wir einen Auferstehungskörper haben: ein personalisiertes, dauerhaftes, unzerstörbares Fleisch, das zu unserer permanenten ewigen Identität wird. Ich vermute immer stärker, dass unsere Tinctur – die zentrale, essenzielle Qualität unserer Lebendigkeit, die Gesamtheit unseres Lebens – unser Auferstehungskörper ist. Er wird heil und vollkommen im Hoffnungskörper getragen, und abhängig von seiner Wendigkeit – dem Grad an bewusster Selbstkonfiguration, den er durch unsere spirituelle Praxis in diesem Leben entwickelt hat – besitzt diese Tinctur die Fähigkeit, sich selbst auf jegliche Art und Weise auszudrücken, die der gegebenen menschlichen Situation angemessen ist.

Anamnesis

Im Weihegebet der Eucharistie werden die Worte Jesu beim letzten Abendmahl gesprochen: »Tut dies zu meinem Gedächtnis.« Die Kirche des Frühchristentums beschrieb dieses Gedenken überaus deutlich als *anamnesis* oder »lebendige Gegenwart«. Es war keine Feier zum Gedenken eines historischen Ereignisses oder womöglich dessen ritualhafte Wiederholung, sondern ein Gegenwärtigwerden-Lassen des auferstandenen Christus innerhalb der Gemeinschaft der Gläubigen. Es war im wahrsten Sinn eine Wiedervereinigung mit dem lebendigen Christus, die auf der anderen Seite des Todes, durch die heiligen Elemente von Brot und Wein, stattfand.

Genau desselben Begriffs können wir uns für den Hoffnungskörper bedienen. Es ist die lebendige Gegenwart, um die es beim Hoffnungskörper geht. Es ist die Einladung zu einer kontinuierlich erneuerten Unmittelbarkeit einer Person, die tatsächlich da ist, eine Wiederbegegnung, die immer erquickend und unvorhersehbar ist.

Wenn ein geliebter Mensch stirbt, scheint bloß die Erinnerung an ihn zu bleiben. Und Erinnerung verblasst oder reißt ab. In den wenigen Jahren, seit Rafe gestorben ist, sind fast all die kleinen Denkmäler seines Daseins erloschen. Stanley Place ist nur mehr ein Schutthaufen. Sein alter Scout wurde an einen Ersatzteilhändler verkauft. Ein anderer Mönch wohnt nun in seiner Klause und ein weiterer hat die Werkstatt übernommen und Rafes hinterlassene Schrottsammlung entsorgt. Seine Fußabdrücke verschwinden mehr und mehr von der Erde, und der Versuch, mit ihm auf diesem Pfad in Verbindung zu bleiben, ist zum Scheitern verurteilt.

Aber die andere Möglichkeit existiert – den Sprung zu machen zu einem unmittelbaren und anhaltenden Teilen von Herzen und Leben im Hoffnungskörper. Der Tod muss nicht das Ende einer Beziehung und das langsame Schwinden einer Liebe bedeuten. Henri Nouwen schrieb kurz vor seinem eigenen Tod: »Wenn jemand tief geliebt hat, kann diese Liebe nach dem Tod noch stärker werden.« Um herauszufinden, wie dies tatsächlich geschieht, eröffnet sich in diesem Leben die faszinierende und geheimnisvolle Einladung für jene, die tief geliebt haben und willens sind, in Richtung dieser Liebe weiterzugehen.

Kapitel 11

Die Erschaffung des zweiten Körpers

Es ist ein Kampf von Anfang bis Ende.

RAPHAEL ROBIN

DER HOFFNUNGSKÖRPER IST UNIVERSAL; UNSERE BEWUSSTE Verbindung zu ihm ist es jedoch nicht. Etwas muss in uns gebildet werden, das imstande ist, innerhalb des Hoffnungskörpers zu empfangen und zu geben, Leben aus ihm zu ziehen und es zu teilen. Dieses Etwas entsteht nicht einfach so in uns, doch für einen Menschen ist es sowohl möglich als auch angebracht, es zu erlangen. Viele Schulen der inneren Transformation behaupten sogar explizit, dies sei der wahre Sinn und Zweck des Menschen auf diesem Planeten, weil wir genau durch diesen Prozess, in dem wir uns den zweiten Körper aneignen, auch an der großen Zirkulation höherer Energien – Glaube, Hoffnung und Liebe – teilnehmen, die das bewusste Leben auf der Erde erhält. In der einen oder anderen Form ist dieses Erzeugen unserer dauerhaften, bewussten Verbindung zum Hoffnungskörper das Ziel jeder inneren spirituellen Arbeit. In der christlichen Tradition wird diese Arbeit bezeichnet als »den zweiten Körper entwickeln«, »den Leib Christi annehmen« oder »das Hochzeitsgewand empfangen«.

Wenn es um Seelenarbeit über das Grab hinaus geht, ist der zweite Körper zwingend notwendig. Denn, wie wir im letzten Kapitel gesehen haben, ist das einheitliche Feld, das zwei durch den Tod voneinander getrennte Seelen zusammenhält, der Hoffnungskörper. Nur in ihm können die beiden Geliebten sich von Neuem begegnen, nicht in der Erinnerung oder in psychischen Residuen, sondern in der lebendigen Gegenwart der *anamnesis,* die es ihrem gemeinsamen Werden in Liebe erlaubt, sich weiter zu entfalten. Der wirkliche Austausch zwischen ihnen – des bewussten Willens, der Energie und des gemeinsamen Buches des Lebens – findet im Hoffnungskörper statt, und um gemeinsam zu arbeiten, müssen die Partner miteinander in dieser Dimension verkehren. Ohne eine solche Verbindung, so glaube ich, herrscht das übliche Szenario: das langsame Auseinanderdriften der beiden Welten.

Den zweiten Körper bilden

Der zweite Körper wird im Allgemeinen dadurch gebildet, dass ein Mensch dem angenehmen Leben aus dem Weg geht. Jede spirituelle Tradition spricht davon, auch wenn es in sehr unterschiedlichen Worten ausgedrückt wird und nur allzu leicht als sinnlose Askese oder Weltverzicht missverstanden wird. Jesu Ratschlag: »Wer sein Leben retten will, wird es verlieren; wer aber sein Leben um meinetwillen verliert, wird es finden«, und das unablässige Drängen der Wüstenväter und -mütter, »sich vor dem Frieden zu hüten, der aus dem Fleisch kommt«, beruhen auf demselben Prinzip, das in Tat und Wahrheit absolut kein moralisches ist, sondern ein energetisches. In verschleiernder und paradox klingender Sprache zeigt uns diese Lehre den Schlüssel zur Aneignung des zweiten Körpers: Er besteht im Erlernen, wie wir die Energie nicht aus unseren gewöhnlichen physischen und psychischen Prozessen schöpfen (aus *Bios*, von der Valentin Tomberg schreibt), sondern direkt aus *Zoe,* dem lebendigen Wasser des Lebens.

Im normalen menschlichen Leben beziehen wir unsere Energie vor allem durch das Ego, obwohl sich die meisten von uns dessen wahrscheinlich nicht bewusst sind. Wir stürzen uns ins Leben mit unseren Bedürfnissen, Erwartungen und Wünschen, die auf unserem inneren Selbstbild beruhen. Werden diese Hoffnungen und Bedürfnisse erfüllt, spüren wir Erquickung, jenes allgemeine Wohlbefinden, das sich einstellt, wenn unser Leben sich wertvoll anfühlt. Dies ist »der Frieden, der aus dem Fleisch kommt.« Werden unsere Bedürfnisse nicht erfüllt, unsere Erwartungen zunichtegemacht oder unsere Leidenschaften entfesselt, verschwenden wir unsere Energie in emotionalen Reaktionen. Uns allen passiert das, an manchen Tagen sogar dutzendfach.

Dieser egoische Prozess läuft in uns ganz natürlich ab, und es ist in diesem Sinn zu verstehen, wenn ich sage, dass der zweite Körper in uns gebildet wird, indem wir dem angenehmen Leben aus dem Weg gehen. Solange wir es unserer Energie erlauben, mit den mechanischen Zyklen der Gezeiten emotionaler Reaktivität in uns anzusteigen und abzufallen, kann sich kein tieferes Reservoir spiritueller Aufmerksamkeit anzusammeln beginnen, also der Stoff, aus dem der zweite Körper gemacht ist. Die gnadenlose Zirkularität der egoischen Ebene scheint geschaffen zu sein, uns ganz unter dem Gesetz der Entropie zu halten und gerade noch unterhalb der kritischen Geschwindigkeit, die es braucht, um auf die nächsthöhere Umlaufbahn zu springen (die in der christlichen Tradition als »Glaube« bezeichnet wird), von wo aus wir schließlich in der Lage sind, uns über »den Frieden, der aus dem Fleisch kommt« hinauszubewegen, hinein in die Wüste, um unser Brot aus dem Himmel zu empfangen.

Gemäß der orthodoxen christlichen Tradition besteht das wahre Problem bei all diesen emotionalen Reaktionen darin, dass sie »unser Herz zweiteilen.«[10] Das geteilte Herz ist seiner eigentlichen Aufgabe nicht gewachsen. Denn einzig und allein das Herz kann Energie direkt aus *Zoe* beziehen.

Folglich besteht der Kern jeglicher spirituellen Praxis darin, dass wir lernen, uns nicht mit unseren psychologischen Reaktionen auf alles und jedes zu identifizieren. Je nach dem Pfad, dem wir folgen – Buddhismus, Vedanta, christliche innere Tradition, Sufismus –, variiert die Sprache für diese Praxis. Die Sufis sagen dazu: »Stirb, bevor du stirbst«, eine Formulierung, die zutiefst mit dem Rat Jesu übereinstimmt: »Wer sein Leben retten will, wird es verlieren.« Doch egal, mit welcher Sprache wir es zu tun haben, das zugrunde liegende Prinzip ist immer dasselbe: Erst wenn wir aufhören, ausschließlich entsprechend unseren Vorlieben und Abneigungen zu leben und unsere Energie aus egoischen Reaktionen zu beziehen und sie in ihnen zu vergeuden, kann sich in uns etwas Feineres ansammeln, das es uns sogar hier und jetzt erlaubt, an den subtileren Schwingungen des Göttlichen Lebens teilzuhaben.

Wie hat Rafe es gemacht?

Weil sich das Bisherige möglicherweise etwas abstrakt anhört, ist es vielleicht am besten, die konkrete Geschichte Rafes heranzuziehen.

10. E. Kadloubovsky und G.E.H. Palmer [Hrsg. u. Übers.]: *Unseen Warfare – as edited by Nicodemus of the Holy Mountain and revised by Theophan the Recluse,* Crestwood, NY: St. Vladimir's Seminary Press, 1987, Seite 244.

Rafe war dem zweiten Körper schon sehr früh auf der Spur, obwohl ihm dies zu Beginn gar nicht bewusst war. Noch bevor er ins Kloster eintrat und während er noch immer die Schockwellen einer tiefen religiösen Bekehrung auf der Farm seines Bruders in Mississippi verdaute, stieß er in einer Zeitung auf ein Zitat: »Glücklich ist der Mensch, der begreift, dass sein Glück nicht von irgendetwas abhängt, das außerhalb seiner selbst liegt.« Diese Worte elektrisierten Rafe vom ersten Augenblick an. Er spürte darin eine Art innerer Unabhängigkeit, die nicht mehr von ihm wich und ihn später auch in der äußerst reglementierten Struktur des konventionellen Klosterlebens etwas ruhelos machen sollte. Achtzehn Jahre lang gab er sein Bestes als Laienbruder in einem Trappistenorden, doch war er zunehmend besorgt darüber, dass dieser Lebensstil es den Leuten zu erlauben schien, bloß so zu tun als ob. »Sie verbringen ihre ganze Zeit damit, die Stufen rauf- und runterzugehen«, beschwerte er sich über seine Mitbrüder, die unter spiritueller Wandlung offenbar nicht mehr verstanden, als stundenlang zu den täglichen Andachtsgebeten die Treppe der alten Kiefernholzkapelle hinauf- und hinunterzusteigen. Schließlich verschaffte er sich die Erlaubnis, sich einer experimentellen Trappistengemeinschaft in North Carolina anzuschließen, wo er auf eine Ausgabe von P.D. Ouspenskys Buch *Auf der Suche nach dem Wunderbaren* stieß, das ihm endlich dazu verhalf, dieses schwer definierbare Etwas zu benennen, nach dem er schon so lange gesucht hatte. Später, nachdem er in Colorado angekommen war, schenkte ihm dann jemand die fünfbändige Ausgabe von Maurice Nicolls *Psychological Commentaries on the Teaching of Gurdjieff and Ouspensky,* in der er schließlich, zusammen mit der Bibel, jeden Tag las; diese wurden zu den Zwillingspfeilern seiner spirituellen Arbeit.

Als ich so um die zwanzig Jahre später in Colorado ankam, hatte er eine größtenteils autodidaktische Praxis des Vierten Weges entwickelt, die er das »sanfte Wechseln des Gangs« nannte – eine Art sachter Verbindung der tiefen Stille des kontemplativen Gebets mit der manuellen Arbeit, durch die er seinen Lebensunterhalt verdiente. Viele Leute, die Rafes Sammlung alter Schneemobile und defekten Altmaterials sahen, hielten ihn entweder für exzentrisch oder geizig. Tatsächlich jedoch nutzte er die Arbeit an den Maschinen – ein Handwerk, das er zugegebenermaßen nicht mochte und für das er auch keine natürliche Begabung besaß – bewusst als Mittel, um sich selbst zu beobachten und an sich zu arbeiten, indem er seine emotionalen Reaktionen aufmerksam betrachtete und dann darüber hinausging. Auch inmitten schwieriger Bedingungen und seines anhaltenden Kampfes mit seinem aufbrausenden Wesen war er ein Mensch, der sich fortwährend beobachtete, sich vermaß und sich erforschte. An der Werkstattwand hing ein Zitat von Nicoll, das seine Praxis recht gut zusammenfasste:

> Glaube ist eine dauernde innere Bemühung, ein dauerndes Abdrängen des Geistes von den gewohnten Wegen des Denkens, der gewohnten Art, alles aufzufassen, den gewohnten Reaktionen.[11]

Als ich in Rafes Leben trat, bestand viel unserer gemeinsamen Arbeit ganz einfach darin, dass ich mich seiner Praxis anschloss. Es bedeutete, viele Stunden an Schneemobilen herumzubasteln oder unten im Pumpenhaus in Stanley Place mit ihm zusammen zu klempnern; auf diese Weise lernte ich eine richtige Einstellung zum »Werk« und eine Art, an mir selbst zu arbeiten. Manchmal fragen mich Leute, was denn unsere spirituelle Praxis war; im Prinzip bestand sie genau darin. In der Reibung der Arbeit selbst – und häufig auch in der Reibung untereinander – mussten wir einen Schritt zurücktreten, einen zweiten Anlauf nehmen und uns wieder von Neuem an den höheren Zwecken orientieren, denen wir uns verpflichtet sahen. Ich hatte bereits in Gruppen des Vierten Weges gearbeitet, bevor ich Rafe kennenlernte, doch habe ich nie, weder vorher noch nachher, mit einem Menschen zusammengearbeitet, der die Prinzipien des Werks mit solch einer zielgerichteten Konsistenz und Entschlossenheit umzusetzen verstand.[12]

11. Nicoll: *The New Man,* Seite 179.

12. Einen hervorragenden Überblick über die Gurdjieff-Arbeit, auch genannt »das Werk«, erhalten Sie bei Jacob Needleman: "G. I. Gurdjieff and His School" in *Modern Esoteric Spirituality,* herausgegeben von Antoine Faivre und Jacob Needleman, New York: Crossroad, 1992, Seiten 359–380. Kurz zusammengefasst sind die drei Hauptpfeiler der Prinzipien des Werks die folgenden: (1) *innere Aufmerksamkeit:* die Bemühung, bei allem, was wir tun, vollkommen gegenwärtig zu sein und uns nicht in Tagträumen oder emotionalen Reaktionen zu verlieren; (2) *Selbstbeobachtung:* die Bemühung, objektiv in jedem beliebigen Moment zu beobachten, »wie wir sind«, einschließlich unserer gewohnten körperlichen, emotionalen und geistigen Haltungen; (3) *Selbsterinnerung:* die Bemühung, mit einem tieferen und ganzheitlicheren Verständnis unserer selbst in Verbindung zu bleiben, anstatt uns im Kaleidoskop unserer Persönlichkeiten, unserer widersprechen-

Ich erinnere mich noch lebhaft an eine Begebenheit, die sich keine zwei Wochen vor seinem Tod zutrug. Bei seinem Scout war die Antriebswelle herausgesprungen. Wir bockten den Wagen in der Klostergarage auf und es stellte sich heraus, dass sich die Karosserie verbogen hatte, und zwar in jener Albtraumabfahrt, als Rafe am Steuer ohnmächtig geworden und seitlich in einem Graben gelandet war.

Jeder andere hätte den alten Scout aufgegeben, aber nicht Rafe. Mit Hammer, Brecheisen und Schweißgerät robbte er sich unter den Wagen – wobei er die meiste Zeit mit seinem Rücken in der Pfütze lag, die sich aus dem auftauenden Matsch am Fahrgestell bildete –, flickte die Karosserie und begann dann langsam, die Antriebswelle aus dem Haufen neben ihm liegender verschlissener und schmieriger Teile wieder zusammenzubauen. Gegen Ende der Tortur, als sich eine besonders hartnäckige Dichtungsmanschette weigerte, sowohl freundlichem Zureden als auch roher Gewalt nachzugeben, kamen Hammer und Schraubenzieher von unterhalb des Scouts hervorgeflogen, gefolgt von einer Tirade beeindruckender, aber wenig klösterlicher Schimpfwörter. Ich wollte gerade den Hammer retten, doch als ich danach griff, schlängelten sich zwei verdreckte Stiefel unter dem Wagen hervor. Mit eisiger Würde erhob sich Rafe, nahm den Hammer auf, stand da, hielt ihn fest und zitterte vor Erschöpfung und Wut, die Augen fest geschlossen. Langsam ließ das Zittern nach. Als er seine Augen wieder öffnete, leuchteten sie in diesem wilden, fernen Blau, das von einem Punkt weit jenseits des Lebens auszuströmen schien.

»Rafe, ich verstehe nicht, warum du nicht aufhörst«, sagte ich.

»Ich verstehe es auch nicht.«

Aber am Ende des Tages war der alte Scout wieder zurück auf der Straße. Rafe sollte ihn noch ein Mal den Hügel hoch- und wieder hinunterfahren, bevor der Tod sie beide aus ihrem Kampf befreite.

Das war der besondere Geschmack von Rafes eigener Arbeit. Daran war nichts Mystisches oder Elegantes. Es war brutal; Schritt für Schritt versuchte er, wach zu bleiben, über das Gewohnheitsmäßige hinauszugehen, zu erkennen. Dort im Schlamm und der Schmiere des gewöhnlichen Lebens bahnte er sich seinen Weg in

den Wünsche und äußeren Ablenkungen zu verlieren, die unser übliches Selbstgefühl ausmachen.

die Freiheit. Wie Jakob Böhme über seinen eigenen Kampf ins spirituelle Auftauchen sagte: »Der ich bin, der sind alle Menschen, die in Christo Jesu unserm Könige ringen nach der Kron der ewigen Freuden, und leben in der Hoffnung der Vollkommenheit.«[13]

Selbstkonfiguration

Bei einer solchen spirituellen Arbeit geht es nicht um Buße oder Martyrium. Indem er bewusst hinschaut, beginnt sich in einem Menschen eine gewisse innere Unabhängigkeit von den äußeren Bedingungen des eigenen Lebens zu entwickeln. Maurice Nicoll beschreibt dies einfach und direkt: »Der Mensch, der ein Stadium erreicht hat, in dem er etwas besitzt, das unabhängig ist von Scheitern oder Erfolg, Kälte oder Hitze, Hunger oder Überfluss – solch ein Mensch besitzt den zweiten Körper.«[14] Und Valentin Tomberg definiert diesen zweiten Körper als »einen von den Lebenskräften unabhängigen ätherischen Leib, welcher seine Energien direkt aus der Welt des geistigen Lebens zu beziehen vermag.«[15]

Ich sehe in beiden Definitionen denselben Prüfstein: Unabhängigkeit. Dieser zweite Körper ist unabhängig von der Kettenreaktivität, die für unser Leben auf der psychologischen Ebene charakteristisch ist. Ein Mensch, der einen zweiten Körper erlangt hat, erkennt tatsächlich, dass »sein Glück nicht von irgendetwas abhängt, das außerhalb von ihm liegt.« Indem er in seinem Inneren etwas Tieferes entdeckt und sich mit dem, was über die psychischen Stürme hinaus Bestand hat, vereint, beginnt er, eine Freiheit zu erlangen, die manche Autoren als »permanente Individualität« bezeichnen. Sogar auf einem eiskalten, schlammigen Werkstattboden lässt sich dieser unerschütterliche innere Punkt finden.

Ladislaus Boros beschreibt den Prozess zur Bildung des zweiten Körpers ebenso gut, wie ich es an anderen Stellen in der inneren Literatur gefunden habe, und er betont auch, dass dieser die »eige-

13. Jakob Böhme: *Aurora oder Morgenröte im Aufgang,* [1612/1613], Amsterdam 1682, Seite 114.

14. Nicoll: *Psychological Commentaries,* Band 3, Seite 927.

15. Valentin Tomberg: *Anthroposophical Studies in the New Testament,* Spring Valley, NY; Candeur Manuscripts, 1985, Seite 135.

ne und eigentlichste Schöpfung des Menschen« ist. In einem wichtigen Abschnitt auf derselben Seite seines Buches *Mysterium mortis: Der Mensch in der letzten Entscheidung* schreibt er weiter:

> Aus den Daseins- und Umweltgegebenheiten baut sich eine Innensphäre des Menschseins auf. Der innere Mensch entsteht durch eine tägliche Arbeit, in der Tretmühle der Pflichten, Unannehmlichkeiten, Freuden und Schwierigkeiten. Aus diesen kleinen Akten der Freiheit baut sich die große, entscheidende Freiheit auf, die Freiheit von sich selbst, der Abstand von dem eigenen Dasein.[16]

In dem, was Boros hier sagt, sollten wir ein wichtiges Detail beachten, nämlich dass diese Handlungen »frei ausgeführt« werden müssen, also mit einer Aufmerksamkeit, die nicht gänzlich in den Aktivitäten selbst aufgeht und sich darin vertieft. Es ist demnach nicht bloß die viele Zeit, die wir in die »tägliche Tretmühle von Pflichten« hineinstecken, die in der Folge dieses innere Selbst herbeiführt, sondern vielmehr die Entwicklung einer bewussten Beziehung zum Material unseres eigenen Lebens. Wie Rafe sehr wohl wusste, war an einem der Reparatur defekter Schneemobile gewidmeten Leben eigentlich nichts Heiliges – genauso, wie einem Leben des mechanischen Wiederholens von Gebeten und der täglichen Liturgien an sich nichts Heiliges innewohnt. Wichtiger als alles andere ist diese bewusste Beziehung – diese Fähigkeit, zu sehen und zu reflektieren und ein wenig abseits des eigenen Daseins zu stehen. Es ist das Material des eigenen Lebens, aus welchem, nachdem es im Spiegel des reflektierenden Bewusstseins betrachtet wurde, der zweite Körper oder, wie Boros es nennt, »Sein« erschaffen werden kann. Er fährt fort:

> Die äußere Freiheit des Schaffens vermindert sich mit der Zeit im langsamen, aber unaufhaltsamen Erlöschen der Lebenskräfte. Da steht endlich der Mensch in der Fülle seiner gelebten Tage und seiner gewirkten Taten im kostbaren Besitz eines endgültigen Freigewordenseins. Aus den von Freuden und Trübsälen inhaltsschweren Tagen und Jahren

16. Ladislaus Boros: *Mysterium mortis: Der Mensch in der letzten Entscheidung,* Topos Taschenbücher 2017, Seite 83.

hat sich etwas auskristallisiert, das in allem, was erlebt, erkämpft, geschafft, geduldet und geliebt wurde, schon entworfen war, das innere Selbst, die eigene und eigentlichste Schöpfung des Menschen. Er hat die Determinismen des Lebens durch ein tägliches Meistern personal gestaltet, er ist Herr der Bezüge geworden, aus denen er bestand, die er als Rohmaterial des Selbsts mitbekommen hat. Jetzt beginnt er zu »sein«.[17]

Sehr eindrucksvoll – angesichts der Tatsache, dass hier ein römisch-katholischer Theologe spricht – beschreibt Boros im Folgenden, dass eine der Eigenschaften des vollständig verwirklichten inneren Menschen darin besteht, sich selbst zu konfigurieren: »Er vermag sich selbst erst dann ganz zu setzen, wenn er selbst einen Leib, einen Um- und Mitweltbezug aus seinen eigenen Seinsgründen hervorgehen lassen kann.«[18] Für solch einen Menschen ist der Tod kein Ende, sondern eine Erweiterung dieser bereits im Leben sichtbar gewordenen Neigung: »Schließlich vermag er in sich, im Besitz seiner vollen Personhaftigkeit, eine eigene Verleiblichung hervorzubringen und so bis zu den letzten Fasern seiner Wirklichkeit frei, das heißt ›Selbstsetzung‹, zu sein.«[19]

Diese Erkenntnis ist so brillant wie überraschend. Der Ausgangspunkt liegt im psychischen Reich, der Endpunkt im physischen. Was als eine psychische Selbstkonfiguration beginnt – als eine innere Fähigkeit, zu reflektieren und sich »neu zusammenzusetzen«, wie es Rafe an jenem Tag in der Werkstatt getan hatte –, entwickelt sich nach und nach zu einem physischen Vermögen, »eine eigene Verleiblichung hervorzubringen« und sich so über das Leben als solches hinauszubewegen und von dort aus zu handeln, im Hoffnungskörper.

Boros setzt diesen Übergangspunkt mit dem Augenblick des Todes gleich, doch aus meiner Arbeit mit Rafe vermute ich, dass für entschiedene spirituell Praktizierende der Übergang weitaus früher beginnt und sich sukzessive entwickelt. Als ich Rafe kennenlernte, war er bereits sehr erfahren darin, jenseits des physischen Körpers »eine eigene Verleiblichung hervorzubringen« – und

17. Ebenda, Seite 83.
18. Ebenda, Seite 84.
19. Ebenda, Seite 85.

genau darum ging es in der Lektion des »Alles, was uns eine Umarmung bringen würde, ist bereits hier« –, und in den letzten Wochen seines Lebens war dieser Aspekt seiner Beziehung zu sich selbst eklatant ausgeprägt. Alles in allem ließ seine körperliche Vitalität deutlich nach. Doch manchmal schien er Lebenswogen aus dem Nichts heraus zu schöpfen und die ganze Gestalt seines Körpers veränderte sich fast schon vor meinen Augen. Ich rede hier nicht von einem alten Mann, der versucht, sich jünger zu geben, als er ist, oder für einen Augenblick von meiner eigenen Vitalität mitgerissen zu werden, sondern von etwas wesentlich Absichtlicherem und Bewussterem. In unserem letzten Gespräch hatte ich den starken Eindruck, dass er sich in einen Mann in seinen späten Vierzigern zurückversetzte, also in mein Alter, und sich durch bloße Willenskraft dort hielt, so als wollte er, dass ich genau dieser Person im physischen Leben begegnen sollte und mich dann an sie erinnern könnte, nachdem der Tod unsere physischen Körper voneinander getrennt haben würde. Monate später, als mir ein altes Foto von Rafe in die Hände fiel, auf dem er im Alter von achtundvierzig Jahren draußen vor seiner Klause in Waunita Hot Springs, Colorado, stand, konnte ich kaum fassen, was ich da sah. Ich starrte noch einmal auf genau dasselbe Gesicht, das ich während seines physischen Lebens als letztes gesehen hatte.

Diese Fähigkeit, sich selbst durch bewussten Willen physisch zu konfigurieren, ist ganz und gar kein psychisches Phänomen, sondern, so glaube ich, vielmehr ein normaler innerer Fortschritt, der sich einstellt, wenn jemand sich der spirituellen Reife nähert, also ein Zeichen dafür, dass der Prozess des Erlangens des zweiten Körpers weit fortgeschritten ist. Es zeugt von einer wachsenden Loslösung der Tinctur, oder der Qualität der Lebendigkeit einer Person, von ihrem Fundament im physischen Körper. Im normalen Leben sind die beiden so gut wie nicht voneinander zu trennen; tatsächlich ist es, laut einigen hermetischen Schulen, die spezifische Funktion des »vitalen Körpers«, die Qualität unserer Lebendigkeit bis zum Augenblick unseres Todes untrennbar mit unserem physischen Körper verknüpft zu halten. Doch wenn ein zweiter Körper sich in uns zu entwickeln beginnt, trägt dieser mehr und mehr die Tinctur, und da er seine Substanz direkt aus *Zoe,* der ewigen Lebensenergie, bezieht, wird er von den physischen Lebensenergien zunehmend unabhängig. Alles andere als vom physischen Körper abhängig, vermag die befreite Tinctur, sich selbst unmittelbar, also ohne einen Körper auszudrücken und gelegentlich sogar den Körper umzugestalten, sodass er ihrem Ziel dienen kann. Somit wird verständlich, weshalb für einen Menschen, der auf diesem Pfad so weit vorangeschritten ist wie Rafe, der Tod für dessen Identitätsgefühl oder Handlungsfähigkeit bloß einer kleinen Unterbrechung gleichkommt. Er bedeutet dann lediglich, für immer das weiterzumachen, was schon vorher praktiziert wurde.

Ich bin überzeugt davon, dass ein Mensch ohne einen entwickelten zweiten Körper – der also keine bewusste Beziehung zum Material seines Lebens aufgebaut und diesem somit keine Gestalt verliehen hat – in der Stunde seines Todes tatsächlich im klassischen Sinn der christlichen Überlieferung »ruht«. Aufgrund meiner eigenen christlichen Wurzeln möchte ich nicht so weit gehen, die Gurdjieffsche Sicht zu übernehmen, gemäß der eine solche Seele vernichtet wird. Doch ich glaube, dass für die große Mehrheit der Seelen die Erklärung der Kirche zutreffend ist, nämlich dass diese bis zum Tag des Jüngsten Gerichts – was auch immer wir darunter verstehen – ruhen. Böhme erklärt mit Nachdruck, dass die meisten Seelen »wie an einem Faden hängend«[20] in den Himmel eingehen, und: »Die Seelen, die also des Jüngsten Tages warten müssen auff ihren Leiben, die bleiben bey ihrem Leibe in der stillen Ruhe ohne empfindliche Qual bis am Jüngsten Tag, aber in einem andern Principio.«[21] Nur jene, die durch dezidierte spirituelle Arbeit in diesem Leben einen zweiten Körper in sich kristallisiert haben, verfügen im Reich jenseits des Todes über Mittel zum Handeln – um als bewusst Dienende an der Entfaltung der Göttlichen Liebe teilhaben zu können, sowohl in dieser als auch in der jenseitigen Welt. Vom Standpunkt des Lebens jenseits des Grabes aus betrachtet, verleiht der zweite Körper die überaus wichtige Fähigkeit der Beweglichkeit.

Der Sufi-Meister Hazrat Inayat Khan formulierte genau diesen Punkt auf eine anschauliche Art und Weise: »Jene, denen Er die Freiheit zu handeln gibt, werden auf der Erde gekreuzigt; und jene die frei sind, nach ihrem eigenen Willen zu handeln, werden im Himmel gekreuzigt werden.«[22] An dieser Stelle ist ein Kompromiss erforderlich – nicht wirklich ein Handel, eher eine Wette,

20. BÖHME: *Vierzig Fragen,* Seite 36.

21. Ebenda, Seite 115.

22. HAZRAT VILAYAT KHAN: *Der Ruf des Derwischs,* Essen: Synthesis Verlag, 1982, übersetzt aus dem Amerikanischen von Munir Klaus Voss, Seite 44.

bei der der Einsatz unser Leben ist. Den zweiten Körper zu erlangen, ist kein Spaß und verlangt harte und entschiedene Arbeit – in Rafes Worten: »Es ist ein Kampf von Anfang bis Ende.« So viel einfacher ist es, entlang dem Zauber und den Ablenkungen des Lebens zu gleiten, und sich zufriedenzugeben mit gebrauchsfertigen Erklärungen darüber, wer ich bin und was mein Leben soll. Dieser Kampf kann bedeuten, eine Menge möglichen Wachstums auf der horizontalen Ebene zu opfern wie eine Pflanze, die zurückgeschnitten werden muss, damit sie Früchte tragen kann. »Auf der Erde gekreuzigt zu werden«, meint genau dies. Wer nicht an die Frucht glaubt, dem erscheint das Zurückschneiden immer als töricht.

Kapitel 12

Rafe nach dem Tod

»EIN MENSCH OHNE EINEN KÖRPER IST UNENDLICH VIEL lebendiger als ein Mensch mit einem Körper.«

Dies waren die Worte meines Freundes Murat Yagan, als ich ihn in seiner spirituellen Gemeinschaft in British Columbia besuchte. Für Murat, achtzig Jahre alt, war es nichts Außergewöhnliches, sich mit dem spirituellen Reich auszutauschen. Er sprach mit einer absolut nüchternen Wahrhaftigkeit, die mich jedes Mal zutiefst staunen ließ.

Dennoch ist das, was Murat hier sagt, schwer zu glauben. Ich denke, dies liegt teilweise an der extremen Glaubwürdigkeitsschranke, die der Tod als solcher darstellt. Der Tod steht unvermeidlich am Ende eines allmählichen oder schnellen physischen Verfalls; er bedeutet das Schwinden von Energie, den Übergang in die physische Hinfälligkeit. Und dann ist da nur noch der Körper als solcher, unbewohnt und leblos, ein offensichtliches Zerrbild der Person, die er einmal war. Als ich Rafe bei der Totenwache das erste Mal sah, war da jenes unvermeidliche »Erschaudern«: Der,

der mich nur wenige Tage zuvor noch so überaus lebendig aus seinen leuchtend blauen Augen angeschaut hatte, lag nun, grau und bewegungslos, eng eingesperrt in seine Totenmaske. Erst als ich ruhig genug geworden war, um seine Präsenz auf einer subtileren Ebene zu erfassen, war ich auch fähig, hinter die Maske zu gelangen, zu einem bemerkenswerten, dahinterliegenden Wiedersehen.

Und so verstand ich, dass Murats Worte, im Fall von Rafe, der Wahrheit entsprachen: »Ein Mensch ohne einen Körper ist unendlich viel lebendiger als ein Mensch mit einem Körper.« Und nicht nur das, sondern es ist *seine* Lebendigkeit, groß genug für uns beide, die mich auf meiner eigenen Suche anspornt und wachhält.

Der Wüstenvater und spirituelle Meister Johannes Cassianus aus dem fünften Jahrhundert schrieb ausführlich über die Seele jenseits des Todes. Das Folgende ist ein interessanter Abschnitt (der Hauptteil seiner »Ersten Unterredung«) und es wert, in ganzer Länge zitiert zu werden, weil wir es hier mit der kraftvollsten Aussage zu tun haben, die ich im Rahmen der christlichen Tradition gefunden habe bezüglich des Standpunkts, dass die Seele nach dem Tod nicht einfach »in der Hoffnung ruht, wieder aufzuerstehen« (die übliche Lehre), sondern wesentlich intensiver und reaktionsfähiger lebt. Cassianus beginnt seine Lehre mit einer Reflexion zur Parabel (in Lukas 16) über den reichen, in Purpur gekleideten Mann und den armen Lazarus, die beide sterben und beim Wiedererwachen umgekehrte Verhältnisse vorfinden: Der reiche Mann ist in der Unterwelt, Lazarus im Paradies. Doch ist es nicht diese Umkehrung, die Cassianus interessiert, sondern ein wesentlich subtilerer Punkt:

> Denn dass die Seelen nach der Trennung von diesem Leibe nicht untätig sind und nicht ohne Gefühl, das zeigt auch die Parabel des Evangeliums, welche von dem armen Lazarus und dem in Purpur gekleideten Reichen erzählt wird. Der eine von ihnen erhält zum Lohne den seligsten Platz, das ist die Ruhe im Schoße Abrahams, der andere wird durch die unerträgliche Glut des ewigen Feuers verzehrt. Wenn wir nun auch auf das merken wollen, was zu dem Räuber gesagt wird: »Heute wirst du bei mir im Paradiese sein«, was drückt es offenbar anderes aus, als dass den Seelen nicht nur die früheren Erkenntnisse bleiben, sondern dass sie auch eines Loses genießen, das der Beschaffenheit ihrer Verdienste und Hand-

> lungen entspricht? Denn das hätte Gott jenem keineswegs versprochen, wenn er gewusst hätte, dass seine Seele nach der Trennung vom Fleische entweder des Gefühls beraubt oder in das Nichts aufgelöst werden müsste; denn nicht sein Fleisch, sondern seine Seele sollte mit Christo ins Paradiese eingehen. [...]
>
> Dadurch wird klar bewiesen, dass die Seelen der Verstorbenen nicht nur ihrer Sinneskräfte nicht beraubt werden, sondern auch nicht jener Affekte ermangeln, wie Hoffnung und Trauer und Freude und Furcht, und dass sie schon anfangen, etwas von dem vorauszukosten, was ihnen in jenem allgemeinen Gerichte aufbewahrt wird; dass sie ferner nicht nach der Meinung einiger Ungläubigen, wenn es mit dem irdischen Aufenthalte aus ist, in nichts sich auflösen, sondern lebendiger fortbestehen und im Lobe Gottes eifriger verharren. [...]
>
> [Und wenn wir wahrhaftig nach dem Gleichnis und Ebenbild Gottes geschaffen sind,] dann folgt ja doch in allweg und ist in der Ordnung der Vernunft enthalten, dass der Christ, befreit von dieser leiblichen Masse, von der er nun abgestumpft wird, seine Erkenntniskräfte besser entfalten und sie viel eher reiner und feiner erhalte, als dass er sie verliere.[23]

»Sondern lebendiger fortbestehen...« So, wie Cassianus es beschreibt, mangelt es der Seele nach dem Tod nicht an Reaktionsfähigkeit – »Hoffnung und Trauer und Freude und Furcht« –, sondern diese Gefühle werden im Spiegel der Wahrheit, den uns der Tod vorhält, vergrößert und erhellt.

Zu meiner ersten Erfahrung des Versetztseins auf den Boden einer vollkommen anderen Beziehung kam es nicht lange nach der Beerdigung, oben in Rafes Klause. Noch immer fühlte ich mich taub vor Trauer und getrieben, mich an Rafe zu erinnern, ihn lebendig zu halten, indem ich meine Anstrengungen verdoppelte, so zu leben, wie er es getan hatte, sein Streben als Einsiedler selbst weiterzuführen. »Es ist eine Arbeit«, so hatte er sein Eremitendasein stets beschrieben, »aber jemand muss sie erledigen.« Nun

23. JOHANNES CASSIANUS: *Unterredungen*, übersetzt aus dem Urtexte von Dr. Valentin Thalhofer, Kempten: Verlag der Jos. Kösel'schen Buchhandlung, 1879, Seiten 306–308.

schien es unumgänglich, dass *ich* zu diesem Jemand wurde, und so zog ich in seine Klause hoch, um mich diesem neuen Posten so gründlich wie möglich zu verschreiben.

Zu meiner Überraschung fand ich mich stattdessen am Ende eines intensiven Morgens des Betens in mein Tagebuch notierend – es floss buchstäblich vor meinen Augen aus dem Stift:

> Genau hier am Ende, aus meinen Tränen heraus, hast du [Rafe] mir ein erstaunliches Geschenk gemacht, so wie du es immer tust. Du sprichst in meinem Herzen und sagst:
>
> »Streng dich nicht so an. Klammere dich nicht so. Nutze deine Energien nicht, um die Verbindung zu erzwingen. Ich werde dich nicht vergessen. Lass mich dich in meinem Herzen halten; das ist der Dienst, der angemessener ist für jemanden, der über seinen Körper hinausgegangen ist. Entspanne dich und vertraue mir und lass zu, dass du geliebt wirst.
>
> Vielleicht musst du diesen Posten gar nicht übernehmen. Denn ich habe ihn für uns beide erledigt. Was getan wurde, wurde für uns beide getan.
>
> Vielmehr möchte ich dir zum Geschenk machen – indem ich es dir gebe und auch erhalte –, dass du dein Leben einfach mit all der Freude, der Fülle, der Heilung und dem Überfluss lebst, die mein Liebesgeschenk sind für dich. Kopiere mich nicht, klammere dich nicht an mich, trage mein Ruder nicht irgendwohin und stecke es in die Erde. Sondern finde und stoße dein eigenes Ruder in den Boden im Wissen, dass dies von allen Dingen das Wildeste, das Freieste und das ist, was mir große Freude bereitet.
>
> Du wirst sehen, dass es da ist. Immer. Nicht mehr herauszuziehen. Nicht mehr verschwindend.
>
> Nimm dein Leben an und lebe es. Und ich werde mittendrin sein. Dort in deinem Herzen.
>
> Lebe dein Leben als das Geschenk, das es ist.«

Es war ein erstaunlicher Augenblick, aus dem Nichts heraus, aber überaus klar und von einer eigenen Schwingung. Seither hatte ich wiederkehrende Erinnerungen an diese Botschaft – etwa an jenem Nachmittag am Strand in British Columbia, und es gab noch viele weitere. Ziemlich früh schon, als ich irgendwann angestrengt versuchte, all die verwirrenden und flüchtigen Einzelheiten seines Lebens in meinem Kopf zu ordnen, hörte ich ihn sagen: »Hör auf! Es ist sinnlos, in meinem Leben herumzustöbern. Der, der ich im Leben war, war unvollendet. Stattdessen akzeptiere, wer ich jetzt bin – wohin ich hineinwachse.«

Und was ist das? Gegen Ende seines Lebens schrieb Rafe einige Zeilen aus einem Gedicht von D.H. Lawrence für mich ab:

Und sollte in den Wandlungen des Menschenlebens
ich anheimfallen Krankheit und Elend,
meine Handgelenke scheinbar gebrochen, mein Herz als wie tot,
und die Kraft dahin und mein Dasein nurmehr eines Lebens Rest,

und dennoch unter all dem: Augenblicke lieblichen Vergessens und Erneuerns
von sonderbaren Winterblumen an vertrocknetem Stängel,
und doch auch neues, wundersames Geblüm,
das nicht hervorgebracht bis anhin mein Leben, neue Blüten meiner –

dann muss ich erkennen, dass noch immer
ich in den Händen des unbekannten Gottes bin,
Der mich pflückt in Sein Wiedervergessen,
mich auszusenden an einem neuen Morgen als neuer Mensch.[24]

So war Rafe, kurz gesagt, der Rafe vor seinem Tod, der insbesondere in den letzten Wochen nach unserem Ringkampf vor meinen Augen aufzublühen begann: liebend und sorgend, mit sich selbst im Reinen, äußerst strahlend in seiner Dankbarkeit für das Leben, in seiner Freude an Gott. Er tanzte mit dem unbekannten Gott, staunend über seine »neuen Blüten« und das Auftauchen menschlicher Liebe: jener, so sagt Rafe, in der es über den Tod hinaus möglich ist, sich zu begegnen und zu empfangen. Ich fragte mich,

24. D. H. LAWRENCE: "Shadows," aus *The Complete Poems of D. H. Lawrence,* New York: Viking, 1964, Band 2, Seiten 226–227. Rafe hatte das Gedicht zweifelsohne kopiert aus HELEN LUKE: *Old Age,* Seiten 101–102.

ob Rafe wohl aus seinem Einsiedlerposten hinaussterben musste, um akzeptieren zu können, was er wirklich war: das »reine Werden« in Liebe. Wie der Halm des ausgereiften Getreides, knackte er die Hülse.

Der Augenblick des Todes

Meine immer stärker werdende Ahnung wurde aus einer unerwarteten Ecke bestätigt. Eines Nachmittags war ich in Rafes Klause und sortierte seine Bücher, als dort aus dem Regal eine Ausgabe von Ladislaus Boros *Mysterium mortis* hervorlugte. Ich zog es heraus und erkannte einen lange vergessenen Freund. Zwanzig Jahre war es her, so erinnerte ich mich, dass ich dieses Buch förmlich verschlungen und ganze Abschnitte in mich aufgesaugt hatte, die nun, während ich durch die Seiten blätterte, wieder mit aller Macht zurückkamen – bis zu dem Zeitpunkt hatte ich nicht gewusst, dass auch Rafe dieses Buch gekannt hatte! Ein weiteres dieser unausgesprochenen Bindeglieder zwischen uns. Es acht Monate nach seinem Tod erneut zu lesen, war nicht nur ein großes Déjà-vu, sondern auch eine wichtige Hilfe, indem es mein wachsendes Verständnis untermauerte, dass der Tod Rafe in ein derart neues Spielfeld der Freiheit und Ganzheit erlöst hatte, dass der alte Rafe, in gewisser Weise, faktisch immateriell geworden war.

In meinen früheren Darlegungen im Zusammenhang mit dem zweiten Körper habe ich mich bereits ausführlich auf Boros bezogen, doch ich möchte nochmals auf dieses brillante und erstaunlicherweise weitgehend unbekannte Werk zurückkommen. Ich nehme an, dass es in einer wahren Weißglut der Erleuchtung geschrieben wurde, denn es trägt in der Gewagtheit seiner Sprünge und der eigentümlichen Autorität seiner Darstellung die typischen Merkmale eines Werks von offenbarter Wahrheit. In seiner faszinierenden »Endentscheidungshypothese« über den Tod als »einem Zusammenlaufen auf den Augenblick einer endgültigen Entscheidung hin« (die nicht von Gott getroffen wird, sondern von uns selbst) behauptet Boros, dass sich uns »im Tod die Möglichkeit zum ersten vollpersonalen Akt des Menschen eröffnet«.[25] Weit entfernt davon, unsere Vernichtung zu bringen, ist dieser Augen-

25. Boros: *Mysterium mortis,* Seite 9.

blick mehr als irgendein anderer derjenige der Bewusstwerdung und des Freiwerdens.

Dieser Augenblick wird über eine lange Strecke vorbereitet. Mit der Alterung des Körpers nimmt unsere physische Vitalität unvermeidlich ab, doch während dieser Zeit nimmt unser inneres Leben laufend und proportional an Weite und Größe zu; und wir haben die Möglichkeit – falls wir, wie im letzten Kapitel gesehen, den Mut aufbringen, sie anzunehmen – zu lernen, uns selbst mit einer zunehmenden Unabhängigkeit von unserer physischen Körperlichkeit zu konfigurieren. Im Tod schließlich fällt der Körper in Gänze von uns ab, und in diesem Augenblick wird die Seele im vollkommenen »ontologischen Ausgeliefertsein«[26] – zum ersten Mal herausgelöst aus ihrer physikalischen Matrix – für sich selbst sichtbar. Es ist ein Augenblick plötzlichen gänzlichen Bewusstwerdens unserer selbst. »Was wir schon immer geahnt und geliebt haben«, so Boros, »vereinigt sich« in einem einzigen Augenblick vor uns, während wir uns selbst, der Welt und Christus vollkommen gegenwärtig sind.[27] In nackter Essenz sind wir, wer wir sind, aber *was* wir sind, sind wir in vollem Umfang und selbstausdrückend. Und in diesem Augenblick des Erwachens, sagt Boros, vollziehen wir unseren »ersten vollpersonalen Akt« – die Entscheidung für oder gegen Gott, was tatsächlich nichts anderes ist als die Entscheidung, die Göttliche Liebe, die über und durch uns hindurchströmt, zu akzeptieren oder zurückzuweisen.

»Erkennst du denn nicht, wie unbeständig ich bin?«, hatte Rafe in jener brutal aufrichtigen Nacht in der Klause verärgert gesagt. Boros bringt Rafes qualvolle Selbstbetrachtung zu ihrer impliziten Schlussfolgerung, wenn er behauptet, dass das hauptsächliche Hindernis für das Erreichen der Einheit des Seins hier im Leben der Körper selbst sei – dieser »Tempel meiner selbst«, der immer nur eine einzelne Sache zur selben Zeit tun, erfahren und ausdrücken kann und der alles als eine Erweiterung seiner selbst und damit seines Eigeninteresses begreift. »Die Existenz ist untrennbar von ihrer Verkörperung«;[28] genau darin liegt das Problem – vor allem dann, wenn wir versuchen, uns selbst vollständig in Liebe hinzugeben. Wie geschliffenes Glas erzeugt die Begrenztheit der Körperlichkeit die unentrinnbaren, mannigfaltigen Dimensionen

26. Ebenda, Seite 110.
27. Ebenda, Seite 204.
28. Ebenda, Seite 67.

unserer Selbstheit. Wir können jeweils nur eine Facette sein, ein Ausschnitt unseres Selbsts, ein Ausdruck. In uns lärmen verschiedene Persönlichkeiten, und während unsere innere Arbeit zu einem bestimmten Fortschritt beim Meistern des eigenen Haushalts führen kann, erscheint dieses Kaleidoskop unserer Stimmungen, Posen und Selbstbilder, von denen jedes einzelne über eine eigene Durchsetzungskraft verfügt, als die Gesamtsumme dessen, was wir menschlich sind. Gegen Ende flammten verschiedene Funken Rafes wie in einem erlöschenden Feuer auf und flackerten hell: der leidenschaftliche Geliebte, der strebsame Einsiedler, der kämpfende alte Mann... flackerten auf und erloschen. Und doch bleibt das essenzielle Selbst auf gewisse Weise immer verborgen – »mit Christus in Gott«, wie die Mönche zu sagen pflegen. Unsere planetarische Existenz scheint nicht die ganze Bandbreite der Bedingungen zu liefern, unter denen sich manifestiert und erschöpft, wer wir sind. Sie bricht nur kurz hervor in diesen flüchtigen Augenblicken, wenn wir durchleuchtet werden... oder durchweint.

So scheint es, dass im Augenblick des Todes, wer wir sind – der Vollmond hinter der silbernen Sichel, die grundlegende Einheit unseres Seins, nach der wir uns gesehnt und von der wir irgendwie auch immer gewusst haben, dass sie da ist –, nun fähig wird, nach vorn zu treten und sich auszudrücken. Boros sagt: »Das Personale in seiner Fülle, der schlechthin innere Mensch, kann erst im Tode entspringen, wo die Energien des äußeren Menschen untergehen.«[29] Was sich schließlich hinter diesen äußeren Energien zeigt, mag winzig erscheinen, vielleicht nur als ein Pünktchen. Doch es ist unser kohärentes Ordnungsprinzip, weil unsere vollständige Authentizität darin enthalten ist: die Einheit unseres Seins. Und es ist dieses Pünktchen, das im Tod nun hinübergeht – oder vollständig erglüht – und wie der Busch, der brennt, aber nicht verzehrt wird, die wesentliche Veranlagung unserer Seele trägt.

Auch Jakob Böhme, Sie mögen sich erinnern, beschreibt diesen Augenblick des Todes in den Begriffen von Feuer und Licht. Nachdem er anfänglich sagt: »Alsdann wircket und will Gott in ihm, und wohnet Gott in seinem gelassenen Willen, dadurch wird die Seele geheiligt, dass sie in Göttliche Ruhe kommt«, stellt er sich den Augenblick des Todes für solch eine Seele als reines weiß-

29. Ebenda, Seiten 76–77.

glühendes Licht vor: »Wenn nun der Leib zerbricht, so ist die Seele mit Göttlicher Liebe durchdrungen, und mit Gottes Licht durchleuchtet, wie das Feuer ein Eisen durchglüet, davon es seine Finsterniß verlieret.«[30] Der Tod wird zur Schablone für die Seele: Er ist der Augenblick, in dem die wahre Form der Seele im Licht der Göttlichen Liebe ewiglich offenbart wird.

Wie auch immer diese Form aussehen mag – in Kapitel 14 werde ich mehr darüber sagen –, der Augenblick unseres Todes befreit uns schließlich zur ganzen Tiefe unserer menschlichen Liebe. Boros schreibt dazu:

> Die erste Möglichkeit, die Liebe ganzheitlich zu vollziehen, ist der Moment des Todes. In ihm wird unser ganzes Dasein ausgeliefert. Das ontologische Ausgeliefertsein (Tod) gibt uns den Raum für eine entscheidungsmäßige Selbstauslieferung (Liebe).[31]

Nun, da es nichts mehr zurückzuhalten oder zu beschützen gilt, ist die Liebe, das Leben unserer Seele, frei, vollständig auszuströmen. Für mich war dies die außerordentliche Gnade unserer Begegnung in der Nacht von Rafes Totenwache. Zum ersten Mal war er vollständig und konsequent offen für die Kraft seiner eigenen Liebe. Und dies hat sich als vorrangiges Kennzeichen unseres neuen Zusammenseins fortgesetzt.

Ich kann nicht behaupten, dass ich dem gesamten Argumentationsstrang von Boros folge. Seine Erklärung, der Moment des Todes sei die endgültige Entscheidung, nach der keine Veränderung mehr möglich sei, ist offensichtlich mit meiner eigenen Erfahrung des auf Gegenseitigkeit beruhenden Wachstums über den Tod hinaus nicht kompatibel. Ich glaube, dies hat mit einer häufig gemachten theologischen Fehlannahme zu tun (nämlich, dass Wachstum eine Funktion der Zeit sei), worauf ich im anschließenden Kapitel zu sprechen kommen werde. Doch im großen Ganzen half mir sein Hinweis, dass der Tod ein heiliger Übergang ist, der eine qualitative und eine quantitative Veränderung des Seins herbeiführt, enorm. Sogar für jene spirituellen Adeptinnen und Adepten, die es geschafft haben, die Kunst des Sterbens

30. BÖHME: *Christosophia*, Seite 154.
31. BOROS: *Mysterium mortis*, Seite 110.

vor dem Sterben zu meistern, bleibt der Tod das einzigartige Tor; auf der anderen Seite wird die Personifizierung eine andere sein. Es geht nicht bloß darum, dass der Körper von uns abfällt, wenn er nicht mehr benötigt wird, um die persönliche Identität aufrechtzuerhalten; der Durchgang durch den Tod selbst verleiht seltsamerweise das entscheidende letzte Element persönlicher Identität, das auf keinem anderen Weg erlangt werden kann. Ich glaube, dass Christi eigener Kreuzestod dies lehrt; es ist eine zentrale innere Weisheit des christlichen Weges.

Und so *sind* Rafe und ich an verschiedenen Orten, und ihm widerfuhr etwas eindeutig Heiliges, das mir noch immer bevorsteht. In den Augenblicken, in denen ich, von Selbstmitleid bewegt, ihn in seinem Körper zurückhaben möchte, tröstet mich dieser Gedanke auf seltsame Weise. Derjenige, der er jetzt ist, »unendlich lebendiger, als er es in seinem Körper war«, ist die Frucht dieses Hindurchgehens durch den Tod, und ich kann aus tiefstem Herzen sagen: Ich wünsche es mir kein bisschen anders. Was er im Leben nicht zur Gänze zu tun vermochte, kann er jetzt vollkommen machen, und dies ist Teil des fortlaufenden Werdens zwischen uns und schenkt nun dieser Zeit ihre besondere Anmut und Frische. Und was mich angeht, so vertraue und hoffe auch ich auf jenen Augenblick meiner eigenen Passage, wenn ich, so wie Rafe, durch die silberne Sichel hineinfalle in die Fülle des Mondes.

*

Auf der menschlichen Seite der Dinge lag für mich jedenfalls die mit Abstand schwierigste Herausforderung darin, Rafe wachsen zu lassen: ihn vollkommen Ausdruck dessen sein zu lassen, wer er jetzt ist, anstatt mich daran zu klammern, wer er war, oder »den wachsenden« Raphael »zu empfangen«, um es mit den letzten Worten des zeitgenössischen Mystikers Bede Griffiths zu sagen.

Es ist schwierig, weil mir natürlich klar ist, dass dies der Ebene der reinen Subjektivität gefährlich nahekommt. Zumindest *auf dieser Seite* der von Rafe überschrittenen Schwelle begleitet mich eine kleine Gruppe von Menschen – einige Mönche und ein paar der Farmer –, die aufgrund einer gewissen Nähe zu Rafe wussten, wer er war, wofür er stand und welche Werte sein Innerstes bewegten. Sie kannten ihn als einen Cowboy, einen einfachen Soldaten, einen ungeschliffenen Mann, leidenschaftlich in Bezug auf sein Alleinsein und die Natur. Zu behaupten, der Tod habe eine andere Seite von ihm ans Licht gebracht – weltlicher, zuversichtlicher, künstlerischer und zutiefst fürsorglich –, würde einen Rafe beschreiben, der für niemanden erkennbar wäre und für den es eigentlich keine äußeren Belege gibt. Sogar wenn ich einige unserer letzten Gespräche beschriebe – über Gregorianischen Gesang, objektive Kunst oder die Kathedrale von Chartres – oder bemerkte, wie er unter diesem Äußeren ein wirklich guter Dichter und ein ganz passabler Komponist war, würde es den meisten schwerfallen, dies zu glauben. Und der Tod hat die Verschiebung in diese Richtung nur noch verstärkt.

Kurioserweise fiel mir im ersten Sommer nach Rafes Tod ein empirischer Beleg in den Schoß, als eines Tages eine junge Frau, eine Kompositionsschülerin an der Aspen Music School, auftauchte und für ein paar Wochen oben in seiner Klause wohnte. Sie wusste nichts von Rafe, kannte noch nicht einmal seinen Namen; sie machte einfach nur ihr Ding, war hochsensibel, lebte in der Klause und komponierte ihre Musik. Später im selben Sommer führte sie sogar ein Stück mit dem Titel »Aus der Klause eines Mönchs« auf. Als ich nach dieser Uraufführung irgendwann mit ihr über Rafe sprach, sagte sie: »Ich fühlte, dass mir beim Komponieren geholfen wurde. Ich spürte, dass ich in der Präsenz eines Künstlers lebte, eines Menschen von großer Kreativität.« Ich fand das faszinierend, weil sie die erste mir bekannte Person ist, die nur den neuen Rafe nach seinem Tod kennengelernt hat, ohne irgendwelche Bezugspunkte zu dem alten.

So wie ich es verstehe, fordert die Liebe des wachsenden Rafes auch mich dazu auf, eine unbekannte Person zu werden: eine Person, die, so wie er, sich entlang der Flugbahn unserer gemeinsam verbrachten Zeit weiter entfaltet, eine Person, die ich geworden wäre, wenn er noch immer hier wäre, wenn unser Leben eine menschliche Dauer gehabt hätte – denn er ist hier und es dauert an. Das verschmolzene Ganze, das größer ist als die Summe seiner Teile – die »vermögendere Seele«, die fließt, von ihm im Tod erfasst und von mir flüchtig erblickt, wenn ich mich in seine Liebe hingebe –, muss fortan das Muster sein, nach dem wir beide werden. Dies ist zugleich die große Herausforderung wie auch die große Gnade unserer Zusammenarbeit über das Grab hinaus.

Kapitel 13

Wachsen die Toten?

»DEN WACHSENDEN RAPHAEL EMPFANGEN.« SPRECHEN WIR hier wirklich von Wachstum, oder ist dies bloß eine Metapher? Können sich Menschen jenseits des Todes weiterentwickeln?

Damit wären wir wieder beim Thema des »Heiligen Planeten Fegefeuer«, wie Gurdjieff ihn nennt, das die christlichen Theologen so nervös zu machen scheint. Sogar die besten unter ihnen, wie Böhme und Boros, lehnen eine solche Möglichkeit kategorisch ab. »Dan nach dem Leben ist kein besser machen, sondern jedes bleibt als es hinein kompt«, schreibt Böhme.[32] Und Boros folgt dem traditionellen Grundsatz der Unabänderlichkeit des Zustandes, den wir durch den Tod erreicht haben:

> Das durch den Tod gegangene Menschendasein erreicht einen Zustand der Endgültigkeit, in dem seine Grundeinstellung nicht mehr geändert werden kann. Mit dem Tod wird dem Menschen seine Endgestalt und das dieser gemäße Schicksal unwiderruflich zugewiesen. Jenseits des Todes können keine richtungsändernden Entscheidungen mehr gefasst werden. [...] Der Tod ist somit der Anbruch der Endgültigkeit. In ihm erhält der Mensch seine letzte Gestalt. Er versetzt das Dasein in den Bereich der ewigen Gültigkeit, in den Zustand des Ein-für-alle-Mal-Getanen.«[33]

In der Frage einer über den Tod hinausgehenden Existenz ist dies der überwältigende Tenor unserer christlichen Überlieferung. Gemäß der traditionellen Vorstellung vom Fegefeuer wird zwar eingeräumt, dass die Gebete der Gläubigen das Befinden jener verbessern können, die das ewige Leben, (in Böhmes anschaulicher Beschreibung) »wie an einem Faden hängend«, erlangt haben, doch wurde dies immer eher als eine Erlösung von der Schuld der Sünde

32. BÖHME: *Vierzig Fragen,* Seite 156.
33. BOROS: *Mysterium mortis,* Seite 116.

begriffen denn als eine konstitutionelle Steigerung der Personifizierung. Unserem grundlegenden Verständnis nach ruhen die Toten – »in der Hoffnung, wieder aufzuerstehen«; unser tiefstes Gebet bittet um die »Ruhe ihrer Seelen«.

Dennoch weiß ich im Innersten meines Herzens, dass dies nicht stimmt. Der Rafe, dem ich über den Tod hinaus begegne – lebendig, eigenwillig, seine neugefundene Freiheit in vollen Zügen genießend –, ruht definitiv nicht; er ist unvergleichlich in Bewegung. Unsere traditionellen christlichen Konzepte vom Zustand jenseits des Todes werden der Qualität von dessen Lebendigkeit nie und nimmer gerecht, geschweige denn der Möglichkeit, dass dieser und die Welt hier unten sich gegenseitig nähren.

Zum Teil liegt das Problem darin, dass unsere Vorstellung von Wachstum aus unserer menschlichen Perspektive betrachtet mit Linearität und Fortschritt verbunden ist (Boros' »existenzielle Zukunftserwartung«); Zeit ist eine essenzielle Dimension von Entwicklung. Wenn die »Zeit vom Tod verschlungen« wird, ist eine Vorstellung darüber, wie ein Weiterwachsen aussehen könnte, nahezu unmöglich.

Gehe ich jedoch von der Liebe aus anstatt von der Zeit, erkenne ich etwas anderes: denn Wachstum ist eine essenzielle Eigenschaft der Liebe, tatsächlich sogar ihre innerste Wirklichkeit. Erinnern wir uns nochmal an Beatrice Bruteaus kraftvolle Erkenntnis, dass Liebe immer das Wirkliche des Geliebten hervorbringt und dass der Akt des Liebens die eigene innerste Wirklichkeit hervorruft. Es ist die Liebe, die das fortwährende Erscheinen des Geliebten entfacht, die das neue Leben, die neue Potenzialität, ins Sein geleitet. Und es ist das Wesen der Liebe, ein Wachsen des Seins hervorzurufen. Wo Liebe ist, muss Wachstum sein.

So wie ich diesen Pfad mittlerweile verstehe – den ich gehe und den einige den »Fünften Weg« genannt haben, also die Liebe zum einzigartigen Geliebten –, liegt die unverwechselbare Qualität dieser Liebe in der vollkommenen Gegenseitigkeit von Geben und Empfangen. Der Wunsch, alles für den anderen zu geben, ist die Essenz des wahren Zaubers, der Kern der Alchimie, die Wunsch in erlösende Liebe verwandelt. Doch diese Gegenseitigkeit kann nur dann authentisch sein, wenn die echte Möglichkeit besteht, dass mein Geschenk etwas bedeutet – dass es die Wirklichkeit des Geliebten weiter hervorbringt, dass es Rafe hilft, weiterhin zu wachsen. Wenn das Gesetz der Liebe Vorrang hat vor dem Gesetz der Zeit – die unvermeidbare Implikation der Aussage: »Stärker als der Tod ist die Liebe« –, dann können wir nicht umhin zuzugeben, dass ein Wachstum des Geliebten jenseits des Grabes irgendwie möglich ist, auch wenn wir nicht wirklich wissen, was das genau bedeutet. In diesem Kapitel möchte ich mit der Darlegung beginnen, wie dies aussehen könnte.

»Mein Liebesgeschenk für dich...«

Der erste versteckte Hinweis darauf, dass ich mich auf unbekanntes Terrain hinausbewegte, ergab sich aus diesem seltsamen, aber hartnäckigen Gefühl, dass Rafe nicht wollte, dass ich dieselben Dinge tat, die er in seinem Leben getan hatte, und die Werte übernahm, für die er so leidenschaftlich gestanden hatte, und sie in meiner eigenen abgelegenen Klause zu leben versuchte. Dies verstand ich so überaus deutlich aus seinen eigenen Worten an jenem Tag in der Klause, knapp zwei Wochen nach seinem Tod: »Vielleicht musst du diesen Posten gar nicht übernehmen. Denn ich habe ihn für uns beide erledigt. Vielmehr möchte ich dir zum Geschenk machen, dass du dein Leben einfach mit all der Freude, der Fülle, dem Heil und dem Überfluss lebst, die mein Liebesgeschenk sind für dich.« Es klingt ein bisschen albern, dies zu sagen, doch ich fühlte, dass es ihn schmerzte, mir dabei zuzusehen, wie ich mich an derselben Stelle mit demselben abmühte, womit er sich gequält hatte: mit dem Hacken von Brennholz, mit dem Hantieren an baufälligen Schneemobilen, mit Splittern in meinen Händen. Genug von dieser selbstauferlegten Buße! Wenn in jener Nacht tatsächlich das Hochzeitsfest stattgefunden hatte, sollte ich nun auch wie eine Braut leben!

Und dann kam jene Bestätigung am Strand in British Columbia: »Du brauchst nicht den ganzen Weg zu mir zu kommen, weil auch ich zu dir komme.« Fast noch aussagekräftiger waren seine Worte: »Ich liebe es, das Wasser durch deine Augen zu sehen!« Ich musste mir eingestehen, dass ich, trotz der tiefen, vereinigenden Einsamkeit in der Klause, seine Gegenwart dann am heftigsten fühlte – lebendig, aufgeregt und mit dieser Freude pulsierend, die unser menschliches Zusammensein so sehr gekennzeichnet hatte –, wenn ich predigte, lehrte und das Leben mit meinen eigenen Gaben und Talenten begrüßte. Die Kraft seines Willens in dieser

Angelegenheit wurde stärker und stärker, bis ich schließlich nicht mehr vermochte, mich dagegen anzustemmen. Jedes Mal, wenn ich mich zur Klause aufmachte, um mich in die Einsamkeit zu vertiefen, hörte ich in meinem Inneren immer dieselbe Botschaft: »Geh; geh zurück in die Welt. Du musst diesen Posten nicht übernehmen; ich habe ihn für uns beide erledigt.«

Aber warum? Das war für mich die eigentliche Frage. Ging es ihm um *mich?* Sollte ich vom Haken gelassen, behutsam aus unserer Partnerschaft befreit werden, zurück in das Leben, das ich vor vielen Jahren gelebt hatte? Oder ging es ihm um *uns?* Auf eine rätselhafte Art und Weise eben nicht um eine Befreiung aus der Partnerschaft, sondern vielmehr um eine noch stärkere Verpflichtung? In der Auflösung dieses Rätsels, so spürte ich, würde ich auch den Schlüssel zum Koan des »Wachstums jenseits des Grabes« finden.

Welche Bedeutung sollten Rafes Worte also für mich haben? War dies Rafes Art, mich sanft aus einem Lebensstil hinauszuschupsen, den ich mir auf nicht-authentische Weise unter dem Einfluss meiner Begegnung mit ihm zugelegt hatte? Ich glaubte nicht, dass dem so war. Ich hatte mich schon früh in meinem Leben zum Einsiedlerinnentum hingezogen gefühlt, rund fünfzehn Jahre, bevor ich ihm zum ersten Mal begegnete, als ich meine akademische Karriere in Philadelphia hatte sausen lassen, um eine tiefgreifendere Abgeschiedenheit auf einer der Inseln vor der Küste von Maine zu suchen. Tatsächlich hatte mir dies sozusagen meine älteste und wahrhaftigste innere Stimme gesagt und es war mir, neben Rafe, auch von vielen anderen auf meinem Weg bestätigt worden. Und so fühlten sich diese neuen Anweisungen weniger wie eine Entlassung in mein altes Leben an, sondern vielmehr wie eine markante Richtungsänderung.

Und Rafes Worte konnten auch nicht als eine Befreiung aus der Partnerschaft interpretiert werden; tatsächlich besagten sie genau das Gegenteil: »Ich habe es für uns beide erledigt…«, »ich komme auch zu dir…«, »nimm dein Leben an und lebe es. Und ich werde mittendrin sein.« All dies klang nach einer überzeugenden Zusicherung, dass unsere Partnerschaft noch immer intakt war – doch Rafe schien einige konkrete Vorstellungen darüber zu haben, wie ich meine Hälfte ausgestalten sollte. Ich deutete dies nicht als einen generellen Segen für alles, was ich mit meinem Leben anstellen würde, sondern eher als Versprechen einer gezielten Unterstützung und Hilfe bei der Umsetzung der einen Sache, die ich zu tun hatte: nämlich, eine vollkommen neue Bestimmung anzunehmen und auszuleben, bei der es nicht ausschließlich um mich ging, sondern die auf eine gewisse Art und Weise uns beide involvierte.

Denn dies war die andere, die gefährlichere Möglichkeit. Was wäre, wenn sie tatsächlich uns beide einschließen würde? Was, wenn wir beide auf eine völlig neue Flugbahn geschickt wären, die zweieinhalb Jahre zuvor ihren Anfang genommen hatte, als wir zum ersten Mal in Liebe miteinander kollidierten? Was, wenn es einer Sache bedürfte, einer Art Nahrung für das organische Wachstum seiner Personifizierung jenseits des Grabes, welche in der Dynamik zwischen uns erzeugt wurde, in der Weise, wie wir uns liebten, wie wir zusammenarbeiteten, wie wir uns gegenseitig ins Dasein riefen – und die ich einfach fortführen könnte, indem ich mein Leben vollkommen dafür öffnete? Wenn wir unseren Tanz einfach fortführen, dem Kurs einfach weiter folgen könnten, dem unser gemeinsames Leben, hätte es sich in der Zeit entfaltet, aller Wahrscheinlichkeit nach gefolgt wäre, dann würden wir diese Sache irgendwie »tun« und das »reine Werden«, das bereits zum Muster unserer menschlichen Liebe geworden war, würde sich im Hoffnungskörper weiter ›verfleischlichen‹ (auch wenn das eine Fleisch bereits nicht mehr existierte!).

Aus verschiedenen Gründen bin ich mittlerweile dahin gelangt, diese vielleicht weit hergeholte Hypothese als die korrekte Interpretation unserer Situation zu akzeptieren. Zumindest wird sie der Aussage der Stelle aus 1 Korinther 13 gerecht: »Liebe glaubt alles«, aus der berühmten Hymne an die Liebe des heiligen Paulus, die zu meiner verlässlichsten Führerin auf dieser Wanderung jenseits des Grabes geworden ist.[34] Denn sie stellt die allerhöchste Möglichkeit dar, die in dieser Situation ausgelebt werden kann und die das tiefste Vertrauen und das wertvollste Geschenk des Selbsts hervorruft. »Dieser Akt der vollkommenen Hingabe ist nicht bloß ein fantastisches intellektuelles und mystisches Glücksspiel«, sagt Thomas Merton an einer Stelle, die mir sehr geholfen hat, »er ist etwas wesentlich Ernsteres. Er ist ein Liebesakt für diese ungesehene Person, die, genau in demselben Geschenk der Liebe, durch das

34. »Sie erträgt alles, glaubt alles, hofft alles, hält allem stand« (1 Korinther 13.7). Eine vollständigere Reflexion der Bedeutung dieser Bibelstelle und wie wir sie als Prüfstein für unsere spirituelle Praxis nutzen können, finden Sie im »Epilog: eine Hochzeitspredigt«, Seite 181 ff.

wir uns selbst dieser Wirklichkeit hingeben, sich auch für uns gegenwärtigmacht.«[35] Obwohl Mertons »ungesehene Person« Christus ist, beschreiben seine Worte präzise den Tanz von Rafe und mir mit seiner subtilen Dynamik totaler Hingabe in Liebe, die irgendwie die entstehende Wirklichkeit präsent werden lässt. In der Gegenseitigkeit dieses Gebens liegt auch der Schlüssel zum Mysterium des konstitutionellen Wachstums jenseits des Grabes.

Ich habe darüber mit einigen meiner engsten spirituellen Freundinnen und Freunde gesprochen und niemand war fähig, dies zu verstehen. Meine eigene innere Ausrichtung aufzugeben, um es einem Geliebten zu ermöglichen, sich in eine Richtung zu entwickeln, die er während seines Lebens bewusst vermieden hatte, erscheint als vollkommen verrückt. »Du willst sagen, dein Einsiedler-Lehrer verlangt von dir, du sollst keine Einsiedlerin sein?« Mit zusammengebissenen Zähnen sage ich: Ja, genau.

Denn, wenn das, was wir gemeinsam getan haben, wirklich darin bestand, eine vermögendere Seele zwischen uns entstehen zu lassen, dann sind wir beide für sie verantwortlich und ich muss ihr gehorchen und vertrauen, auch dort, wo ich es noch nicht vollständig begreife. Ich brauche nicht zu wiederholen, was Rafe hier getan hat; stattdessen muss ich etwas erreichen, was er hier nicht vollendet hat. Ich muss es für uns beide tun.

Und es kann nur in der einen Dimension erledigt werden, die ihm jetzt nicht mehr zur Verfügung steht, die ich aber noch habe: in der Zeit.

35. THOMAS MERTON: "The Inner Experience" (unveröffentlichtes Manuskript, aus dem Auszüge in mehreren Ausgaben der *Cistercian Studies,* 1983, erschienen sind.

Kapitel 14

Essenz und Majestät

WENN DIE TRANSFORMIERENDE KRAFT DER LIEBE EIN GEheimnis birgt, liegt es gewiss in ihrem eigenartigen Vermögen hervorzurufen, wer wir wirklich sind. »Liebe sucht stets das letztlich *Wirkliche*«, sagt Beatrice Bruteau; sie hat die unfehlbare Fähigkeit, trübe äußere Schalen und dunkle innere Orte zu durchdringen und unsere Essenz, wer wir sind, ans Licht zu bringen. Liebe führt immer zu einem Wachstum des Seins, indem sie uns den Mut und die Kraft schenkt auszuleben, wer wir wahrhaft sind. Dies ist die einfache und absolut klare Bedeutung der fundamentalen Doktrin innerer Lehren: Liebe verwirklicht Essenz.

Mit diesem Hinweis im Hinterkopf möchte ich dort weiterfahren, wo ich in Kapitel 12 aufgehört habe, nämlich bei Ladislaus Boros' Szenario dessen, was im Augenblick des Todes geschieht, und bei meinen eigenen, bereits dargelegten Kommentaren dazu. Der Augenblick des Todes, sagt Boros, stürzt die Seele ins totale »ontologische Ausgeliefertsein«, was paradoxerweise auch ihr erster Moment vollkommener, eindeutiger Kohärenz ist. Zum allerersten Mal zeigt sich das gesamte Bild: Angeordnet um ihr innerstes Prinzip, ist sie für sich selbst vollständig präsent. Ihre Verstellungen, ihre mit dem falschen Selbst und den äußeren Kräften verstrickten Teile, verschwinden zusammen mit den äußeren Energien. Die Teile, die authentisch zu uns gehören, in unserem Leben jedoch nicht zur Gänze verwirklicht und integriert wurden, verbleiben einfach im Dunkel wie der Vollmond, der hinter der silbernen Sichel nur noch zu erahnen ist. Und in diesem zeitlosen Augenblick offenbart sich im von hinten leuchtenden Licht der Göttlichen Liebe die wahre Gestalt der Seele in zwei Dimensionen: *Beweglichkeit* und *Majestät.*

Beweglichkeit und Majestät spannen das Koordinatensystem auf, das den unerlässlichen Ausgangspunkt bildet für eine Annäherung an die Seelenarbeit über das Grab hinaus, denn zwischen ihnen zeichnet sich die Grafik des Seelenschicksals ab. Wenn wir uns die Beweglichkeit als die vertikale Achse und die Majestät als die horizontale vorstellen, können wir die Position der Seele im Augenblick des Todes festlegen und auch die Größe des Essenzgebietes abschätzen, welches sie im Verlauf ihrer irdischen Reise zu umfassen vermochte (also das, was sie ge*wesen* war).

Beweglichkeit ist das Bewegungsvermögen innerhalb des Reiches Gottes – »die Freiheit, nach eigenem Willen zu handeln«, wie Hazrat Inayat Khan es beschrieb –; sie ist das Gegenteil dessen, was der Seele nach dem Tod üblicherweise zugeschrieben wird. Gemäß den klassischen spirituellen Traditionen des Westens wird Beweglichkeit geschaffen, indem wir uns selbst gegenüber sterben.

Die andere Dimension ist die Majestät. Dieser Begriff stammt von Jakob Böhme, und wie wir bereits gesehen haben, wird Majestät geschaffen »in der Freyheit in den Wundern«. Anstatt dadurch, dass wir uns selbst gegenüber sterben, entsteht Majestät, indem wir uns selbst gegenüber *erwachen,* sozusagen »das Blatt spielen, das uns die Essenz ausgeteilt hat.« Majestät wird erzeugt, indem wir uns voll auf das Leben einlassen mit all unserem Talent und Mut, um die in der Potenzialität der menschlichen Gestalt verborgenen großen Geheimnisse Gottes hervorzulocken – wie Michelangelo die Pietà aus dem *«bloc résistant».*[36]

In den Begrifflichkeiten von Böhmes Metapher über die Seele im Augenblick des Todes, die wie ein Stück Eisen durchglüht wird, wäre die Beweglichkeit die Intensität der Glut – das Leuchten, mit dem das Licht Christi sie durchdringt. Die Majestät hingegen wäre die Schönheit der Kunstfertigkeit: Ist das Stück Eisen ein kunstvoll geschmiedetes Fenstergitter oder bloß eine gestaltlose Masse? Majestät hat mit der Kraft der Artikulation zu tun: dem bewussten Gestalten des Gefäßes, welches das Licht Christi trägt.

Sich selbst gegenüber sterben... sich selbst gegenüber erwachen: Beide Wege verlaufen in uns in schöpferischer Spannung. Wird Beweglichkeit durch die Intensität unseres spirituellen Strebens gewonnen, geht es bei Majestät eher darum, das in unserem Inneren Verborgene hervorzubringen und die wetteifernden Elemente zu integrieren. Auf unserer Reise schließt die Letztere die nachgiebigen und die gebenden Aspekte ein, wohingegen die Erstere das Drängen und Treiben beinhaltet. Zwischen – und tatsächlich

36. Théophile Gautier: «L'art» in *Émaux et Camées,* Paris: Poulet-Malassis et de Broise, 1858, Seite 216.

wegen – diesen gegensätzlichen Spannungen sind wir wie ein Segelboot unterwegs: im Gleichgewicht zwischen der Kraft des Windes in seinen Segeln und dem Reißen des Wassers an seinem Kiel. Ich glaube, es ist dieser Trick, unsere innere Balance zu finden, den Helen Luke meint, wenn sie davon spricht, Ganzheit werde geboren aus der Akzeptanz des Konflikts zwischen unseren gegensätzlichen inneren Bestrebungen.

Etwas, das uns die moderne Psychologie überaus klar vor Augen geführt hat, ist, dass Ganzheit nur dann zu erlangen ist, wenn wir unser ganzes Selbst annehmen – nicht bloß das Höchste in uns, sondern auch die Schattenseiten. Damit Majestät in uns wachsen kann, muss alles ans Licht kommen, unsere dunklen Teile, die Heilung brauchen, und unsere hellen, die zur Welt gebracht werden müssen; nur das Ganze, Haut und Haar integriert und akzeptiert, wird zu »den Wundern einer Feuer-Schärffe / und fengt die Ewige Freyheit / macht also Majestät in der Freyheit in den Wundern.« Denn Majestät ist das Göttliche Antlitz der menschlichen Ganzheit. Sie ist die Essenz – wer wir wirklich sind –, verwirklicht und transponiert, in ihrem vollen spirituellen Ausdruck.

Im Himmelreich wird Majestät zur Leuchtkraft – zum Grad der Verherrlichung oder zur Brillanz des Ausdrucks –, mit der Gottes Liebe in der Seele reflektiert wird. Gleichzeitig ist sie der Maßstab für die Empfänglichkeit der Seele, für die Tiefe ihrer Fähigkeit, von Göttlicher Liebe erfüllt zu werden (und diese folglich *zu tragen*). Und wie auf Erden, so im Himmel: Was die Leuchtkraft angeht, so unterscheiden sich die Größenordnungen stark, und einige Seelen überstrahlen andere bei Weitem. Böhme sagt dazu: »Sie werden einander übertreffen als die Stern am Himel: Aber es wird keine Mißgunst seyn / sondern einer wird sich des andern Schönheit freuen / dann allda ist kein ander Licht als daß Gott alles in allem erfüllet.«[37]

Normalerweise muss Majestät über die Zeit erlangt werden – im körperlichen Leben –, denn sie ist das genaue Maß der verwirklichten Essenz, der tatsächlich zurückgelegten Wegstrecke. Darauf wollte ich mit meinem Kommentar hinaus, als ich davon sprach, dass im Augenblick des Todes, wenn die Schablone unserer Seele vom Licht Christi durchleuchtet wird, »die Teile, die authentisch zu uns gehören, in unserem Leben jedoch nicht zur Gänze verwirk-

37. BÖHME: *Vierzig Fragen*, Seite 156.

licht und integriert wurden, im Dunkel verbleiben.« Und dies wäre dann natürlich genau der Rahmen, in dem die Vorstellung eines Wachstums jenseits des Todes eine konkrete und objektive Bedeutung annehmen würde: Es wäre das Ans-Licht-Bringen derjenigen authentischen Teile unserer Essenz, die im Leben unartikuliert oder unerfüllt geblieben sind, sodass wir uns zur vollen Intensität unserer beabsichtigten Leuchtkraft im Himmelreich entwickeln könnten. Ich glaube, dies entspricht auch ziemlich genau dem, worauf Gurdjieff mit seiner Idee vom Heiligen Planeten Fegefeuer hinauswollte: keinem Ort der Bestrafung, sondern der weiteren Entwicklung des eigenen angeborenen Potenzials und Reichtums, »bis zum höchsten Grad objektiver Vernunft«.

Wie aber könnte sich dieses Wachstum fortsetzen, nachdem der Tod die Zeit beendet hat? Angesichts dieser logischen Unmöglichkeit nimmt der Westen im Großen und Ganzen Zuflucht beim Letzten Gericht, während der Osten auf die Reinkarnation baut. Doch es gibt noch eine weitere Möglichkeit. Stärker als der Tod ist die Liebe, und sie vermag Wege zu finden, jenseits der Zeit und des Körpers zu arbeiten – wenn die Einheit der Herzen tief genug ist.

Ringkampf

Lassen Sie uns aufs Konkrete zurückkommen: auf Rafe und mich. Ich habe von der schwierigen Geschichte unseres Ringkampfes berichtet, weil sie meiner Ansicht nach die Kernerfahrung beinhaltet, wie die Liebe bei der Freisetzung von Essenz tatsächlich wirkt. Ihre transformierende Kraft liegt in der Schattenarbeit.

»Vielleicht sind alle Drachen unseres Lebens Prinzessinnen, die nur darauf warten, uns einmal schön und mutig zu sehen«, schreibt Rainer Maria Rilke in *Briefe an einen jungen Dichter.*[38] In einer einzigen lebhaften Metapher verkapselt er das, wovon ich glaube, dass es das grundlegende metaphysische Prinzip darstellt, durch welches Majestät in diesem Leben erzeugt wird und im nächsten weiterwächst. Der geheimnisvollste Aspekt der Art von Intimität, wie sie zwischen zwei Sich-Liebenden auf dem Pfad besteht, ist das Vertrauen und die intuitive gegenseitige Unterstützung, die sie

38. Rainer Maria Rilke: *Briefe an einen jungen Dichter,* Frankfurt: Insel Verlag, 1929, Seite 46.

beweisen, indem sie sich in das Schlechteste des jeweils anderen hineinknien und es zu transformieren helfen: in jene tief verborgenen Drachen, die darauf warten, dass wir nur ein einziges Mal in Schönheit und mit Mut handeln.

Bevor ich Rafe begegnete, war ich fast zehn Jahre mit einem Mann verheiratet gewesen, für den ich in funktioneller Hinsicht seelenblind war. Wir bemühten uns beide wacker um diese Beziehung, aber die grundlegende Malaise kam immer wieder zum Vorschein. Auf der tiefsten Ebene verstanden wir die Schattenseite des jeweils anderen nicht und fürchteten uns davor, fühlten uns gar von ihr abgestoßen. Er sagte, ich erscheine ihm fremd und bizarr; ich meinerseits hatte Angst vor dem, was mir wie eine giftige Düsternis und Schwere in seiner Seele vorkam. In jedem von uns gab es eine Barriere, die der andere nicht überwinden konnte, und je mehr die Friktion der Intimität die Wunden aufrieb, desto stärker setzten sich die Abwehrmechanismen fest, um diesen dunklen, schlafenden und doch irgendwie als kostbar empfundenen Ort zu schützen.

Beziehungen dieser Art sind nicht nur nutzlos, sondern auch gefährlich. Sie konterkarieren jegliche Vertrautheit. Denn der tiefste Aspekt von Intimität besteht darin, dass wir in den anderen eingeladen werden. Wenn die Liebe ihrem naturgemäßen Weg folgt hin zu dem, was Bruteau die tiefste oder die »Ich-ich-Beziehung« nennt – »den anderen von innen heraus zu fühlen, zu fühlen, wie der andere fühlt«[39] –, stehen wir inmitten der Drachen des anderen, die mit unendlicher Zartheit und Mitgefühl betrachtet werden müssen. Sie mit Abscheu zu mustern, ist eine Art Morden im Inneren, als wenn der Fuchs das Hühnerhaus bewachte. Wo sich ein derartiges Morden im Stillen abspielt unter dem Deckmantel der Beziehung, werden die Partner füreinander allmählich zu äußeren Hüllen, immer stärker in ihren eigenen Persönlichkeiten verfangen und im Inneren zunehmend taub. Die Drachen ziehen sich tiefer und tiefer ins Unbewusste zurück.

Als ich Rafe begegnete, war ich auf dem besten Weg, so zu werden. Es brauchte nicht lange, bis die Dinge sich änderten. Von Anfang an auffallend war das außergewöhnliche emotionale Vertrauen zwischen uns. Das spontane Begreifen, wer der andere war, erlaubte es uns, einander durch all die oberflächlichen Rollen und

39. Beatrice Bruteau: *God's Ecstasy,* New York: Crossroad, 1997, Seite 31.

Haltungen hindurch zu verfallen und uns aus der Mitte heraus anzusprechen. Auch Rafe bemerkte dies, was ihn spürbar belebte. Doch was dann unvermeidlich schon bald geschah, war, dass unsere Gefühle der Erleichterung, im anderen einen sicheren Hafen gefunden zu haben, uns zu jener weiteren inneren Grenze führte, die bisher noch keiner von uns überschritten hatte.

Gleich von Beginn weg schienen wir auf einem konvergierenden Kurs zu sein in Richtung jenes morgendlichen Ringkampfs im Hof. All unsere kleineren Auseinandersetzungen steuerten darauf zu und deckten die innersten Probleme auf, während sie gleichzeitig unser Vertrauen vertieften, nach jedem Mal stärker und noch vereinter aus ihnen hervorzugehen. So gelangten wir letzten Endes hinab zu unseren tiefsten Urängsten: Rafe fürchtete und verabscheute emotionale Einengung; ich hatte verzweifelte Angst vor dem Verlassenwerden, war aber unfähig, meiner Furcht und meiner Wut Ausdruck zu verleihen. Und so kam schließlich der unvermeidliche Moment.

Was ihn auslöste, weiß ich noch immer nicht ganz genau. Doch wir stürzten in unsere allerschlimmsten Urängste und waren beide erschüttert – und machten damit einen riesigen Schritt auf die Person zu, die wir wirklich waren. Selbst inmitten des Debakels versetzte uns dies auch in heftige Begeisterung. Ich konnte fühlen, wie sich mein Herz endlich befreite. Es war meine unverblümte Wut darüber, dass ich Rafe verlieren könnte, die mich aus meinem langen Schlummer der Trauer wachrüttelte; und irgendwie vertraute ich auch darauf, dass er es auf eine indirekte Art verstehen würde, was er auch tat. Später erzählte er mir, seine *Ehrfurcht* darüber, dass ich so vollständig zerschmettert sein und dennoch ganz daraus hervorgehen konnte, habe ihm die Erlaubnis gegeben, alte innere Kisten zu öffnen, die er bis dahin fest verschlossen gehalten hatte, und jener verletzlichen und nährenden Seite seiner selbst freien Lauf zu lassen, die seine kreativen Begabungen endlich zum Erblühen brachte.

Das bedeutet natürlich auch, dass Seelenarbeit mit einem authentischen Seelenpartner durchaus chaotisch, ungeordnet und häufig turbulent sein kann. Der Geliebte ist im Besitz eines Schlüssels, über den niemand anderes verfügt und der ihm erlaubt, tiefer in die psychischen Reiche des geliebten Gegenübers einzutauchen, als es irgendein anderes menschliches Wesen kann, und Verliese aufzuschließen, die noch nicht einmal die geliebte Person allein zu öffnen vermag. Dieser Aspekt von Beziehung schockierte Rafe wahrscheinlich am meisten – mich ebenfalls –, und eine Zeit lang schreckte alles ihn ihm aus seiner klösterlichen Ausbildung davor zurück. Ich glaube, erst nach jenem Streit konnte er dies als ein Geschenk betrachten und es in seinem Leben akzeptieren. Doch mit diesem Akzeptieren wurde er auch weicher, legte Ballast ab, den er lange alleine geschultert hatte, und zeigte eine zunehmende Bereitschaft, freier über seine Ängste, Kindheitserinnerungen und Vorahnungen seines nahenden Todes zu sprechen. So waren jene dunkler werdenden Wochen des Spätherbstes für uns beide in vielerlei Hinsicht eine Frühlingszeit.

Ich sagte bereits, dass in diesem Kampf um Ganzheit mit Rafe unsere schlechtesten Eigenschaften, und nicht unsere besten, zur Schaffung der neuen Person transformiert wurden. Ich glaube, diese Beobachtung ist nicht bloß in unserem persönlichen Fall zutreffend, sondern Ausdruck einer allgemeinen metaphysischen Formel, die folgendermaßen lautet:

»Drache« + bedingungslose Liebe = »Prinzessin«.

Oder:

Verborgene Essenz, in Liebe transformiert, bringt das wirkliche Ich zutage.

Diese Formel besagt, dass die Essenz – wer wir wirklich sind, das Herz unseres Herzens – wahrhaft und geheimnisvoll verbunden ist mit unserer Verborgenheit und unserem Schmerz. Unter diesen Wunden, gut bewacht an dem Ort, wohin wir uns am instinktivsten zurückziehen und verstecken, liegt unser zutiefst angeborenes und verletzlichstes Selbstgefühl, unsere Saat der Heiligen Besonderheit, der Name Gottes, den wir tragen. Es ist verborgen, weil es der »Schatz im Acker« ist, die »köstliche Perle«.

Doch wer wird diesen Ort aufschließen? Heilung im modernen Verständnis – den Schmerz zu Bewusstsein zu bringen und zu lösen – verwechselt auf eine Art das Korn mit der Schale, und zwar in dem Sinn, dass wir glauben, wenn wir den Schmerz los wären, seien wir frei, zu sein, wer wir wirklich sind. Aber der Prozess ist in Wahrheit subtiler. In Wirklichkeit sind wir die Person, die sich offenbart, indem sie, wie Schadrach im Feuerofen, unbeschädigt einhergeht im Zentrum jenes Augenblicks, wenn der Schmerz von bedingungsloser Liebe getroffen und erhellt wird. Sie ist eine neue Schöpfung. Jener Augenblick selbst ist die Dämmerung des wirklichen Ichs, der Durchbruch der Majestät ins Reich des Menschen. Und dies mit einem menschlichen Partner zu erleben und zu teilen, bedeutet zu erfahren, was Mouravieff »die Feuertaufe« nennt:[40] das Werk intensiver Verschmelzung, das dem wirklichen Ich erlaubt, mehr und mehr zum permanent erfahrenen Sitz unserer Individualität zu werden.

Kapitel 15

Die vermögendere Seele

UNSERE ERSTE BEGEGNUNG VERLIEF NICHT GERADE NACH einem Drehbuch aus Hollywood. Keiner von uns spürte ein Kribbeln in jeder Faser seines Seins, als wir auf die andere Hälfte unserer Seele trafen. Doch dieses erste Gespräch zwischen uns an jenem verschneiten Dezembermorgen im Klosterhof war auf eine leise Art außergewöhnlich. Während unsere Worte in das funkelnde Sonnenlicht hinausplätscherten, lag der vielleicht bemerkenswerteste Aspekt unserer Begegnung in einem Gefühl der Geräumigkeit und vertrauten Leichtigkeit, als wären wir uns nie fremd gewesen. Als Rafe einige Monate später versuchte, diese seltsame Empfindung der Vollständigkeit zwischen uns auszudrücken, sagte er: »Ich weiß zwar nicht, wer ich bin, aber es fühlt sich *richtig* an – wie ein Boot, das keine Schlagseite hat.«

Wie die meisten von Rafes Einzeilern traf auch dieser den Nagel auf den Kopf. Ein Boot, dessen Ballast zu seinem wahren Zentrum hin verschoben wird, richtet sich im Wasser auf, und genauso erlebten wir beide diese Beziehung. Es war, als hätten wir zu einem inneren Gleichgewicht gefunden, das sich jedem einzelnen von uns

40. MOURAVIEFF: *Gnosis,* Band 1, Seite 257.

so lange entzogen hatte, weil der wahre Schwerpunkt von Anfang an im Ganzen gelegen hatte. Wie zwei ineinandergreifende Puzzleteile, die das größere Bild offenbaren, begannen wir insbesondere in jenen gesegneten letzten Wochen unseres menschlichen Beieinanderseins zu entdecken, wie im jeweils anderen die verlegenen, angedeuteten Gesten eines ganzen Lebens langsam einen Sinn ergaben.

In den Wochen unmittelbar nach Rafes Tod ergab sich mein bei Weitem quälendster Kummer aus der Angst, dass dieser magische Prozess zwischen uns nun aufhören würde. Erlebt zu haben, wie diese Puzzleteile zusammenkamen, nur um sie nun wieder auseinandergerissen zu sehen, schien mir über alle Maßen grausam. Ich trauerte nicht so sehr um *meine* Ganzheit als vielmehr um *unsere:* um die Chance, gänzlich als diese unbekannten, aber erstaunlichen Menschen zum Vorschein zu kommen, die wir im Licht der Liebe des jeweils anderen begonnen hatten zu werden. Erst allmählich habe ich angefangen, die Wahrheit dessen zu verstehen, was Rafe mir in jener Nacht beibringen wollte, als er auf den Vollmond hinter der Sichel wies und sagte: »Das sind wir!« Wenn die Ganzheit da ist – ob sichtbar oder unsichtbar –, braucht der silberne Rand sich nicht um sein Wachstum zu sorgen.

Heute, drei Jahre nach Rafes Tod, fühle ich mich langsam wohler damit, mir einzugestehen, dass Rafe und ich zu jener Kategorie von Beziehungen gehörten – und noch immer gehören –, die als »vermögendere Seele« bezeichnet wird. Ich borge mir diesen Begriff von John Donne (obschon die Kategorie als solche wesentlich älter ist und in der westlichen Literatur erstmals von Platon beschrieben wurde), um eine Beziehung zu schildern, die durch eine eigenartig intensive Überzeugung gekennzeichnet ist, zu einem Ganzen zu gehören, das größer ist als die Summe seiner Teile.[41] Viel mehr als eine Partnerschaft, ist es eine Verwandtschaft, die intuitiv verstanden wird.

Selbst unter hingebungsvollen Partnerschaften ist die vermögendere Seele eine ziemlich seltene Konfiguration, was vielleicht der Grund dafür ist, dass sie in den christlichen Lehren über die Seele nach dem Tod so beharrlich ignoriert wird. Die größte Annäherung finden wir in der »ewigen Ehe«, doch auch dieser Begriff

41. Die diesbezüglichen Zeilen aus Donnes Gedicht »Ekstase« habe ich am Anfang von Kapitel 1, Seite 23, zitiert.

mit seinem üblichen unscharfen Beiklang von »wahrer Liebe« verbirgt mehr, als er offenbart. Die vermögendere Seele ist zwar ein Pfad wahrer Liebe, doch nicht dergestalt, wie wir normalerweise darüber denken – stürmisch, leidenschaftlich romantisch –, sondern vielmehr wahr in dem Sinn, dass sie sich dem authentischen Muster der Seele jedes Partners angleicht und dieses hervortreten lässt; und das ist dann auch der Schlüssel zur ganzen Vorstellung. Das ihr innewohnende Gefühl der Ganzheit zwischen den Partnern sorgt in deren Leben für eine ungewöhnliche Leichtigkeit und Erquickung in ihrer Beziehung. Und nach dem Tod, falls das Fundament gut genug gelegt wurde, öffnet sie das einzige klare Fenster der Möglichkeit für fortgesetzte gegenseitige Seelenarbeit, welches unsere christliche Tradition (wie indirekt auch immer) anerkennt.

Ich bin überzeugt davon, dass es die Kategorie von vermögenderen Seelen ist, die Jakob Böhme im Sinn hat, wenn er seine kryptische einzige Ausnahme von der Regel »dan nach dem Leben ist kein besser machen, sondern jedes bleibt als es hinein kompt« aufstellt: Unter bestimmten Bedingungen – wenn das erlebte Gefühl von Verwandtschaft und Ergänzung zwischen den Partnern so tief geht, dass sie zu ahnen beginnen, dass ihre zwei Individualitäten wirklich Teil eines einzigen Ganzen sind, und wenn der zweite Körper bis zu dem Punkt entwickelt ist, an dem es für sie möglich wird, ihr »Buch des Lebens« mit dem jeweils anderen über den physischen Körper hinaus zu teilen – können sie mithilfe eines bewussten Gelöbnisses (Böhme nennt es: »aufrichtiges Versprechen«) die Grenzen ihres individuellen, kleineren Selbsts auflösen (in der biblischen Formulierung dieser Lehre: »ihre Seelen niederlegen«) und sich das Los dieser einen vermögenderen Seele teilen, von der sie bereits spüren, dass sie sie sind. Beim Tod des einen Partners wird die vermögendere Seele dann zu einem schützenden Prinzip um *beide* herum, das es ihnen ermöglicht, ihre gemeinsame Reise fortzusetzen, das wahre »Mark ihrer Leben«[42] auszutauschen und das eine wirkliche Ich zwischen ihnen zu verwirklichen und zu stärken. Die Schlussernte der Majestät ihrer Seele wird beim Tod des überlebenden Partners eingefahren.

Falls dies nach einem besonderen Privileg klingt – das ist es nicht. Die Überlieferung lehrt, dass die vermögendere Seele stets

42. HENRY DAVID THOREAU: *Walden*, Zürich: Artemis-Verlag, 1945, Seite 119.

von oben geschenkt, nicht von unten geschaffen wird; sie scheint eine besondere Affinität zum Tod zu haben und steht fast immer im Zusammenhang mit kosmischem Dienen. Die Einladung anzunehmen, eine vermögendere Seele zu formen, ist eine so gut wie todsichere Wette darauf, dass wir »auf der Erde gekreuzigt« werden. Denn wahre Liebe wird uns gegeben, um Gott auf Erden zu spiegeln und zu manifestieren, nicht zu unserer Selbstverwirklichung und persönlichen Glückseligkeit. Mit dem Akzeptieren dieser Bedingungen öffnet sich uns der Pfad.

Voraussetzungen

Dass ich John Donnes Begriff *vermögendere Seele* den bekannteren Ausdrücken *Seelenverwandte* oder *polare Wesen* vorziehe, liegt unter anderem daran, dass er uns implizit daran erinnert, dass diese Seele vermögender *geformt* werden muss. Eine vermögendere Seele erscheint nicht von selbst, auch nicht in den Partnerschaften, die sich durch eine ungewöhnliche Leidenschaft und Intimität auszeichnen. Sie muss vielmehr aus der bewussten Entscheidung der beiden Seelen, eins zu werden, »fließen« (in Donnes Worten). Auch kann sie nicht auf der Ebene der Persönlichkeit gebildet werden, ganz unabhängig davon, wie aufrichtig die Absichten der Partner oder wie kompatibel ihre Interessen sind; sie zeugt immer von einer tiefgehenden Wesensverbindung. Eine natürliche Neigung muss die bewusste Entscheidung untermauern, und im Allgemeinen werden diejenigen, die fähig sind, eine vermögendere Seele zu bilden, aus einer ziemlich kleinen Schar ausgelost. Es wird sich um Liebende handeln, in deren Beziehung die folgenden drei Bedingungen vorliegen:

1. Eine starke erotische Verbindung zwischen den Partnern.

2. Eine gleich ausgeprägte spirituelle Sehnsucht und eine Reife an spiritueller Erfahrung, die unabhängig voneinander erworben wurde.

3. Ein intuitives emotionales Vertrauen, das es ihrer Schattenarbeit ermöglicht, sich auf der tiefsten Ebene der Selbstentblößung und Intimität zu entfalten.

Auch wenn diese drei Voraussetzungen gegeben sind, garantiert das noch nicht, dass die Partner fähig sein werden, eine vermögendere Seele zwischen sich zu vollenden. Aber sie sind deutliche Anzeichen für ein vorhandenes Potenzial und bieten einen fruchtbaren Boden für die Seelenarbeit, falls die Partner ausreichend motiviert sind. Lassen Sie mich etwas detaillierter auf jede dieser Voraussetzungen eingehen.

»Eine starke erotische Verbindung«

Der Grund dafür – und auch weshalb es sich bei vermögenderen Seelen immer um Geliebte handeln muss und um keine andere Form von Wesensverbindungen (wie Elternteil und Kind, Geschwister oder Freunde) – liegt darin, dass die erotische, oder die sexuelle, die besondere Energie ist, durch welche die Vereinigung der Seelen zustande kommt. Die sexuelle Energie liefert die Kraft der Verschmelzung, welche die beiden vorher getrennten Individualitäten in der Kernverbindung einer Seele zusammenhält.

Ich glaube, es ist diese Lehre, auf die sich John G. Bennett speziell in dem Abschnitt bezieht, von dem Rafe so angetan war:

> Für sehr hohe kosmische Zwecke ist es notwendig, dass eine bestimmte Anzahl Menschen sich Seelen erringen [eine vermögendere Seele oder eine wahre und verwirklichte Erfahrung des eigenen wirklichen Ichs] [...], und die normale Bildung der Seele im Menschen geschieht durch die Vereinigung der Geschlechter.[43]

Die Vereinigung der Geschlechter bedeutet nicht zwangsläufig körperlichen Verkehr, wie Bennett selbst ein paar Absätze später ausführt. In der inneren Tradition (aus der diese Lehren mehrheitlich stammen) ist sexuelle Energie etwas gänzlich anderes als Libido, oder Lust, wie dieser Begriff in der heutigen Kultur fast unvermeidlich interpretiert wird. Es ist die höchste Form der Transformationsenergie, die feinste und subtilste spirituelle Energie, mit der Menschen direkt arbeiten können, solange sie sich noch in ihrem physischen Körper befinden. Sexuelle Energie ist die

43. BENNETT: *Sex,* Seite 74.

Ursache aller Transformation – nicht bloß der Fortpflanzung, sondern jedweder Form der Kreativität: Gebet, Poesie und spirituelle Wandlung. Sie impliziert nicht zwangsläufig geschlechtliche Sexualität, auch wenn sie diese nicht ausschließt. Doch in beiden Fällen geschieht die Vereinigung der Geschlechter, auf die sich Bennett bezieht, auf einer weitaus subtileren Ebene als der körperliche Verkehr und kann durch dessen Ausleben auf dieser grobstofflicheren Ebene sogar eher behindert statt gefördert werden.

Obschon erotische Energie also keiner geschlechtlichen Sexualität bedarf, impliziert sie eine tiefe Gleichheit zwischen den beiden Partnern, ein Herausfließen zum anderen in einem vollständig gegenseitigen Menschsein. Wladimir Sergejewitsch Solowjow, der große russische Philosoph der Liebe aus dem neunzehnten Jahrhundert, ist meines Wissens der Einzige, der die gewaltige Implikation dieses Punktes klar begriffen hat, der sowohl den Prozess als auch das letztendliche Ziel erotischer Liebe bestimmt:

> Der Sinn und die Würde der Liebe [...] ist der, dass sie uns wirklich zwingt, mit unserem ganzen Wesen *im anderen* dieselbe absolut zentrale Bedeutung zu erkennen, deren wir uns aufgrund der Macht unseres Egoismus nur in uns selbst bewusst sind. Liebe ist nicht als eines unserer Gefühle wichtig, sondern [...] als die Verschiebung des Zentrums unserer persönlichen Leben. Zwar ist dies für jede Form von Liebe charakteristisch, doch für die sexuelle Liebe [erotische Liebe] ganz besonders; sie unterscheidet sich von anderen Arten der Liebe durch ihre größere Intensität, ihren ergreifenderen Charakter und durch die Möglichkeit einer vollständigeren und umfassenderen Wechselseitigkeit. Nur eine solche Liebe kann zur wirklichen und unauflöslichen Vereinigung zweier Leben zu einem führen; nur davon sprechen die Worte der Heiligen Schrift: »Und die zwei werden ein Fleisch sein« [Matthäus 19.5], das heißt, sie werden zu einem wirklichen Wesen.[44]

Dieses tiefe Verständnis von Geben-und-Nehmen (oder, in Solowjows Worten, von »vollständiger und umfassender Wechselseitig-

44. Vladimir Solovyov: *The Meaning of Love,* Hudson, NY: Lindisfarne Press, 1985, Seite 51.

keit«) ist das, was die Seelenarbeit von Geliebten über das Grab hinaus von der klassischen Übertragung zwischen Guru und Schüler oder Schülerin unterscheidet, welche zwar ebenso einen Austausch spiritueller Energie, oder von *baraka,* über das Grab hinaus beinhaltet, allerdings vom Höheren zum Niedrigeren – von dem, der Vollkommenheit erlangt hat, zu einem Unvollkommenen. Es ist die fortdauernde Gegenseitigkeit unserer Begegnungen (und damit das Element der Neuheit und Überraschung), die mich letzten Endes davon abhält, meine Beziehung mit Rafe als eine Übertragungsgeschichte zu begreifen. Diese Aspekte sind sicherlich auch vorhanden, aber das wesentliche Charakteristikum unserer Reise ist das fortlaufende Kopfüber-Eintauchen ins reine Werden, dessen Ausgang für uns beide offenbleibt. Die Guru-Schüler-Übertragung hat einen eher statischen Charakter; der erotische Pfad ist pure Dynamik.

»Eine spirituelle Sehnsucht und Reife«

Den zentralen Text für diese Lehre liefert Boris Mouravieff in *Gnosis,* seiner klassischen Studie über die spirituelle Liebe. Zwar bestätigt er, dass die Verschmelzung zweier Liebender in ein wirkliches Ich tatsächlich ein wahrer Pfad zur Erlösung ist, doch er warnt zugleich: »In der Praxis kann dies nur dann geschehen, wenn die beiden Personen sehr fortgeschritten und beide reich an Erfahrung sind, die sie im äußeren Leben unabhängig voneinander erworben haben.«[45]

Die Gründe für diese Zurückhaltung sind wahrscheinlich besser als irgendwo sonst in Rilkes inspiriertem siebten *Brief an einen jungen Dichter* dargelegt, in welchem er Liebende vor dem überwältigenden Drang warnt, ineinander verschmelzen zu wollen – »denn was wäre eine Vereinigung von Ungeklärtem und Unfertigem, noch Ungeordnetem?« Wirkliche Liebe, so schreibt er, »ist ein erhabener Anlass für den einzelnen, zu reifen, in sich etwas zu werden, Welt zu werden, Welt zu werden für sich um eines anderen willen.«[46] In moderner Fachterminologie würde solch eine verfrühte Fusion aus verzweifelten Bedürfnissen und verschwomme-

45. MOURAVIEFF: *Gnosis,* Band 1, Seite 131.
46. RILKE: *Briefe an einen jungen Dichter,* Seiten 35–36.

nen Selbstverständnissen heraus als »Co-Abhängigkeit« bezeichnet werden. Die vermögendere Seele ist im Gegensatz dazu eben vermögender: Laut Mouravieff ist ihr wesentliches Kennzeichen eine »Freiheit in Einheit«, die es den Partnern ermöglicht, auch dann gut zu funktionieren, wenn sie physisch getrennt sind.

Meine eigenen Beobachtungen gehen dahin, dass die vermögendere Seele an sich nicht co-abhängig konfiguriert ist und dass der Geschmacksunterschied immer offensichtlich ist, auch wenn die Partner noch sehr jung an Jahren sind. Reife Lebenserfahrung verfeinert ganz sicher den Mechanismus des Unterscheidungsvermögens und wird in den meisten Fällen für das »Durchbrechen der Kruste der Persönlichkeit« (wie Mouravieff es nennt) nützliche Grundlagen geschaffen haben. Doch ist sie weder eine Voraussetzung, um der oder dem Seelenverwandten zu begegnen, noch ein verlässlicher Erfolgsindikator für die Weiterentwicklung der Partnerschaft zu einer vollen spirituellen Einheit. Ich glaube nicht, dass Rafe und ich uns hätten treffen können, bevor die Zeit dazu reif war; jeder von uns war dermaßen mit sich selbst beschäftigt, dass wir uns gar nicht erkannt hätten. Meine Tochter Lucy und ihr Ehemann Alby hingegen, die sich in ihren frühen Zwanzigern kennengelernt haben, zeigten zum Beispiel von Beginn an jene »Freiheit in Einheit«,[47] die mit der Zeit und mit Arbeit, davon bin ich überzeugt, in eine spirituelle Vereinigung münden kann. In diesem Sinn glaube ich, dass »Reife der Lebenserfahrung« besser zu übersetzen wäre mit »von Gott bestimmte Bereitschaft«. Wir erinnern uns: »Die vermögendere Seele wird von oben geschenkt.«

Die andere Bedingung behält jedoch ihre Gültigkeit: Es braucht ein starkes spirituelles Sehnen – zumindest, wenn die Partnerschaft die Hoffnung auf ein Hineinreifen in eine Vereinigung haben soll, die über das Grab hinaus Bestand hat. Der Grund dafür ist folgender – wie ich bereits angedeutet habe und wie es von einem anonymen zeitgenössischen Meister in einem einzigen Satz nachdrücklich zum Ausdruck gebracht wurde –: »Wahre Liebe erfordert Opfer, weil wahre Liebe eine transformierende Kraft ist und tatsächlich die Geburtswehen des Einswerdens auf einer höheren Ebene darstellt.«[48]

47. Mouravieff: *Gnosis,* Band 1, Seite 251.

48. *The Recapitulation of the Lord's Prayer* [»Die Rekapitulation des Vaterunsers«], anonym verfasst und privat veröffentlicht, Seiten 88–89. Der Autor dieser Schrift war ein englischer Gentleman und Schüler von P.D. Ouspensky und,

In diesem einen kurzen und klaren Satz lässt der Autor sowohl das grandiose Potenzial dieses Pfades erahnen als auch das Leiden, das mit dem Erreichen des Ziels einhergehen kann. Das mindeste Opfer, das den beiden Partnern abverlangt wird, besteht im Aufgeben ihrer getrennten Schwerpunkte (die Metapher, die Solowjow wie auch Rafe benutzten) in dem Bemühen, eine bewusste Willensvereinigung zu bilden – die weit tiefer geht und bindender ist als in einer gewöhnlichen Ehe. Letzten Endes kann sich diese Aufgabe des Selbsts auf ihr ganzes Leben erstrecken.

Ich schrieb bereits, dass wahre Liebe eine starke Affinität zum Tod zu besitzen scheint. Vielleicht wäre es präziser zu sagen, sie habe eine starke Affinität zur Ewigkeit. Wahre Liebe kümmert sich nicht sonderlich um die Grenze zwischen Leben und Tod; die ist für sie ohnehin unsichtbar. Das Einzige, was zählt, ist ihr unnachgiebiger Drang, sich selbst vollständig zu geben. Wie die Flamme der Kerze wird sie nur in völliger Verausgabung lebendig. Dies ist der Shiva-Aspekt der wahren Liebe, das Erschaffen und Zerstören, der als eine Gegebenheit des Geschenks akzeptiert werden muss.

Es braucht ein starkes spirituelles Sehnen – stark genug, um der Einsamkeit und dem Schmerz des Fleisches dieser Welt zu widerstehen –, denn egal, ob diese Liebe ein Leben lang hält oder nur einen kurzen Zeitraum von Monaten oder Wochen, die Arena, in der sie wahrhaftig zu sich selbst findet, ist, in den Worten T.S. Eliots, »der Punkt, wo die Zeit das Zeitlose kreuzt.«[49] Und der Austausch geschieht entsprechend den besonderen ›Substanzen‹ des Hoffnungskörpers: bewusste Liebe, Mut, Fülle und Glaube. Was die beiden Partner im Leben zusammen tun können, um diese Reserven zu bilden, ist entscheidend, wenn jene »Geburtswehen des Einswerdens auf einer höheren Ebene« ernsthaft einsetzen. Im engsten Sinn lehrt uns die Tradition Folgendes: Solange ihre gemeinsame menschliche Arbeit sie nicht zur entscheidenden

als Mitglied einer kleinen Gruppe seiner engsten Anhängerinnen und Anhänger, zugegen, als dieser starb. Dieser Schüler war durch das, was er dabei erlebte, derart berührt, dass er anschließend drei Jahre lang als Eremit in Indien lebte. Sein kleines Büchlein repräsentiert die Synthese seiner lebenslangen Gelehrsamkeit und spirituellen Weisheit. Durch großes Glück fiel mir im Juni 1995 ein Exemplar in die Hände, welches ich selbstverständlich mit Rafe teilte. In den letzten drei Monaten vor seinem Tod wurde es zu seiner wichtigsten inspirierenden Lektüre.

49. T.S. ELIOT: "The Dry Salvages" in *The Complete Poems and Plays,* New York: Harcourt, Brace, and World, 1952, Seite 136.

Stufe spiritueller Reifung gebracht hat, die wir als »permanente Individualität« kennen, ist keine Weiterentwicklung über das Grab hinaus möglich, ganz gleich wie leidenschaftlich ihre Liebe auch sein mag. Obwohl ich persönlich nicht bereit bin, für die freifließende Kreativität der Liebe derart harte Grenzen zu postulieren, ist es doch angebracht zu wiederholen, was ich bereits zuvor gesagt habe: Je weiter der zweite Körper in ihnen entwickelt ist, desto fließender und ausdrucksstärker werden die beiden Partner in »der Sprache des nächsten Jahres.«

»Ein intuitives emotionales Vertrauen«

Ich glaube, mehr als alles andere ist die Schattenarbeit zwischen den Partnern der wahre heilige Boden ihrer Beziehung: unordentlich, chaotisch, alchimistisch, heilig. Das, was aus ihr hervorgeht, diese vermögendere Seele oder dieses gemeinsame wirkliche Ich, ist nicht bloß eine Vermischung, sondern eine Verschmelzung auf einer höheren Ebene. Es ist eine Neuschöpfung (wie Bennett richtig beobachtet), hauptsächlich geschmiedet aus den in den Feuern der bedingungslosen Liebe geschmolzenen Ketten beider. Das ist es, was Charles Upton meint, wenn er schreibt: »In authentischer romantischer Liebe lodert das Feuer von emotionaler und sexueller Leidenschaft alchimistisch, nicht lüstern: Es verbrennt die Schlacke der Selbstsucht und synthetisiert den Stein der Weisen [...], die in menschlichen Beziehungen arbeitende Macht der Göttlichen Gnade.«[50] Die vermögendere Seele ist eine Funktion der Läuterung, nicht der Leidenschaft. Sie ergibt sich nur im Destillierfeuer der bedingungslosen Hingabe unseres Selbsts, der einzigartigen und heiligen Sache, von der vermögendere Seelen intuitiv wissen, wie sie füreinander zu tun ist.

Aufgrund meiner eigenen Beobachtungen glaube ich, dass die Qualität ihrer Schattenarbeit der verlässlichste Indikator dafür ist, ob zwischen zwei Partnern eine vermögendere Seele in Arbeit sein könnte. Es geht nicht darum, wie sie sich in ihren besseren Zeiten zueinander verhalten, welche inspirierten Suchen oder gemeinsamen Visionen sie teilen, sondern vielmehr darum, wie sie zusam-

50. Charles Upton: *Love Embattled* (unveröffentlichtes Manuskript, das mir großzügigerweise vom Autor geliehen wurde), Seite 20.

menarbeiten, um die Drachen des jeweils anderen zu befreien und zu heilen. Die Techniken können erlernt werden, doch das Geschick ist im Wesentlichen von Gott gegeben.

Der Fünfte Weg

In der christlichen inneren Tradition wird dieser Pfad der intensiven Verschmelzung von zwei Geliebten zu einer vermögenderen Seele manchmal als »der Fünfte Weg« bezeichnet. Der Begriff als solcher, geprägt von Boris Mouravieff in Anspielung auf Gurdjieffs »Vierten Weg«, ist relativ neu, obwohl die darin übermittelte Lehre uralt ist. Wenn der Vierte Weg der Weg des Bewusstseins ist, ist der Fünfte Weg der Weg des radikalen Abschmelzens durch die absolute Selbstaufgabe in Liebe. Da ist ein Geliebter beziehungsweise eine Geliebte, der oder die sich objektiv von einem selbst unterscheidet, und das hervorstechende Kennzeichen dieses Pfades besteht darin, dass das wahre Selbst seinen Sitz nicht im »ich« hat, sondern im »wir« – in der vermögenderen Seele, die in der Vereinigung zum Vorschein kommt.

Dieser Pfad ist schwer fassbar, weil er sich so leicht in etwas anderes verändert: Am einen Ende des Spektrums kann er zu einer romantischen Tragödie werden – Romeo und Julia, Tristan und Isolde, die ganze Skala unglückseliger Liebender –, am anderen Ende zur zölibatären monastischen Liebe, in welcher der Geliebte mit Christus identifiziert wird. Den feinen Grat zu wahren, diesen Pfad als spirituellen Weg zu beschreiten im Sinne der spirituellen Transformation durch die leidenschaftliche Liebe für einen bestimmten Menschen, ist ein schwieriger Balanceakt, aber genau darum geht es beim Fünften Weg, zumindest in seiner eigentlichen Ausprägung. Im Zentrum dieser Lehre steht die Frage, wie zwei *menschliche* Geliebte zusammenkommen können, um ihre eigene permanente vermögendere Seele zu vereinigen, die ihre einzigartige und unvergängliche Identität oder ihr wirkliches Ich enthält. Die monastische Liebesmystik – in der Form, wie diese Tradition heutzutage vorwiegend weitergegeben wird – stellt eine sorgfältige Versinnbildlichung dieser ursprünglich in Fleisch und Blut lebendigen Wirklichkeit dar.[51]

51. Die andere bedeutende Variante dieser Tradition ist die Lehre von Carl Gustav Jung über Animus und Anima, gemäß welcher der oder die »Geliebte« zu

In den Begriffen, wie ich sie in diesem Buch verwende, bedeutet, das wirkliche Ich zu erreichen – in der Überlieferung auch »permanente Individualität« genannt –, dass in solch einem Menschen Beweglichkeit und Majestät so weit entwickelt sind, dass er oder sie sich im Himmelreich als eine reale Präsenz, als eine Amplitude, bewegt. Dieser Mensch wird nach seinem Tod nicht bloß im klassischen theologischen Sinn ruhen, sondern vermag weiterhin, im Dienst Gottes zu wirken, sich auszudrücken und, unter bestimmten Bedingungen, weiterzuwachsen. Dieser scheinbar nebensächliche Punkt ist in Tat und Wahrheit von größter Bedeutung.

Genau aus diesem Grund wird der Fünfte Weg manchmal als eine spirituelle Abkürzung verstanden: Das wirkliche Ich des Paares wohnt in ihrer gemeinschaftlichen vermögenderen Seele. Ihre Zusammenarbeit verschafft den Partnern mehrfachen Auftrieb: durch das Vertrauen, das sich aus dem Spüren ihres gemeinsamen Ganzen ergibt; durch die Beherztheit, mit der sie sich ihren Weg durch ihre Schattenarbeit bahnen; und vor allem durch die Bereitschaft, sich selbst gegenüber zu sterben, was der echte Schmelztiegel der Transformation ist. Besonders die Intensität ihres Verlangens, alles für den anderen hinzugeben, wird zur Brücke, auf der sie von Leidenschaft zu *Mit*leid schreiten.[52]

Polare Wesen?

Doch müssen die beiden bereits im Ursprung ein Wesen gewesen sein? So lautet die uralte und mythologischste Version der Theorie über die zweipolare Seele, welche die mystische Vorstellungskraft

einem verhüllten Symbol für die Individuation wird, für die Vereinigung von Animus und Anima (oder dem männlichen und dem weiblichen Aspekt) in der eigenen Seele. Sowohl Jung als auch Mouravieff würden einräumen: »Jeder Mensch wird mit einem Bild seines polaren Wesens in seinem Inneren geboren. Mit seinem Wachstum entwickelt sich auch das Bild in seinem Inneren« (aus: *The Golden Book,* zitiert in Mouravieff: *Gnosis,* Band 3, Seite 254). Ihre Interpretationen widersprechen sich allerdings diametral. In der älteren Lehre sind Animus und Anima das innere Bild des tatsächlichen objektiven Geliebten – nicht andersherum, wie es heute zunehmend gelehrt wird: dass die Person lediglich eine »Projektion« des eigenen inneren Archetyps von Ganzheit ist.

52. Eine detaillierte Darlegung dieses Aspekts finden Sie in Kapitel 3, »Die mystische Seelenvollendung «, Seite 35ff.

seit Platon und bis hin zu Mouravieff gefesselt hat.[53] Sollte diese Bedingung tatsächlich gelten – dass die Partner ein singuläres, ewig vorherbestimmtes Gespann sind und dass keine andere außer dieser einen bestimmten Person die ersehnten spirituellen Ergebnisse liefern kann –, dann stünde der Fünfte Weg bedauerlicherweise nur jenen offen, die auf wundersame Weise ihren Seelenverwandten wie die Nadel im Heuhaufen aufgespürt haben. Ich bin der Auffassung, dass es diese äußerst romantisierte Version der Lehre ist, die so stark zum generellen Misstrauen gegenüber der wahren Liebe als einem spirituellen Weg beigetragen hat. Das Streben nach authentischer Transformation wird hier sentimentalisiert zu einer Suche nach dem perfekten Partner, und während wir am Ufer warten, dass der Ritter in glänzender Rüstung oder die *dame de ses pensées* erscheinen möge, geschieht es nur allzu leicht, dass wir unser Leben in Tagträumen vertun.

Mittlerweile habe ich erkannt, dass die Lösung dieses Koans im Grunde genommen recht einfach ist. Das Problem liegt in unserem beschränkten und zeitgebundenen Verständnis des Wortes *ursprünglich*. Vom irdischen Standpunkt aus betrachtet, bedeutet *ursprünglich* »zuerst in der Zeit«. Aus himmlischem Blickwinkel bedeutet es »ganzheitlich im Zweck« – und völlig anders als die lineare Zeit, fließt das Göttliche Leben in konzentrischen Kreisen aus dem Zentrum der Ganzheit heraus. Wenn wir in richtiger Ausrichtung zu Gott unserer Bestimmung nachgehen, wird auf unserem Pfad das Unvermeidbare geschehen; ob »zuerst« oder »danach« spielt keine Rolle. Wenn es uns bestimmt ist, den Fünften Weg zu gehen, wird der Partner, mit dem wir gehen sollen, zwangsläufig auftauchen. Zwischenzeitlich sollten wir, wenn der Weg sich uns eröffnet, weitergehen.

Ich weiß nicht, ob Rafe und ich ursprünglich eine zweipolare Seele waren. Keiner von uns hatte jemals das Gefühl, der einzige und ewige Seelenverwandte des anderen zu sein (zumindest nicht, dass wir es zugegeben hätten), und beide hatten wir leidenschaftlichere und aufreibendere Romanzen gehabt. Was ich allerdings weiß, ist, dass wir beide von Anfang an verstanden, dass wir uns für

53. Gemäß der antiken Mythologie waren die beiden Geliebten ursprünglich in einer früheren, uranfänglichen Sphäre eine Seele. Ihr »Fall« in die Körper repräsentierte eine Spaltung ihrer ursprünglichen Einheit, und ihr irdisches Aufeinandertreffen nach der Wahrscheinlichkeit der Nadel im Heuhaufen ist kein Kennenlernen, sondern eine Wiedervereinigung.

die nächste Etappe unserer Reise anvertraut worden waren und dass keiner von uns je ernsthaft ans Aufgeben dachte, egal wie hart es auch wurde. Der Weg öffnete sich zusehends und so gingen wir weiter – durch Traurigkeit und Gelächter und Heilung, durch verschlossene Verliese unserer Seelen, die kein anderer je zuvor geöffnet hatte... in den Tod und durch ihn hindurch und darüber hinaus. Das ist alles, was ich weiß, und wahrscheinlich alles, was ich wissen muss. Der Weg öffnet sich noch immer und wir gehen weiter.

Kapitel 16

Das Gelöbnis

ABER LASSEN SIE UNS ZUM KERN DER SACHE ZURÜCKKEHREN. Böhme benennt klar, dass ein »gewissenhaftes Versprechen« gegeben werden muss, damit aus der Möglichkeit einer vermögenderen Seele, die zwei Geliebte in ihrer Seelenarbeit über das Grab hinaus in sich »einschließt«, eine vollwertige spirituelle Vereinigung hervorgehen kann. Er gebraucht für dieses »Versprechen« das Wort *verloben,* was noch stärker darauf hinweist, dass dieses »gewissenhafte Versprechen« ein besonderes Liebesgelöbnis ist, eben eine Verlobung, und »in der Zeit dieses Lebens« gegeben werden muss. War das bei Rafe und mir der Fall?

Ich glaube, ja – wenn auch nur knapp. Mit dieser Überzeugung im Hinterkopf möchte ich nun zu Rafes Totenwache zurückkehren und rekonstruieren, was in dieser hell erleuchteten Nacht meiner Meinung nach vor sich gegangen ist.

Ich bin mir vollkommen bewusst, dass das, was ich hier erzählen werde, sich verrückt anhören mag. Drei Jahre lang habe ich es selbst nicht wirklich glauben können, doch immer wieder erscheint es mir als die einfachste und wahrste Erklärung und als die einzige, die sämtlichen Teilen des Puzzles gerecht wird. Sie erklärt die ausgesprochen hochzeitliche Gefühlsstimmung jener Nacht und warum meine Erfahrung von Rafe als einem anwesenden und vertrauten Partner sich im Laufe der Zeit intensiviert und nicht verflüchtigt hat. Und sie erklärt auch dieses sonderbare, hartnäckige Empfinden, dass wir gemeinsam ein Leben führen und dass dieses keine einfache Wiedererschaffung seines Lebens ist, wie er es mir zeigte, sondern etwas gänzlich Neues für beide von uns. Die Geschichte mag also verrückt klingen, aber es passt alles zusammen. Hier ist meine Version.

Ich bin überzeugt, dass Rafe die Meisterschaft bestimmt war – dass sein sich aufschwingendes Leben des Gebets getragen wird von einer inneren Leichtigkeit, in der vollständigen Integration seines Menschseins. Im Osten nennt man einen solchen Menschen einen Bodhisattva, einen, dem eine einzigartige Mission aufgetragen ist, das spirituelle Leben auf dem Planeten zu bewahren und zu fördern. Er gehört zum »Bewussten Kreis der Menschheit«. Das war eine Vorstellung, mit der Rafe sehr viel anfangen konnte, und was er leidenschaftlich anstrebte.

Nun gibt es zwei Möglichkeiten, diese Rolle eines höheren kosmischen Dieners auszufüllen. Die eine liegt in den extremsten Formen der solitären Hingabe, wie beispielsweise bei den Einsiedlern, die in den Klippen Indiens oder in der syrischen Wüste hausen und ihr ganzes Leben im intensiven Fürbittengebet verbringen, »ausgeliefert zwischen Himmel und Erde«, wie Helen Luke es ausdrückt. Die zweite Möglichkeit ist das Üben einer bewussten Meisterschaft auf der menschlichen Ebene: als Lehrende, als Meister oder Führerin, als kreatives Genie. Diese beiden komplementären Typen werden klassischerweise illustriert durch den schroffen und geheimnisvollen Wanderderwisch Schams Täbrizi, der nur so lange auf der Erde verweilte, bis er sein Göttliches Wissen einem anderen Menschen übergeben konnte, und durch eben diesen, nämlich seinen geliebten Schüler, den Dichter Dschalāl ad-Dīn Rūmī, der zurückblieb, um in seinem ekstatischen Verströmen von Poesie und Tanz die Herzen so vieler Menschen zu erleuchten.

Während Rafe sich selbst immer nur der ersten Kategorie zugehörig fühlte, gab es klare Anzeichen dafür, dass er eigentlich sehr viel stärker aus dem zweiten Holz geschnitzt war. Sein Wesen besaß eine natürliche Feinheit, egal wie hart er auch versuchte, diese zu überdecken, sowie einen angeborenen kultivierten und philosophischen Geist, der, wäre er stärker entwickelt worden, der

Schärfe seines spirituellen Strebens einen erstaunlichen Spielraum verliehen hätte. Nicht viele wussten, dass dieser ungehobelte kleine Kerl, der in verschmierten Arbeitsjeans alte Schneemobile reparierte, noch eine ganz andere Seite geerbt hatte. Er hatte auch einen stattlichen Anteil französischen Aristokratenbluts in den Adern. Seine Familie stammte in direkter Linie von einem Arzt und General in Napoleons Armee ab, der sich nach dessen Kriegen in Louisiana niedergelassen hatte, und Rafes engerer Familienzweig zieht sich durch sechs Generationen wohlhabender und angesehener Siedler in der Parish von St. Landry im Bayou Country. Sein Großonkel hatte gerade die Hälfte seiner Amtszeit als Gouverneur von Louisiana hinter sich gebracht, als Rafe geboren wurde.

Aber die andere Seite war ebenso vorhanden, denn sein familiäres Blut war gleichermaßen von den Dämonen des Alkoholismus und der Depression durchzogen. Rafe – mit Geburtsnamen Louis Numa Robin Jr. – war fast zwanzig Jahre jünger als sein Bruder und seine Schwestern und verbrachte eine einsame und recht unstetige Kindheit, geprägt von häufigen Umzügen innerhalb des Staates infolge des Auf- und Abschwungs des Viehhandels seines Vaters. Die unsicheren Begleitumstände seiner Erziehung sowie eine Familientragödie, die sein Leben im Alter von fünfzehn erschütterte, ließen ihn argwöhnisch und sich selbst überlassen zurück. Im Laufe der nächsten fünfzehn Jahre verwilderte er, schleuderte erst durch die Kriegs- und danach eine längere Zeit durch die Handelsmarine, durch eine kommerzielle Pilotenausbildung, betrunkene Schlägereien und zerbrochene Romanzen, bis er schließlich auf der Milchfarm seines Bruders in Mississippi eine tiefgründige Bekehrung erlebte.

»Woher willst du *wissen,* dass es einen Gott gibt?«, fragte der großspurige, junge Pilot seinen Bruder Sam spöttisch.

»Schau dich doch einfach um«, sagte dieser.

Und Rafe schaute sich um – und er hörte nie wieder auf zu schauen.

Doch die alten Dämonen blieben hartnäckig und machten jene ersten Jahre seiner Reise zu Gott zu einem anhaltenden Kampf, drei Schritte vorwärts und wieder zwei Schritte zurück. Verängstigt ob seiner Sexualität, seiner Zornesausbrüche und seines Alkoholismus, zu dem seine Familie derart stark neigte, nahm sich Rafe zuletzt selbst aus dem Rennen – hinaus aus der Welt, hinter die Mauern eines Klosters und schließlich hinein in ein Einsiedlerleben –, um vor Gott auf die einzige Art und Weise an sich selbst zu arbeiten, die er kannte.

Es war ein Akt großen spirituellen Muts. Ich bin nie einem Mann mit mehr Mut begegnet, einem Menschen, der mit so wenig so weit kommen konnte, indem er sich mit der bloßen Intensität seines Sehnens nach Gott auf seinem Weg vorwärtstrieb. Mit der Zeit trug dies in seinem Inneren Früchte und die übersinnlichen Gaben des Gebets begannen zu wachsen. Als ich ihn traf, war er zu einer Art lokaler Legende geworden – zumindest für diejenigen, die unter die Oberfläche zu schauen vermochten.

Als »Pneumatiker« der alten Schule, trainiert in der klassischen Wüstentradition der spirituellen Kriegsführung, war Rafe im höchsten Maß beweglich. Aber wie so oft bei Veteranen dieses Weges war seine Beweglichkeit auf Kosten seiner Majestät erkauft worden, jener riesigen, bemerkenswerten inneren Natur, die genauso nach Ausdruck verlangte. Seine langen Jahre der einsamen Selbstverleugnung waren auch eine bewusste Entscheidung, viele Gaben ungenutzt zu lassen.

Wie so viele seiner Vorfahren im mystischen Leben – einschließlich seines nur wenig älteren Zeitgenossen Thomas Merton – hatte Rafe einen ausgeprägten Hang dazu, das wahre Selbst mit reiner Innerlichkeit gleichzusetzen. All die »Charakteristiken«, wie er sie nannte – die ausgeprägten, besonderen Merkmale seines Wesens –, gehörten für ihn zu dem alten Menschen, dem, der wegfallen sollte, und nur durch die schiere Kasteiung seiner menschlichen Natur würde der neue Mensch hervortreten können.

Ich erinnere mich an ein Gespräch mit ihm in einem jener Momente ungewöhnlicher Klarheit zwischen uns. »Also, Rafe«, fragte ich ihn direkt, »was *ist* dein Ziel?«

»Lass mich Folgendes vorausschicken«, begann er ziemlich förmlich, nachdem er einen Augenblick nachgedacht hatte. »Da gibt es ein Ich mit ganz bestimmten Charakteristiken.«

»Den Franzosen? Das Naturell?«, fragte ich.

»Ja. Und indem das – dieser alte Mensch – weniger wird, vermag etwas anderes gegenwärtig zu sein. Und so besteht mein Ziel darin, die Furche tiefer zu hacken. Um weiter und weiter in Gott hineinzugelangen... um in Gott zu verschwinden.«

Diese starke Neigung, unser menschliches Wesen aufzugeben, um »in Gott zu verschwinden«, ist eine vorherrschende Tendenz im christlichen apophatischen Leben, dem Rafe wahrhaft anhing.

Insofern es das Göttliche Streben der menschlichen Integration vorzieht, stellt dies eine Verkrümmung dar – zumindest gemäß Helen Lukes Straßenkarte der Ganzheit. Doch es ist eine prachtvolle Verkrümmung, die in ihren entschiedensten Suchern eine scharfe, wilde Verbogenheit vor der Seele erzeugt, ähnlich den Fichten, die entlang einer winterlichen Küste vom herrschenden Wind gekrümmt werden. Koste es jeden, was es wolle, die Bäume zeugen alle von der nackten Wirklichkeit des Windes, und genau in dieser würdevollen Zeugenschaft geht etwas von dessen numinoser Macht auf sie über. So war der Mann, den ich an jenem verschneiten Dezembermorgen vor mir im Hof stehen sah, in einem fast greifbaren, ihn umhüllenden Licht, der meine beiden Hände in seine nahm und mir tief in die Augen schaute: stolz, herausfordernd, heilig, schüchtern, verloren – all das gleichzeitig.

Worauf Rafes eigener Blick an diesem Tag dort im Hof fiel, war in gewisser Weise der perfekte Spiegel. Später gestand er mir, dass ich in meiner alten Winterhose und meiner Baseball-Kappe ihm wie eine Zwanzigjährige vorgekommen sei. Genau wie Rafe, hatte das Leben mich stromabwärts weit von meiner ursprünglichen Kompassrichtung abgetrieben. Ängstlich und rebellisch, versteckte ich mein Frausein hinter einem burschikosen Äußeren, hatte meinen Doktortitel und einen hohen Stapel von Empfehlungsschreiben und Eintrittskarten zur erlauchten akademischen Welt liegen gelassen und war fortgerannt, um mich erst in einem Fischerdorf auf einer Atlantikinsel und danach unter den Mönchen und Farmern dieses Gebirgstals zu verstecken. An der Oberfläche wirkte ich zäh und überaus selbstsicher; darunter jedoch steckte eine zaghafte und verletzliche Frau, deren darniederliegenden Begabungen als Künstlerin und Lehrerin irgendwie mit ihrer tiefvergrabenen Weiblichkeit verstrickt schienen. Das war die, die Rafe an jenem Tag vor sich stehen sah, als unsere Augen nach einer Erklärung für diese seltsame, schicksalshafte Begegnung suchten. Schon damals ahnten wir meiner Meinung nach beide, dass wir im Begriff waren, einander zu hinterfragen.

Das Weben

Und so setzte eine Art geheime Fuge zwischen uns ein. Wenn deren Subjekt unser spirituelles Streben nach Höherem und die Weitergabe des Einsiedlerpfades war, dann bestand das Kontrasubjekt in der fast schon köstlichen heimlichen Fröhlichkeit über die Erkenntnis, wer der andere war – die verborgene Künstlerin und der Aristokrat am Ruder. In Stanley Place machten wir uns Cappuccino und Bouillabaisse, und manchmal sprachen wir Französisch miteinander. Er war von meiner Musik und meinen Büchern fasziniert; ich von den Geschichten, die er erzählte über seine Siedler-Vorfahren und seine Kindheit im Bayou Country, und von dem wunderschönen Seidenanzug, den er mir aus dem letzten Rest einer kleinen Erbschaft von seiner Schwester kaufte. Gemeinsam lasen wir *Die Brüder Karamasow,* kochten uns Jambalaya und prosteten uns mit unseren Tassen zu: »Zur Feier unserer Vertiefung!« Und jeder spürte in sich etwas lebendig werden, das so lange geschlafen hatte.

Und dann kam der Tag, an dem er mir in einem Augenblick tief empfundener Aufrichtigkeit sagte: »Ich möchte meine Vergangenheit, all das, was ich bin, zusammenführen und es dir geben.«

Genau darin aber bestand das Problem. Wie sollte man etwas integrieren können, auf das man gleichzeitig zu verzichten versucht? Solange die Fuge im Geheimen blieb, die rechte Hand nicht wusste, was die linke tat, war zwischen uns alles gut; doch immer, wenn wir uns anschickten, die beiden gegenläufigen Szenarien direkt miteinander zu vergleichen, fuhren wir uns an demselben qualvollen Punkt fest. Das alte Muster löste sich für eine Weile, aber danach senkte es sich wieder wie Nebel auf uns herunter, diese eingefahrene Sichtweise, die so nachdrücklich darauf bestand, das wahre Selbst könne nur reine Innerlichkeit sein... reine Innerlichkeit. Diese Knospen frischer neuer Blüten auf unseren Zweigen waren für Rafe wunderbar anzusehen und zugleich zutiefst verwirrend, sodass er schließlich nur mit Ambivalenz und Bestürzung reagieren konnte. Sein lebenslanges Trachten nach reinem Werden zwang ihn, alle Zwischenstationen aufzugeben, sogar diejenigen seiner eigenen sich abzeichnenden Ganzheit. Er fühlte die vermögendere Seele zwischen uns wachsen – wir beide spürten sie –, aber es erschreckte ihn.

Während jener letzten gemeinsamen Wochen machten wir uns daran, diese entscheidende Schranke zu überwinden. Doch er zögerte noch immer, hatte Angst, seinen Posten zu verraten, fürchtete und misstraute seinen Charakteristiken. Gegen Ende bestand er darauf, »Ich liebe dich« sei nichts, was Menschen aufrichtig sagen könnten; er befürchtete, dass seine zunehmende menschliche

Liebe ein »Hindernis« (so nannte er es) für sein Göttliches Streben sei. Er starb mit dieser noch immer unaufgelösten Spannung zwischen uns.

Im Augenblick seines Todes, so glaube ich, löste sie sich auf.

»Ein Spielerherz«

In jenen außergewöhnlichen drei Tagen, die folgten, verließ Rafe seinen Körper nicht vollständig, sondern schwebte ganz in dessen Nähe. Er wusste darum, wie verzweifelt ich mich nach einer letzten Begegnung im menschlichen Fleisch sehnte, und er war bereit, es zu ermöglichen. Ich weiß nicht, was normalerweise im Augenblick des Todes geschieht, doch ich habe das starke Gefühl, dass Rafe aus Sorge um mich und wegen unseres gemeinsamen Anliegens ein sofortiges Eintauchen in die glückselige Gnade ablehnte. Er ging das Wagnis ein, dass ich fähig sein würde, die starken Signale seines Willens zu erkennen und darauf zu antworten, und dass ich meinen Weg, auch durch die Maske des Todes hindurch, an seine Seite finden könnte. Als wir in jener Nacht in der Kapelle schließlich zusammenkamen, verschmolzen unsere Herzen und Seelen ineinander, und in dieser vollständigen Selbsthingabe in Liebe betraten und durchschritten wir die Feuertaufe, diese höchste Alchimie des Pfades des Fünften Weges, hinein in die ewige Vereinigung unserer Seelen.

Irgendwann in diesen frühen Morgenstunden, während ich neben ihm kniete, ließ ich meine rechte Hand in seine gleiten. Als ich sie wieder aus seiner Hand löste, fiel mir auf, dass der silberne Ring, den er mir im Jahr zuvor zu meinem Geburtstag geschenkt hatte, in einem sanften, leuchtenden Gold strahlte. Ich wechselte ihn auf meinen linken Ringfinger, wo ich ihn bis zum heutigen Tag trage. Ich nahm an, der goldene Glanz sei eine Reflexion des Lichts in der Kapelle, doch er blieb, auch nachdem ich die Kapelle in der Dämmerung verlassen hatte und während der gesamten Totenmesse später an diesem Morgen. Erst nachdem Rafes Körper in das Grab gelegt worden war, verblasste der Glanz allmählich.

Und so wurde das aufrichtige Versprechen zwischen uns besiegelt, und in jener Nacht, so glaube ich, lösten wir uns beide auf und wurden als ein gemeinsames wirkliches Ich wiedergeboren, als die vermögendere Seele zwischen uns. Es gibt kein »ich« und keinen »Rafe« mehr – nur noch die zutage getretene Ader unserer Liebe, die uns beide auf dem neuen Pfad des Werdens hält. Die beiden Pole sind geblieben, aber die Einheit der Ganzheit ist das »wir«. Und die Schlussernte der Majestät liegt nun in unser beider Hände.

Vielleicht ließe es sich als ein Glücksspiel bezeichnen: dass wir beide in unserer Zusammenarbeit viel mehr werden können als jeder Einzelne von uns allein. Doch in meinem Herzen habe ich das Gefühl, dass es viel einfacher ist: dass Rafe tat, was er tat, weil er mich ganz einfach liebte. Und weil er sehen konnte, dass dies meine beste Möglichkeit war – vielleicht meine einzige –, meine eigene Bestimmung zu erfüllen. In Wirklichkeit gibt es in der Liebe kein Glücksspiel, weil alles Tod ist, alles Hingabe.

Einige Monate nach Rafes Tod, inmitten meines Ringens um eine neue Arbeitsstelle in British Columbia, erwachte ich erschrocken aus einem Alptraum, der bildgewaltig meine tiefsten Ängste offenbarte. Um zu dem Ort zu gelangen, an dem Rafe und ich wiedervereint sein würden – so träumte ich –, war ich in einen vollbesetzten Bus gestiegen, nur um nach einer Stunde Fahrt in die falsche Richtung festzustellen, dass es keinen Fahrer im Bus gab! Die Zeit wurde knapp. Ich wusste, der einzige Weg, um zu meinem Ziel zu gelangen, bestand darin, den Bus selbst zu steuern, und ich wusste, dass ich es konnte. Aber ich hatte Angst. Ich unternahm einige umständliche Versuche, die Erlaubnis der anderen Fahrgäste einzuholen, aber die ignorierten mich, und ich verlor den Mut. Ich stieg aus dem Bus und blieb gestrandet zurück. Da war sie also wieder: meine lebenslange Angst zu versagen.

Erschrocken flüchtete ich hinauf zur Klause und saß dort seufzend in dem alten Sessel, als ich sanft, aber bestimmt Rafes Stimme vernahm: »Öffne deine Augen. Schau mich an.«

Ich tat es. Dass ich ihn nicht sehen konnte, wusste ich; aber vielleicht konnte er mich sehen – blaue Augen, die ihn in Vertrauen und Liebe anblickten. Ich tat es, und ja, zum ersten Mal sah ich direkt vor mir Licht – nicht hell und flammend wie der Feuerball des heiligen Paulus, aber golden und unendlich sanft, wie in jener Nacht in der Klosterkapelle. Dann fuhr die so überaus sanfte Stimme fort: »Hab keine Angst. Ich habe mein Leben hingegeben, auf dass meine Stärke in dir sei.«

Das war alles, was er sagte. Und es war genug.

*

Zu seinen Lebzeiten gebrauchte Rafe ein bestimmtes Wort, um die Qualität unserer Beziehung zu beschreiben: Er nannte sie unsere »Fürsorge« füreinander. Er versprach, ganz gleich, was auch immer zwischen uns geschehen möge, ich könnte immer darauf zählen. Damals sträubte ich mich gegen dieses Wort, weil ich annahm, dass es eine unbestimmte, eher allgemeine Zuneigung beschreibe, basierend auf Sorge und Verpflichtung. Erst im Licht seines Todes verstand ich, worüber er eigentlich die ganze Zeit gesprochen hatte: ganz einfach über die spontane Selbsthingabe, die einem puren Vergnügen am Wesen des anderen entspringt und aus dem Herzenswunsch, es möge ihm gut gehen. Frei von selbstgerechter Pflichterfüllung oder gar dem Zwang romantischer Anziehungskraft ist es, in John Donnes Worten, einfach ein »Sich-Lehnen und Horchen« nach dem anderen, in dem dessen Wohlergehen niemals vergessen oder außer Betracht gelassen wird – auch über das Grab hinaus. Manche würden es »bewusste Liebe« nennen. Für mich ist es die köstliche Perle, nach der ich mein Leben lang gesucht hatte, doch immer am falschen Ort. Weil ich sie nicht beherrschen konnte, dachte ich, es sei keine Liebe. Erst durch Rafe verstand ich schließlich, dass sie es genau deswegen ist.

Kapitel 17

Liebe und Tod

»LIEBE UND TOD HABEN ALSO EINE GEMEINSAME WURZEL«, sagt Ladislaus Boros:

> Die schönsten Liebesgeschichten enden mit dem Tod, und das ist nicht von ungefähr. Freilich ist und bleibt die Liebe die »Überwindung des Todes«, aber nicht, weil sie ihn aufhebt, sondern weil sie selbst Tod ist. Erst im Tod ist die totale Hingabe der Liebe möglich, denn erst im Tod können wir

> voll und vorbehaltlos ausgeliefert sein. Darum gehen auch die Liebenden so einfach und unberührt in den Tod hinein, sie begeben sich ja nicht ins Fremde, sondern in den Innenraum der Liebe.[54]

Seltsame, beunruhigende Worte... Dennoch kann ich nicht vorbringen, sie seien unwahr. Obschon es gewiss möglich ist, dass ein Paar bis ins hohe Alter gemeinsam einen authentischen Pfad des Fünften Weges beschreitet, scheint es dabei doch auch vom Aspekt der Kürze begleitet zu werden, so wie von jenen kleinen Wildblumen, über die Rafe und ich sprachen und die in höheren Lagen schneller blühen und wieder verwelken. Liebe und Tod sind unentwirrbar miteinander verbunden, weil genau darin der Liebe die Rolle zukommt, sichtbar zu machen, dass sie stärker ist als der Tod, und die Maske des Todes in den Wassern reiner Selbsthingabe zu schmelzen.

Rückblickend kann ich den Moment exakt benennen, in dem Rafe und ich den Punkt überschritten, von dem aus es kein Zurück mehr gab. Wir beide wussten damals, dass etwas geschah, doch war uns nicht klar, was.

Diesen Punkt erreichten wir im März des Jahres 1995, als sich meine Zeit in Stanley Place dem Ende zuneigte. Es war mir nicht möglich gewesen, in der Gegend auch nur eine einzige Räumlichkeit zu einer erschwinglichen Miete zu finden, und gleichzeitig zeichnete sich in British Columbia eine interessante berufliche Perspektive für mich ab. Es sah aus wie ein Menetekel für die gemeinsame Zeit von Rafe und mir.

Wir gaben uns in jener Woche große Mühe, uns auf die neue Realität einzustellen. Nach einer letzten bewegenden Verabschiedung bei einem Becher Cappuccino versuchten wir, uns gegenseitig dabei zu helfen, uns emotional voneinander zu distanzieren und wieder in unsere alten Rollen von Lehrer und Studentin zu schlüpfen, die wir schon vor Langem abgelegt hatten. Er sagte, für den kleinen Vogel sei es an der Zeit, das Nest zu verlassen. Ich meinerseits dankte ihm für alles, was er mich gelehrt hatte, und versprach, mit ihm in Kontakt zu bleiben. Er sagte, er werde für mich beten. Beide blickten wir häufig zu Boden. Und vielleicht hätten wir an diesem Punkt noch immer, wenn auch nur knapp, getrennte Wege

54. Boros: *Mysterium mortis,* Seite 68.

einschlagen können – ich hin zu neuen Abenteuern, immer mit einem Teil von ihm in meinem Herzen, Rafe zurück in seine Klause, um die kostbaren, neuen Teile seiner selbst zu verarbeiten und zu integrieren, die unsere gemeinsame Zeit hervorgebracht hatte.

Aber so lief es nicht an jenem Tag. Meine Abreise nach British Columbia stand kurz bevor, und ich verbrachte eine letzte Nacht in Einsamkeit in seiner Klause. In der Dunkelheit der frühen Morgenstunden erwachte ich mitten aus einem lebhaften, fesselnden Traum, in welchem mein Kindheitszuhause abgebrannt war, jenes alte viktorianische Backsteingebäude, das meine Mutter »das Valentinshaus« nannte. Merkwürdigerweise war es ein bedächtiges Feuer, grün und golden – nicht rot und zornig –, und sein Fortschreiten war irgendwie auch ein Neuanfang, den grünen Knospen gleich, die auf den Hängen oberhalb des Klosters gerade eben auftauchten.

Ich verstand nicht genau, was ich in diesem jungianischen Traum gesehen und gehört hatte, aber Augenblick um Augenblick wuchs seine Bedeutung. »Nein!«, notierte ich in mein Tagebuch, als sich das erste Licht am Himmel sammelte. »Im Allerinnersten meines Herzens glaube ich nicht, dass Rafes und meine irdische Zeit ihr Ende gefunden haben soll.« Ich ging von der Klause hinunter und stieß auf einen der Farmer aus der Nachbarschaft. Er hatte gerade ein Gästezimmer zu vermieten – und innerhalb einer Stunde hatte ich eine neue Bleibe.

Unten in Stanley Place wartete Rafe bereits auf mich. Ich weiß nicht wirklich, wie diese Nacht für ihn verlaufen war – er hat es mir nie ganz eindeutig gesagt –, doch in seinen Augen leuchtete ein grün-goldenes Feuer. Wir fielen uns in die Arme und hielten uns eine lange, lange Zeit. Als wir endlich wieder Worte fanden, lauteten seine ersten: »Ich habe versucht, mich selbst davor zu schützen, indem ich ihm eine Form gebe, aber es hat keine Form. Alles, was ich tun kann, ist, mein Herz tiefer und tiefer zu öffnen.«

Wussten wir, dass wir unsere Herzen dem Tod öffneten? Ja und nein. Hätte es irgendeinen Unterschied gemacht? Ich bin diesen Moment wieder und wieder in meinem Kopf durchgegangen, doch ich hätte mich nicht anders entscheiden können. »Zumindest wollen wir beide das Gleiche«, sagte Rafe während dieser Unterhaltung. Und obschon der Preis hoch war, begreife ich doch, dass wir das, was wir fanden, in diesen uns verbleibenden Monaten niemals hätten finden können, wenn wir auch nur etwas weniger Bereitschaft gezeigt, ein Fünkchen mehr Selbstschutz oder gesunden Menschenverstand beibehalten hätten. »Die vollkommene Hingabe der Liebe« ist das, was wir beide wollten, und wir wussten: Dazu waren unsere Herzen fest entschlossen, wo immer es auch hinführen würde.

In gewisser Hinsicht ist es absolut sinnlos, so wie in der wunderbaren Geschichte »Das Geschenk der Weisen« ("The Gift of the Magi") von O. Henry, in welcher zwei Liebende, arm wie Kirchenmäuse, sich gegenseitig ein Weihnachtsgeschenk machen wollen. Beide besitzen genau eine wertvolle Sache: Sie schneidet sich ihre wunderschönen langen Haare ab und verkauft sie, um eine Kette für seine goldene Uhr zu besorgen; und er verkauft seine goldene Uhr, um ihr ein Set von Haarkämmen für ihr schönes Haar zu kaufen. So ist wahre Liebe: ein sinnloses Opfer. Es sei denn, die Liebe selbst ist der Sinn.

Dass Liebe in dieser Tiefe so häufig zum Tod führt, ist ein Risiko, das es von Anfang an zu akzeptieren gilt. Ich glaube nicht, dass dem so ist, weil Gott jene bestrafen will, die wahrhaftig lieben, sondern es hat mit der Intensität des Verschmelzens zu tun – und damit, dass der Tod, falls Boros recht hat, nun in einem neuen Licht erscheint, nämlich als der Ort, wo diese »totale Hingabe der Liebe« sich vollkommen und vorbehaltlos ausdrücken kann. Wenn diese Hingabe vollständig vollzogen wird, hat der Tod seinen Zweck erfüllt und fällt weg, um die Fülle der Liebe zu offenbaren.

Kapitel 18

Die Arbeit in den Wundern

UNGEFÄHR EIN MONAT VOR SEINEM TOD KAM RAFE EINES Nachmittags vom Hügel herunter und war ganz aufgeregt über einen Abschnitt, den er in einem Buch des Theologen Paul Ricœur gefunden hatte. »Eine Wette!«, sagte er. »Ricœur behauptet, die Hermeneutik sei immer eine Wette – eine Wette darauf, dass du, wenn du mit deiner Prämisse richtig liegst, diese in deinem Leben auch aktiv umsetzen wirst.«

Für einen alten Spieler wie Rafe sprach dieser Abschnitt Bände. Doch seit seinem Tod ist er auch zu einer Grundlage meiner eigenen Reise geworden. Wenn es stimmt, worauf ich wette – nämlich, dass Rafe und ich unsere Leben in jener Nacht in der Kapelle bewusst miteinander verbanden, dass mein intuitives Gefühl eines starken, zwischen uns noch immer bestehenden Zentrums tatsächlich die Wirkung unserer vermögenderen Seele ist und dass diese größere und entschlossenere Seele uns beide auf einen neuen Weg des Werdens lenkt, den keiner für sich allein gewählt hätte –, dann werde ich erfahren, ob dem so ist, indem ich versuche, es umzusetzen. Und das ist meine Straßenkarte für die zweite Etappe dieser Reise.

Ich schrieb bereits über Böhmes Andeutung, dass diese Reise der Liebe über das Grab hinaus etwas zu tun habe mit »Arbeit in den Wundern«, mit dem Wachsenlassen der Seele durch die Heilung unserer dunklen Teile und das Zurweltbringen unserer noch nicht erschlossenen Begabungen. Es ist dieselbe Bewegung, die Rafe und ich bereits so gut kennengelernt hatten; es ist das, was Liebe *tut* – nur tut sie es jetzt im Hoffnungskörper. Hier, im Schutz der Matrix dieses aufrichtigen, gemeinsam versprochenen Gelöbnisses, kann die wahre Gegenseitigkeit der Liebe ihre Wunder weiter entfalten. Und es sind »alle Wunder, die du allhie gemacht und funden hast«, erinnert Böhme, die »also Majestät in der Seele« machen.

Mit diesen grundsätzlichen Orientierungspunkten bin ich imstande, dem im Moment vorliegenden Terrain einen gewissen Sinn abzugewinnen und in dieser Zwischenzeit, in John Donnes Worten, »keinen Bruch zu sehen, sondern eine Erweiterung« – eine Zeit des Wachsens und der Vertiefung der Liebe auf wundervollen und feinsinnigen Wegen und hoffentlich mit einem Widerhall auch über unsere eigene Geschichte hinaus. Denn wenn die Liebe stärker ist als der Tod – die hermeneutische Prämisse, die besonders intensiv und sakramental zu leben, einige wenige Liebende in jeder Generation auserwählt sind –, dann ist das Durchqueren dieser scheinbaren Wüste in gewisser Weise auch ein heiliger Übergang. Wenn wir uns erst daran gewöhnt haben, besitzt er seine eigene unerwartete Schönheit.

Ein tröstliches Ziel

Gleich von Beginn weg schienen Rafe und ich auf diesen Übergang zuzusteuern. Unsere Liebe entfaltete sich nicht im gewöhnlichen Raum-und-Zeit-Gefüge. Uns war eine kurze menschliche Zeit gewährt, um zu spielen, und ein wundersames Gefühl, wir seien zueinandergerufen und würden zusammengehalten, das wir auf der ersten Etappe dieser Reise auslebten. Stanley Place hielt, das Wasser hielt, die Mittel hielten und trotz unseres Zögerns und gelegentlicher Rückzieher hielten auch *wir.* Aber auch jenes Gefühl einer drohenden Trennung war gegenwärtig bei allem, was wir sagten oder taten. Es war, als sei das Geschenk der Liebe, tiefer und transformierender als alles, was ich jemals in menschlicher Gestalt für möglich gehalten hatte, unter der nicht verhandelbaren Voraussetzung gekommen, dass diese Gestalt nur allzu bald zurückgelassen werden musste.

Die simpelste Weise, unsere Beziehung zu betrachten, wie Menschen sie mir häufig nahegelegt haben, war die, dass ich in Rafes Leben geschickt worden sei, um ihm bei der Vollendung dessen zu helfen, was er vor seinem Tod noch zu erledigen hatte. Bis zu einem gewissen Grad stimmt das auch: Während unserer gemeinsamen Zeit durchbrach er eine Menge gewohnter Konditionierungen und entdeckte in den Gaben des Nährens und Verantwortlichseins eine unbekannte Seite seiner selbst. Doch bin ich mir nicht so sicher, ob dies eine Vollendung war; viel eher erscheint es mir als ein Vorgeschmack auf die Majestät, die in ihm darauf wartete, zu ihrem vollen Ausdruck zu gelangen. In unserer gemeinsamen Zeit brachten wir wesentlich mehr Fragen auf, als wir klärten, und wenn Rafe gegen Ende seine Flügel ausbreitete, lag dies ziemlich sicher daran, dass sie zum Fliegen bestimmt waren!

Wenn Rafe, wie ich es vermute, nicht vollendet starb, sondern vielmehr mit der in ihm keimenden Saat des Verbleibens, dann mag eine Erklärung in seinem vollständigen Aufstieg zu bewusster Meisterschaft liegen, in seinem Ankommen im Bewussten Kreis der Menschheit, den er so sehr bewunderte und anstrebte. Weil Rafes großer Geist und seine enormen Begabungen dazu bestimmt waren, im kosmischen Dienst Früchte zu tragen, wurden die Mittel zur Verfügung gestellt für eine Seelenbildung, die auch nach der Auflösung seines Körpers weitergehen sollte. Das war der Zweck, zu dem ich nach Colorado geführt, und der Grund, dass unsere Liebe ausgewählt wurde als das anderenfalls seltsam ungereimte letzte Kapitel von Rafes Leben des einsamen Strebens.

In einer vermögenderen Seele zusammenzuarbeiten, bedeutet, dass wir uns daran gewöhnen müssen, vom Gesamtorganismus statt von den Einzelteilen her zu denken und für ein gemeinsames Wohl zusammen an einem Strang zu ziehen. Falls jene flüchtigen Eindrücke, die ich von Rafe während der letzten Wochen seines Lebens erhaschen konnte – sein Selbstbewusstsein, seine Kreativität, seine Gewandtheit –, irgendwelche Hinweise auf bevorstehende Dinge waren, dann bewegte er sich eindeutig in Richtung der »Sammlung und Integration der Kräfte«,[55] und das ist unser höchstes gemeinsames Wohl.

In Bezug auf das übergeordnete Ziel machte es daher keinen Sinn, den Teil zu wiederholen, den er bereits erledigt hatte; vielmehr galt es, genau dort die Stellung zu halten, an der Bruchkante dessen, was am Werden war: die auftauchende Ganzheit aus der Versöhnung der reinen Innerlichkeit mit der bewussten Ausübung unserer Begabungen. Und ich weiß, der beste Ort, dieses Werk fortzusetzen, liegt nicht in der Einsiedlerklause, sondern am Berührungspunkt von Klause und Welt. Durch die Entwicklung meiner eigenen Begabungen als Lehrerin und Autorin, so spüre ich, kann ich am besten für uns beide arbeiten und einige jener Samen zur Reife bringen, die auf unserem gemeinsamen menschlichen Weg gepflanzt wurden. Und weil das Material, das ich in

55. Ein aus dem Vierten Weg entliehener Ausdruck, der den vollständigen Eintritt in diese Meisterschaft beschreibt. Um es in meinen eigenen Worten zu sagen: die volle Reife der eigenen Majestät bis zu dem beabsichtigten Grad an Leuchtkraft. Siehe Mouravieff: *Gnosis,* Band 1, Seiten 54–62.

meinem Leben sammle, auch Material ist, das ich in das seine einbringe, wird er, wenn ich mich auf diese Weise positioniere, mit einem anhaltenden Strom neuer Eindrücke versorgt und erhält eine Möglichkeit, seine eigenen auftauchenden Begabungen in genau diesen Bereichen durch sein Einbringen in meinen schöpferischen Prozess auszudrücken.

Aus meiner Sicht fühlt sich dies manchmal an wie eine bewusste Entscheidung für ein gewisses Ungleichgewicht in meiner spirituellen Entwicklung. Wäre ich auf mich allein gestellt, würde ich vieles auf eine ähnliche Weise machen wie er: durch ein tieferes Eintauchen in die Einsamkeit. Doch ich muss darauf vertrauen, dass ich *nicht* allein bin und dass, welchen persönlichen Verlust an Tiefe ich aufgrund meines übertriebenen Unterwegsseins in diesen lauteren Energien der Kreativität auch immer verspüren mag, dieser doch irgendwie aufgewogen und neu bewertet wird in den tieferen Gewässern seiner Stille.

»Dan [= denn] es ist ein junger Baum aus der [...] alten Wurzel / der wird den alten Baum verklären / was er in seinen Wundern gewesen ist«, sagt Böhme.[56] Dieses schöne Zitat, in dem das deutsche Wort *verklären* auch »umgestalten« oder »verherrlichen« bedeuten kann, beschreibt den Prozess auf dieser Stufe der Reise sehr deutlich. Das Gefühl, dass wir in unserer vermögenderen Seele »Wurzel und Saft zwischen uns« teilen, gibt mir die Sicherheit, dass der Mut, meine eigenen Begabungen hervorzubringen, auch die seinen hervorbringt und den Baum für beide von uns wachsen lässt. Es geht nicht darum, dass ich vollende, was er unerledigt gelassen hat, sondern um etwas weitaus Organischeres: Wir vollenden es gemeinsam. Während ich hier unten wachse und Wurzeln in den guten Boden des Hienieden treibe, streckt Rafe sein Blattwerk und seine Zweige weit himmelwärts aus, in das Königreich darüber. Die beiden Bewegungen sind ein und dieselbe.

Im Unterholz des Werdens

Doch die Sache könnte in Wahrheit noch viel einfacher sein...

In einer kleinen, abgelegenen Kirche in Campbell River, British Columbia, entdeckte ich einmal am Anschlagbrett des Gemeinde-

56. BÖHME: *Vierzig Fragen,* Seite 137.

sekretariats ein Zitat mit der Überschrift »Gebet der Weber«. Es lautete: »Geliebter Herr, mein Leben gleicht einem Durcheinander aus verhedderten Knoten und losen Fäden. Das aber ist so, weil ich nur die Unterseite zu sehen vermag.«

Diese Worte erinnern mich daran, dass unsere Reise von oben, von Gott aus betrachtet ganz anders aussieht. Hier auf der Unterseite erscheint sie wie eine Kerze und ein Docht, von oben gesehen wie reine Flamme. Wir hadern mit dem Sinn und Zweck. Gott sieht die Güte der Lebendigkeit.

Hier geht es um die Tinctur. Von diesem Standpunkt aus fallen die Begabungen als solche weg und offenbaren den puren Akt des Gebens; die Reise zur Vollendung ist lediglich der immer tiefergreifende Akt des Werdens. Und weit mehr als jene Straßenkarten des höheren Zwecks, ist es diese Dimension, so finde ich, die das anhaltende Element des Abenteuers und der Überraschung zu unserem gemeinsamen Weg beisteuert, wenn ich mich aufrichtig dafür öffnen kann. Ich denke, dies ist die Seite, die wirklich wächst – für uns beide.

»Du brauchst nicht den ganzen Weg zu mir zu kommen, weil auch ich zu dir komme.« Manchmal irritiert mich die offensichtliche, einfache Wahrheit dieses Satzes. Wenn es Liebe ist, die Essenz hervorbringt, dann ist das Hilfreichste, was ich für Rafe tun kann, Raum zu schaffen, um ihn mich lieben zu lassen. Wenn er in jener Nacht in der Kapelle letztendlich zum Ehemann wurde, dann ist das Beste, was ich ihm bieten kann, ihn einen Ehemann *sein* zu lassen – in der wortwörtlichen altenglischen Bedeutung des Ausdrucks: »einer, der pflegt und nährt«.

»Nimm dein Leben an und lebe es. Und ich werde mittendrin sein. Dort in deinem Herzen.

Lebe dein Leben als das Geschenk, das es ist.«

*

Nach fast zwei Jahren des Herumdrucksens machte ich schließlich den Sprung und zog nach British Columbia. Alles hin- und herüberlegt, war da einfach ein wachsendes, nicht zu leugnendes Gefühl, dass es das war, was Rafe wollte. Den Grund dafür kannte ich nicht und weiß ihn noch immer nicht genau. Er hatte seinen eigenen lebenslangen Traum, einmal dorthin zu gehen, aber ich denke, mehr als das zählte der Eindruck, den er hatte, als ich im Frühling 1995 von jenem Lehrauftrag zurückkehrte: »Es hat dir gutgetan!«

Und so fand ich eine schöne kleine Klause in einem warmen, sanften Klima, umgeben von fürsorglichen Freundinnen und Freunden, und ein gesundes Gleichgewicht aus Lehrtätigkeit und Rückzug. Indem ich dieses Geschenk angenommen habe, so spüre ich, gebe ich auch ihm Raum, mich weiterhin zu nähren und zu lieben, wie er es so wunderbar in Stanley Place getan hat. Er sieht, was ich brauche, und gibt es von Herzen. Ich antworte in Dankbarkeit und lockere meine argwöhnisch gehütete Eigenständigkeit. Und so besänftigen wir uns gegenseitig.

Letztendlich ist es, wie in der Geschichte von O. Henry, die Frage nach der Henne oder dem Ei. Ich will es, weil ich denke, es hilft ihm; er will es, weil er meint, es hilft mir. Nach einer Weile spielt es keine Rolle mehr, wer was will oder warum; nur das Geben selbst zählt.

Die Sache ist nicht frei von komischen Momenten und echten Kompromissen. Colorado zu verlassen, war beängstigend; dort trug jedes Fleckchen Boden den Abdruck der Geschichte unseres gemeinsamen menschlichen Weges. Eines Tages, Ende Dezember, mühte ich mich ganz allein mit einem Esstisch ab, den ich versuchte, in mein Auto zu laden, um ihn zu dem Lagerraum zu transportieren, den ich gemietet hatte. Das Möbelstück war schlicht zu schwer, als dass ich es bewegen konnte, und ließ sich nicht von der Stelle rühren. Die Person, die versprochen hatte, mir zu helfen, war nicht aufgetaucht. Tränen der Frustration stiegen in mir hoch: Ich war allein, heimatlos und wütend. Schließlich setzte ich mich hin und dachte: »Rafe, wenn du willst, dass ich nach British Columbia ziehe, musst du schon selbst mit anpacken.« Dann stand ich auf und verfrachtete den Tisch ins Auto. Es war nicht das Supergirl in mir, das triumphierte; ich verspürte keinen Adrenalinstoß. Es war viel mehr ein plötzliches Aufgehen neuer Blickwinkel: Ich sah, wie ich den Tisch auf einem Teppich über den Schnee ziehen konnte, brachte ihn Zentimeter um Zentimeter in die richtige Position, und schließlich genügte ein kleiner Kraftakt, um ihn auf die Heckklappe zu hieven.

Auch die Schattenarbeit geht weiter – seltsam, aber wahr: jenes Teilen und Eingestehen des Schmerzes, jene verletzlichen Momente. Rafe hat mich gehalten, wenn ich aus Verzweiflung und Frustration weinte, doch ich habe dasselbe für ihn getan. Von den vielen Geschichten in dem Zusammenhang, von denen einige zu privat sind, um davon zu berichten, erfüllt die folgende ihren Zweck.

Ich hatte seit Langem gewusst, dass irgendetwas im Zusammenhang mit Rafes erster Erfahrung als Einsiedler in Waunita Hot Springs noch ungeklärt war… etwas, das er eigentlich mit mir hatte verarbeiten wollen, wozu es aber zu seinen Lebzeiten nicht mehr kam. Eines Morgens, ungefähr anderthalb Jahre nach seinem Tod, packte mich das starke Gefühl, dass die Zeit gekommen sei, eine Pilgerfahrt dorthin zu unternehmen. Im Grunde genommen hielt ich es für eine Schnapsidee, denn auf den neueren Straßenkarten von Colorado existiert Waunita Hot Springs noch nicht einmal mehr. Das Einzige, was mir zur Verfügung stand, war ein altes Foto von Rafe an einem Felsvorsprung und eine vage Erinnerung, dass er gesagt hatte, es befände sich rund fünfunddreißig Kilometer vor Gunnison.

Wie von Geisterhand öffnete sich der Weg für mich. Fünfundzwanzig Kilometer östlich von Gunnison wies ein Straßenschild nach links zur Waunita Hot Springs Farm. Und nach genau zwölf Kilometern auf dieser Straße schaute ich nach Nordwesten und erkannte exakt diesen Felsvorsprung, der oberflächlich betrachtet, wie jeder andere Felsvorsprung aussah, doch der von innen heraus mich in seiner Intensität buchstäblich zu sich heranwinkte. Ich parkte das Auto und ging auf den Felsen zu; nach etwa hundertfünfzig Metern Beifuß-Gestrüpp öffnete sich vor meinen Füßen ein überwachsener Pfad. Schritt für Schritt fand ich meinen Weg in eine gut versteckte, kleine Schlucht und auf die Veranda einer winzigen Holzhütte. Die Tür war nicht verschlossen. Ich ging hinein und fand Rafes marineblauen Caban-Mantel noch immer im Schrank hängend und auf der Kommode einen Stapel ungeöffneter Postsendungen von vor vierundzwanzig Jahren.

Was dann geschah, weiß ich wirklich nicht genau. Ich setzte mich auf einen metallenen Klappstuhl und fiel für etwa eine halbe Stunde aus meinem Leben heraus. Als ich wieder zu mir kam, war es später Nachmittag und die Sonne bereits hinter dem Kamm verschwunden. Ich muss geweint haben, denn meine Augen waren voller Tränen. Und ich erinnere mich an einige Details. Zum Beispiel, dass Rafe zu mir sagte: »Greif zu.« Und ich konnte etwas von der schrecklichen Einsamkeit spüren, die er an diesem Ort gefühlt hatte, jenen »Schmerz bis ans Ende des Universums«, und sein bitteres Gefühl des Versagens und darüber, dass er letztendlich von dort weggelaufen war. Ohne genau zu wissen, was ich da teilte, spürte ich, dass ich ein Stück weit in diese schreckliche Traurigkeit hereingelassen worden war, die er in sich trug, und dass durch meine Bereitschaft, diese Last mit ihm zu teilen, sich etwas aufhellte. Es war ein geheimnisvoller Augenblick zwischen uns, und ich verließ die Schlucht mit einem schmerzenden und weit geöffneten Herzen. Seit dieser Zeit wurde ich verschiedentlich, wenn ich in Louisiana und Mississippi unterwegs war, unfehlbar zu Orten seines tiefsten Schmerzes geführt. Und wenn ich dann auf diesen Ruinen stehe, ruft mein Herz laut nach ihm.

Reine Flamme

Und so, stelle ich fest, *ist* es möglich, dass wir weiter miteinander tanzen, dass wir im gemeinsamen Werden der Liebe fortfahren, mit einem Abenteuergeist und mit wunden, offenen Herzen. Die vermögendere Seele ist kein abstraktes, esoterisches Konzept. Sie ist so real wie zwei Kerzen, deren Flammen sich berühren und deren Lebenssubstanzen sich vermischen in ihrer gemeinsamen Bereitschaft, als eine einzige Flamme zu brennen.

Und langsam komme ich zu der Erkenntnis, dass diese eine Flamme ihre eigene Tinctur hat, ihre ganz eigene Qualität der Lebendigkeit, die sich ein wenig unterscheidet sowohl von Rafe als auch von mir.

Sanftmut, Freude, Zuversicht, Ruhe: Unter anderen mit diesen Worten würde ich unsere ausgesprochen neuen Seiten beschreiben. Die Sufis nennen es »deinen wahren Namen finden.« Und diesem wahren Namen treu zu bleiben – nicht dem Kommen und Gehen selbst, sondern dieser besonderen Qualität des Lebendigseins –, ist der eine zuverlässige Weg, um auf dem Pfad zu bleiben, den die Liebe uns bahnt. Wie beim Segeln im Nebel steuerst du nach Witterung und Geruch, wohlwissend, dass sie unweigerlich den Weg zum unsichtbaren Hafen weisen, den du suchst.

Für meinen Teil der Abmachung gilt es, »auf dem Weg der Veränderung zu bleiben«, wie Rafe gegen Ende gerne sagte, nicht der Sprache des letzten Jahres nachzutrauern, sondern diese neuen und feineren Zeichen der Präsenz zu ergreifen mit Vertrauen und Hoffnung – und, ja, mit Gehorsam, dem traditionellen Gelöbnis der Ehefrau.[57] Denn nur durch meine Bereitschaft, dort zu gehor-

57. Ich war recht froh, meine Gefühle in diesem Punkt durch eine Beobachtung Valentin Tombergs in *Meditations on the Tarot* bestätigt zu finden: »Es ge-

chen, wo ich noch nicht in Gänze zu sehen vermag, kann ich auf das unbekannte Terrain geführt werden, auf dem die Liebe sich selbst verwirklicht. Jenseits des Grabes gibt es nur bewusste Liebe, nur bewusstes Vertrauen, nur bewusste Hoffnung. Es ist das Reich ewiger Grundwahrheiten. Doch wenn ich mir erlaube, geführt zu werden, weiß ich, dass ich zum wahren Zuhause meines Herzens gebracht werde und noch weiter zur unerschütterlichen Gewissheit, dass diese undenkbare Wette zu gewinnen ist: Stärker als der Tod ist die Liebe, und wir *werden* unsere Leben finden, indem wir sie hingeben.

❄ ❄

Kapitel 19

Das Mysterium Christi

I

»Denn das Schöne«, sagt Rilke in seinen *Duineser Elegien,* »ist nichts als des Schrecklichen Anfang, den wir noch grade ertragen.«[58] Und vielleicht ist, was den Schrecken verursacht – und uns zu unseren stammelnden Versuchen treibt, ihn zu beschreiben, ihm Gestalt zu verleihen und einen Sinn zu geben –, einfach dies: Außer seiner Schönheit als solcher hat das Mysterium keine Gestalt; wir können es ausschließlich durch ein immer weiteres Öffnen unseres Herzens ertragen. Das Herz ist seine Gestalt.

Trotz all unserer Strukturiertheit und hohen Zielsetzung waren Rafe und ich uns darüber im Klaren, dass die wertvollsten und ech-

schieht aufgrund von Gehorsam, dass der Wille imstande ist, wahrzunehmen« (Seite 317). Zuerst gehorchen wir, dann sehen wir, und erst danach gelingt es uns zu verstehen. Vom Standpunkt der Seelenarbeit über das Grab hinaus sind die in den Eheversprechen enthaltenen traditionellen Stellenbeschreibungen von »Ehemann« und »Ehefrau« kein antiquiertes Gepäck, sondern präzise Schilderungen des Weges, dem es zu folgen gilt.

58. Rilke: *Duineser Elegien,* »Die erste Elegie«, Seite 757.

testen gemeinsamen Zeiten diejenigen waren, wenn der Schleier der Zweckbestimmung weggerissen und etwas offenbart wurde, was unendlich direkter und unkontrollierbarer war – wenn uns etwas umwarf und wir für ein paar Augenblicke unser übliches Selbstgefühl verloren, als ob uns der Wind aus den Segeln genommen worden sei. Am machtvollsten geschah dies in jener letzten Woche meines Aufenthalts in Stanley Place, als wir schließlich ein Szenario aufgeben mussten, das der Situation zwar einen Sinn aufgezwungen, doch nichts mit dem zu tun gehabt hätte, was wir wirklich fühlten. In solchen Zeiten – zaghaften, aufregenden, fast ebenso schnell, wie sie aufgetaucht waren, wieder in schwerere, vertrautere Stimmungen verschwindenden – hatten wir das seltsame Gefühl, dass uns etwas begegnete... dass sich uns etwas näherte, etwas von einer vollkommeneren Wirklichkeitsordnung, das unsere Herzen jedoch irgendwie gut kannte.

Im zweiten seiner *Four Quartets* schrieb T.S. Eliot einige Zeilen, die bei Rafe auf große Beachtung stießen:

Alte Menschen sollten Entdecker sein.
Hier und dort spielen keine Rolle.
Regungslos sollten wir sein und dennoch uns bewegen
In eine andere Leidenschaft
nach größerer Einheit, nach tieferer Gemeinschaft.

Was ist diese andere Leidenschaft jenseits von »hier und dort«, die »keine Rolle mehr spielen«? Zu der Zeit, als ich Rafe zum ersten Mal begegnete, und während einer Weile danach, war er körperlich noch immer rastlos. Unsere anfänglichen Gespräche drehten sich darum, dass ich ihm dabei helfen solle, auf eine Insel vor der Küste von Maine zu ziehen, an einen noch abgeschiedeneren Ort, wo er sich selbst noch leidenschaftlicher dem Einsiedlerpfad widmen könnte, für den er sich entschieden hatte. Irgendwann in unseren zwei gemeinsamen Jahren gelang es ihm mit Unterstützung von T.S. Eliot und Helen Luke, sich mit dieser Ruhelosigkeit zu arrangieren und einzusehen, dass seine »Tage des Fernwehs« vorbei waren. Stattdessen, aber noch immer mit demselben Abenteuergeist, wandte er sich nun ganz der inneren Entdeckungsreise zu, um zu erfahren, was diese andere Leidenschaft sein könnte. Doch darauf verlassen, dass sie wirklich da war, konnte er sich nie. In der Regel war es eine langweilige und verschleißende Suche; die

Dinge wurden mühsamer, kälter, ermüdender; die Sicht verdüsterte sich und die Muskeln schmerzten. Aber von Zeit zu Zeit stieg etwas wie aus dem Nichts herab, wie ein Engel dieser anderen Leidenschaft.

Ein bestimmter Abend, der an sich nahezu ereignislos verlief, leuchtet aus der Konstellation meiner Erinnerungen an Rafe wie ein Stern erster Ordnung hervor. Es war Ende Oktober, um die sechs Wochen vor seinem Tod, und der erste richtige Schneefall hatte eingesetzt. Anfangs der Woche hatte Rafe seinen Traktor und seinen Holzkarren die schlammige Straße hochgefahren, um den Großteil des Holzes für den Winter einzubringen. Wir verbrachten zusammen den Nachmittag mit den Arbeiten im Wald, doch ich fühlte mich etwas kränklich und kam daher nur schleppend voran. Obwohl auch er nach mehreren Stunden mit der Kettensäge im Schnee sehr ermüdet war, bestand er darauf, mich den Hügel hinunterzubringen. Er startete den Traktor und befreite ihn vom Schnee; dann breitete er mir im Holzkarren sorgfältig einen alten Poncho als Sitz aus, half mir hinein und los ging es den Hügel hinab. Irgendwo nach der ersten Kurve wurde uns beiden bewusst, dass etwas Außergewöhnliches vor sich ging; es war, als verwandelte sich unsere kleine Fahrt mit einem Mal in eine Reise durch einen weitaus riesigeren Raum.

Zwölf Stunden später, die Lebendigkeit dieser Szene war noch immer fast dieselbe, versuchte ich, dieses Gefühl in meinem Tagebuch, so gut es ging, festzuhalten:

> Kälte, Schnee... wirklich wieder Winter... und wir fahren mit dem Traktor, und Rafe bringt mich den Hügel hinunter. [...] Dieser kleine Kerl mit seiner Wächtermütze, mal hinter dem Lenkrad stehend, mal auf dem feuchten Sitz hockend. Ich im Karren dahinter, auf einem grünen Regenponcho über dem Schnee sitzend, und der alte Traktor schlingert im weichen, aber nicht tiefen Schnee fröhlich die vertraute Straße hinunter: Es kam mir vor wie eine Art bizarre Flucht nach Ägypten oder Reise nach Bethlehem. [...] Und unter den aufgerissenen, dahintreibenden Resten des Sturms: der Nachtstern – einer... zwei! Rafe steht auf und schaut sich um, der wachsame Wächter – und, Herrgott, wie sehr ich doch wollte, diese Fahrt würde niemals enden! Einen zeitlosen Augenblick lang – wie in einem Ausschnitt einer anderen Ordnung von

> Wirklichkeit – erstrahlte sie ob der ganzen Fülle Gottes, der unendlichen Weite und Zartheit, auf die alle Dinge hier unten über Umwege verweisen.

Es war nicht etwas Neues, sondern einfach eine Intensität von besonderer Art, ein Tieferwerden von allem: jene Schönheit, die »nichts ist als des Schrecklichen Anfang, den wir noch grade ertragen« und die ganz nah an einem Herzen schwebte, das noch nicht groß genug war, sie zu enthalten, an einem Kosmos, der noch nicht wirklich genug ist, sie zu umfassen… die sehnsüchtig an unseren Eingeweiden zerrt.

Als wir am Fuß des Hügels ankamen, sprachen wir nicht mehr groß miteinander. Rafe war genauso aufgewühlt wie ich. Er half mir vom Karren, und einen Moment lang schauten wir uns an – oder vielleicht eher durch einander *hindurch,* auf die bebende Schönheit, und dennoch auch auf die Schmerzlichkeit, dieser anderen Tiefe. »Es ist nah«, sagte er rätselhaft. Dann tauchte die vertraute Welt des klösterlichen Wirtschaftshofes um uns herum allmählich wieder auf, wir fegten den Schnee von der Windschutzscheibe seines Scouts, und jeder ging seines Weges hinaus in die Nacht.

II

»Das ist mein Leib, der für euch hingegeben wird« (Lukas 22.19).

Zu meinen kostbarsten Erinnerungen an Rafe gehört, wie wir beide während der Messe im Kommunionskreis stehen. Um den Altar versammelt, für gewöhnlich Seite an Seite, aßen wir unser Brot und reichten einander den Kelch weiter. Einmal, als er ihn mir gab, beugte er sich ganz nah zu mir und sprach die Worte: »Mögen wir füreinander das sein, was Christus für uns ist.«

In den letzten Jahren seines Lebens, als ich ihn kannte, dachte Rafe fast unaufhörlich über Christus nach und war in seiner Hingabe spontan und vollkommen offen. Es war nichts, mit dem er hausieren ging, doch sobald nur ein wenig an der Oberfläche gekratzt wurde, war es augenblicklich da. Irgendwann fragte ihn eine Journalistin, die gerade an Exerzitien teilnahm – vielleicht betrieb sie einfach nur Konversation oder sie suchte nach einer guten Geschichte –: »Was bedeutet Christus Ihnen?« Ohne auch nur eine Sekunde zu zögern, antwortete er: »Alles.«

Später befragte ich ihn genauer dazu. Da ich wusste, dass sein erstes Bekehrungserlebnis eine tiefe Erkenntnis Gottes gewesen war, wollte ich herausfinden, wie und wo Jesus begonnen hatte, eine so große Rolle für ihn zu spielen. »Oh«, sagte er lächelnd, »ich vermute, man könnte einfach sagen, es handelt sich um eine zunehmende Präsenz.«

Zu einem gewissen Maß hatte ich bereits selbst erfahren, wie diese Präsenz oder Person namens Jesus Christus sich in unserem Leben auf einer tieferen und stabileren Ebene als jegliche Logik immer stärker festzusetzen vermochte, fast wie ein Leben innerhalb des eigenen Lebens, mit einem eigenständigen Willen. Zum ersten Mal erfuhr ich diese Gegenwart, als ich zwanzig Jahre alt war und mein erstes Abendmahl quasi aus Versehen empfing. Das ist kein Witz! Ich besuchte eines Sonntagmorgens eine episkopale Kirche, um einen englischen Knabenchor singen zu hören, als mir unvermittelt, ohne dass ich wusste, wie mir geschah, ein Platz in der Warteschlange zur Kommunion zugewiesen wurde – mir, fast schon einer Heidin, wie sie im Buche steht: ungetauft, nicht konfirmiert, absolut unvorbereitet und ohne Erwartungen. Danach ging ich still meines Weges zurück zur Kirchenbank und dachte: »Nun, das war's also!«, als ich plötzlich erkannte: »Nun, *das* ist es also!« Leise, nicht in einer donnernden charismatischen Konversion, wusste ich ganz einfach, dass ich meinen Meister gefunden hatte; etwas äußerst Wirkliches, seltsam Unwiderstehliches, eigenartig Vertrautes war an diesem Morgen in mein Leben getreten. Während der folgenden Jahre tobte ein Krieg in meinem Inneren, denn angesichts dieser kaum zu ertragenen Schönheit war ich aufrichtig erschrocken und kämpfte von jedem Außenposten meines rationalen Verstandes dagegen an – mein Kopf plapperte protestierend auf mich ein, während meine Füße mich jeden Tag zur Mittagsmesse in der örtlichen Pfarrkirche trugen, wo ein weiser Priester mir keinerlei Fragen stellte und einfach das Sakrament spendete. Es brauchte fünf Jahre, bis mein Kopf endlich den Mund hielt.

Wenn ich heute meinen Platz im Kommunionskreis einnehme, denke ich manchmal an jene Jahre zurück. Damals begriff ich zum ersten Mal in meinem Leben etwas von der unerschütterlichen Wirklichkeit meines Herzens – ich verstand es entgegen aller Ziele und Pläne und Szenarien, einfach aufgrund der unbestreitbaren Tatsache ihrer Präsenz. Auf exakt dieselbe Art und Weise beginne ich nun, Rafe zu verstehen – jenseits aller Logik und jeglichen Disputs, von demselben Ort inneren Erfahrens und unleugbarer Präsenz aus. In diesen vergangenen drei Jahren war ich für die Eucharistie viele Male ganz besonders dankbar; sie ist die einzige vergleichbare Wirklichkeit.

»Das ist mein Leib, der für euch hingegeben wird.« Ich betrachte das Stück Brot, das in meine Hände gelegt wurde. Was ist es? Brot? Leib? Energie? All das? Es ist ein Stück Brot. Und wenn ich es esse, spüre ich es manchmal groß und weit in mir, heute mehr als je zuvor, als eine Gegenwart, eine Kraft. »Mögen wir füreinander das sein, was Christus für uns ist.« Ich fühle Rafe in dem Brot, im Leib Christi. Die Geschichte unseres Lebens ist irgendwie *in* jenem Leben, und die Geschichte unseres Lebens *ist* jenes Leben.

»Das ist mein Leib, der für euch hingegeben wird.« Und in diesem hingegebenen Leib erkenne ich auch einen weiteren hingegebenen Leib. Welle um Welle überfluten mich die Erinnerungen. Die miteinander ringenden Körper an jenem Tag im Hof, durcheinandergeworfen, aber nicht weglaufend. Die Körper, die sich umarmten und berührten und trösteten und in Ärger und Verzweiflung zusammenstanden. Und die Körper, die lange, anstrengende Tage Holz schleppten oder im kalten, engen Pumpenhaus unten in Stanley Place herumkletterten, um das Wasser wieder zum Laufen zu bringen; die lachten und sich freuten, auf ihren Barhockern saßen und mit ihren Cappuccino-Bechern auf etwas anstießen... diese Körper. Und die Körper, die einander pflegten, wenn sie krank waren: Wie ich ihm eines Tages Wasser bringe, während er oben in seiner Klause vor Fieber nicht mehr ganz bei Sinnen ist; wie er in einer bitteren Woche im Januar, während ich mit einer Grippe im Bett liege, die ganze Nacht aufbleibt, das Feuer am Brennen hält und auf mich aufpasst. Und dann, als das Ende näher rückt: Wie er seine eigene Kraft schwinden und mein Leben festgenagelt sieht von meinem Widerwillen, ihn zu verlassen... »Ich habe mein Leben hingegeben, auf dass meine Stärke in dir sei.«

»Dieser Kelch ist der Neue Bund in meinem Blut, das für euch vergossen wird.« Und, bei Gott, wir haben des anderen Blut gekostet! Die Tränen, die Streitereien, das Geben und Nachgeben, das gegenseitige Aufreiben, als wir miteinander und mit uns selbst rangen und lernten, »füreinander das zu sein, was Christus für uns ist.« Was weiß ich von der Liebe Christi, das mir nicht von Rafe gelehrt wurde? Das Hingeben, das Ausströmen, das Muster von Christi Leben, das zu dem unsrigen wurde. Auf eine Art ist das ganze Leben da: Rafes Leben, mein Leben, das Leben von jeder und jedem; alle pulsieren durch diesen kleinen Kelch, durch dieses winzige Stück Brot. Vollkommen enthalten, grenzenlos weit.

»Leib und Kraft ist wohl in Christo eines«, sagt Böhme,[59] und mein Verstand ist fassungslos über das Mysterium, das in diesem einfachen Satz schlummert. Dieses Brot, das Christus seinen »Leib« nennt, erfahre ich hier als Kraft und Energie, als eine Verbindung mit einer unergründlichen und belebenden Präsenz, die mein Dasein erfüllt. Doch genauso gut könnte, was sich vom Aussichtspunkt dieses Lebens aus wie Energie anfühlt, vom Belvedere des nächsten Lebens aus Körper sein; die pure Energie von Liebe und Mitgefühl könnte der »Körper« sein, den wir im nächsten Reich tragen, und der Körper, in welchem der kosmische Christus uns tatsächlich in unserem gegenwärtigen Zustand berührt und begegnet.

Rafe hat dies nie gesagt – vielleicht, weil ich es allein herausfinden sollte –, doch ich frage mich, ob der Hoffnungskörper und der Leib Christi nicht ein und derselbe sind. Der Saft fließt durch alle Dinge, durch den Weinstock wie durch dessen Zweige, geheimnisvoll und majestätisch gegenwärtig im Inneren aller Schöpfung, und verwebt und verbindet Zeit und Zeitlosigkeit, Form und Tinctur, Himmel und Erde miteinander.

In dieser Welt tragen wir es in uns: dieses geheimnisvolle Leben, das innerhalb unseres Lebens wächst. Im nächsten trägt es uns in sich, und wir selbst werden zum geheimnisvollen Leben innerhalb *seines* Lebens. Und so konnte Bede Griffiths auf seinem Sterbebett wahrhaftig sagen: »Empfange den wachsenden Christus.« Wir sterben in seinen Leib hinein und wachsen darin, und er wächst mit uns. Wir verzehren ihn, begegnen uns in ihm, sprechen in ihm, legen ihn an, werden zum Neuen, das sein Muster und auch unser eigenes ist, leben ihn, handeln in ihm, teilen ihn… ganz eins… ganz hier. Wir gehen auf ihn zu, und er kommt uns entgegen. Wir wachsen in ihm zu unserer vollen Größe heran, weil er selbst reines Werden ist, reine Liebe.

59. BÖHME: *Die drei Principien,* Seite 356.

III

»Hast du jemals gehört, wie die Sterne sich bewegen?«

Ich sah ihn gespannt an. In den letzten Wochen seines Lebens war Rafe vollkommen fasziniert von einer Darlegung in einem Buch von Laurens van der Post, das von einem alten Stammeshäuptling handelt, der hören konnte, wie die Sterne sich bewegen. »Kannst du es?«, fragte er mich fast wöchentlich. Ich wusste es nicht. Wo fängt das Hören an? Manchmal waren wir uns einig, dass wir fast schon hörten, wie sich das Alpenglühen auf dem Gipfel des Red Ridge zu einem Schrei vertiefte, so schneidend hob er sich ab gegen die stille klare Nacht... Irgendwo, an jenem ursächlichen Ort, aus dem alle Dinge hervorgehen, hören wir, noch bevor Klang zu vernehmen ist, das, woraus Klang entsteht.

Zum Schluss lauschte Rafe... viel... und schaute tiefer und tiefer hinein in die Dinge. Immer weniger glich es einem Kämpfen, immer mehr einem einfachen Zugehen auf diesen Raum... Wir lasen zusammen *König Lear* und lachten und tanzten uns durch die wunderschöne Rede im fünften Akt:

> Komm, lass uns flugs zum Kerker hin!
> Wir zwei wollen singen wie Vögel im Käfig.
> Erbittest du meinen Segen, so will ich niederknien
> Und Verzeihung von dir erfleh'n, so wollen wir leben
> Und beten, und singen, und alte Geschichten bringen und lachen
> Über vergoldete Schmetterlinge [...]
> Und uns annehmen der Geheimnisse der Dinge,
> Als wären wir Kundschafter Gottes.

Und Rafe, der mit einem Mal nachdenklich wurde, spähte aus dem Fenster der Klause auf die kleinen Zaunkönige im Hof, das Sonnenlicht tänzelte durchs Espenlaub, und sagte langsam und ernst: »Weißt du, es gibt nur ein Mysterium, und das ist das Mysterium Christi...« Er verstummte und sank zurück in die Stille dessen, was auch immer ihn gefangen genommen hatte. In diesen letzten Wochen, als ihm seine eigene Vision, sein eigenes hohes Zielen und Trachten entrissen wurden, öffnete er ganz einfach seine Augen und schaute. Wenn dieses erste Schauen damals auf der Farm seines Bruders noch eher ein intellektuelles Erkennen gewesen war, so war dieses nun definitiv ein *Mu!* – der Zen-Ausruf der Erleuchtung –, ein unmittelbares Schauen der Welt als den tanzenden und in Liebe schimmernden verklärten Leib Christi. Jeder Zaunkönig. Jedes Blatt. Jeder von uns. Jeder Stern.

»Ihr müsst Dualität über eine lange Zeit erleben, bis euch klar wird, dass es sie nicht gibt«, hatte Thomas Merton kurz vor seinem eigenen Tod gesagt.

> Betrachtet das dualistische Gebet nicht als eine niedrigere Stufe. Das Niedrige ist höher. Es gibt keine Stufen. Ihr könnt jeden Augenblick zur grundlegenden Einheit durchbrechen, die das Geschenk Gottes in Christus ist. Letztendlich ist es der Lobpreis, der lobpreist. Es ist die Danksagung, die danksagt. Es ist Jesus, der betet. Offenheit ist alles.[60]

In unserem letzten längeren Gespräch, das wir fünf Tage vor seinem Tod miteinander führten, kamen wir auf das Thema Dankbarkeit zu sprechen. Wir saßen in der Werkstatt, tranken Kaffee und beobachteten, wie die umhergewirbelten Wolken sich auflösten und die schimmernden Berge in ihrem neuen Winterkleid enthüllten. Rafe hielt einen Moment lang inne, um sich die ganze Szenerie zu betrachten, und fuhr dann fort: »Ich meine keine Dankbarkeit im Sinne von ›Oh, was für ein Glück ich doch habe!‹, sondern etwas Einfacheres... Wenn wir still genug sind, still wie die Berge dort, dann können wir in unserem Herzen ihr schweigsames ›Danke!‹ hören. Das ganze Universum – jeder Grashalm, jeder Vogel, jeder Stein – ist ein ›Danke!‹, wenn du mit deinem Herzen lauschst. Wir werden ins ›Danke!‹ hineingeboren, und wir sterben hinein ins ›Danke!‹... Jeder Schritt auf dem Weg ist ein ›Danke!‹.«

Rafe mag nicht gehört haben, wie sich die Sterne bewegen. Aber ich glaube, er hörte »die Liebe, welche die Sterne und die Sonne bewegt.«

IV

Besonders lebhaft erinnere ich mich an ihn, wie er auf irgendeinem alten Schneemobil-Wrack in der Werkstatt hockt, mit funkelnden Augen, im Einklang mit der pulsierenden Schwingung jener

60. Zitiert nach Bruder David-Steindl Rast in PATRICK HART [Hrsg.]: *Thomas Merton, Monk,* Garden City, NY: Image Books, 1976, Seite 90.

Dankbarkeit, fast schon eins mit dem im Universum so geheimnisvoll lebendigen Mysterium Christi. Wie leise einsetzende Musik schien er in diese andere Leidenschaft hinüberzugleiten. Ich beobachtete, wie er dem Geheimnis endlich direkt in die Augen schauen konnte, die Tinctur jenseits der Form erkannte, die Qualität der Lebendigkeit ohne die Schlangenhaut; wie er so hingebungsvoll und weit ausholend in jenem Herzen der Musik tanzte, in jenem Klang der Sterne, den er immer hatte hören wollen, dass er buchstäblich aus der Form ausbrach. Sein menschliches Herz barst; er war ihm entwachsen.

Ich gebe mir Mühe, dieses Bild vor meinen Augen zu behalten, während ich mich durch dieses Hier und Jetzt bewege. Ich versuche, mich daran zu erinnern, was er dort am Ende sah, oder gar einen eigenen flüchtigen Blick darauf zu werfen. Die meiste Zeit gleicht es einem Starren auf eines dieser herausfordernden Punkterasterbilder: Die Punkte bleiben Punkte und weigern sich, die im Raster versteckte Blume vor meinen Augen zu enthüllen.

Nur selten erkenne ich im ungeordneten Punkteraster des Universums den verborgenen Leib Christi. Zumeist fühlt es sich an wie etwas Zwischenzeitliches, eine Art Limbus, in dem Rafe dort ist und ich hier bin, durch Form voneinander getrennt. Meine übliche Wahrnehmung der Welt ist die, dass etwas fehlt, dass etwas unvollständig ist, und ich sehne mich nach dieser endgültigen Vollendung, wenn auch mein Fleisch zurückbleiben wird und wir in unserem Auferstehungskörper oder unseren -körpern wiedervereint sein werden, wie auch immer deren feinstoffliche Gestalt aussehen mag. Bis dahin versuche ich, meine Arbeit zu erledigen und mithilfe meiner Straßenkarten auf Kurs zu bleiben. Die hohe Zielstrebigkeit, die Rafes Suche so sehr leitete und die er mir so fest einprägte, hat ihre Unzulänglichkeit: Sie kann dazu verleiten, die Welt in »höher« und »niedriger«, in »jetzt« und »später« zu unterteilen. Doch lässt sie mich auch weitergehen – diese Fülle des Seins anstreben, die niemals durch Streben allein zu erreichen ist, aber auch nicht ohne. Wie der alte Sufi-Leitspruch besagt: »Du kannst das wilde Pferd nicht einfangen, indem du rennst, aber niemand, der nicht rennt, wird das wilde Pferd fangen.«

Jene bemerkenswertere Musik höre ich, unerhörterweise, nur hin und wieder: die leise Zusicherung, dass nichts fehlt, dass es keinen Ort gibt, den es zu erreichen gilt, weil er bereits hier ist – und in der Tat: Wie sollte die Fülle Gottes eine wahrhaftige Fülle sein, wenn sie nicht auch genau in diesem Jetzt gegenwärtig wäre? Nein, meine Augen starrten ganz einfach in die falsche Richtung. Das Reich Gottes ist nicht höher, sondern *lebendiger;* es ist genau hier, nur auf der anderen Seite des »schrecklichen Anfangs, den wir noch grade ertragen«; das Einzige, was fehlt, damit wir es umarmen können, ist die Tiefe unseres Herzens. Wie in jener winternächtlichen Traktorfahrt den Hügel hinab, schwebt es ganz nahe um uns herum, möchte nur unsere Schleier durchdringen, um uns tiefer hineinzutragen in sein eigenes geheimnisvolles Werden...

»Du sollst aber wissen«, sagt Böhme, »dass der Locus dieser Welt mit seiner innersten Geburt mit dem Himmel über uns inqualiret [= verbunden ist, harmoniert] und ist ein Herze, ein Wesen, ein Wille, ein Gott, alles in allem.«[61]

Ich glaube, in diesen letzten Tagen im Leben von Rafe, und auch danach während der Totenwache, berührten wir den Saum dieses einen Herzens. Wenn alle Szenarien, Visionen, kosmischen Zielsetzungen und menschliche Posten verstummen, klingt nur noch die Liebe selbst hervor, die Musik, welche die Sterne und die Sonne bewegt. Schließlich hören wir auf zu rennen – von oder nach – und öffnen einfach unser Herz, und diese andere Leidenschaft verschlingt uns in ihrer Umarmung. Und für die Dauer dieser Umarmung, ob sie nun einen Sekundenbruchteil anhält oder für den Rest unseres Lebens, vermögen wir mit der äußersten Gewissheit unseres ganzen Wesens in diese Tiefe zu spähen und zu erkennen, dass sie der Leib Christi *ist* – und dass darin alle Dinge *tatsächlich* zusammenhalten.

Und während ich meinen Weg »zumeist« in diesen Zwischenzeiten gehe, bin ich mir sowohl des Versprechens als auch der Aufgabe bewusst, die eingebettet sind in jene letzten Worte, die Rafe zu mir sprach: »Du wirst es sehen. Nichts wird uns genommen.«

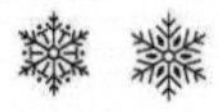

61. BÖHME: *Aurora,* Seite 234.

Epilog

Eine Hochzeitspredigt

AM 5. JULI 1997, HOCH AUF EINER BERGWIESE ÜBER TELLuride, Colorado, tauschten meine älteste Tochter, Gwen Bourgeault, und Rod Rehnborg ihr Ehegelöbnis. Es war mir eine Ehre, als sie mich baten, ihre Hochzeitspredigt zu halten, und noch mehr ehrte es mich, als viele der dort an diesem Tag versammelten Menschen von meinen Worten berührt zu sein schienen, die ein Extrakt all dessen waren, was ich auf meiner Reise mit Rafe gelernt hatte.

Die Ehe war der Teil des Weges, den Rafe und ich in unserem menschlichen Leben nicht gemeinsam gingen; mit dieser Tatsache wird immer eine gewisse Traurigkeit verbunden bleiben. Doch die Lektionen, die wir gelernt haben, müssen von jedem neuen Liebespaar entdeckt werden, das sich ernsthaft der Arbeit verschreibt, seine Partnerschaft zu einer spirituellen Vereinigung zu formen. In diesem Geiste sind meine Bemerkungen zur Gefolgschaft der Liebe an jenem Tag die geeignete Schlussfolgerung – und Fortsetzung – dieses Buches.

*

Es ist ein Privileg, an dieser Hochzeit zwei Rollen einnehmen zu dürfen: die der Mutter der Braut und die der Hochzeitspredigerin.

Die Hochzeit als den Höhepunkt der Liebe zu verstehen – den Endpunkt der Reise, die mit dem *falling in love,* dem Fall in die Liebe, beginnt –, ist einfach. Doch wie alle von euch, die jemals verheiratet waren, wissen, und wie auch ihr, Gwen und Rod, selbst anfangen werdet zu entdecken, ist die Hochzeit nicht der Höhepunkt der Liebe, sondern erst deren Beginn.

Die Liebe bleibt und wird tiefer, aber ihre Gestalt verändert sich. Oder, genauer gesagt, sie erneuert sich in gewisser Weise selbst. Sie schöpft ihre Wasser immer weniger aus den alten Quellen der Romanze, und es sollte euch nicht beunruhigen, wenn diese Dimensionen im Laufe der Zeit verblassen oder seltener werden. Die Liebe schöpft ihre Auffrischung mehr und mehr aus der

Liebe selbst: aus der Praxis der bewussten Liebe, die ihren Ausdruck in eurem gegenseitigen Einander-Dienen findet.

Mit eurem Ehegelöbnis werdet ihr zu Schülerin und Schüler auf dem Pfad der Liebe. Es ist ein mächtiger spiritueller Pfad, und wenn ihr ihn gut lebt und praktiziert, wird er euer Dasein verwandeln und durch seine Macht in eurem eigenen Leben wird er darüber hinauswirken und die Welt berühren. Was ihr heute wirklich tut, ist, euer Leben in den Dienst der Liebe zu stellen: Das Material eures eigenen Selbsts – eure Hoffnungen und Ängste, Verunsicherungen und Schatten, eure intimen Rempeleien – werden zur Reibung, die euch beide zu reinen Diamanten poliert.

Doch wie können wir mit dieser Macht in Verbindung bleiben? Wie können wir in Zeiten, wenn der Stress zunimmt und der Zauber weit weg zu sein scheint, diese bewusste Liebe üben, die sich selbst und eure Beziehung erneuern wird? Denn, wenn ihr Schüler seid, muss es auch eine Schulung geben…

Ich will hier die beschreiben, die für mich funktioniert. Und obschon sie ganz besonders für verheiratete Paare geeignet ist, kann jeder von euch sie durchlaufen, in allen Lebensumständen, wenn ihr eure eigene Praxis der bewussten Liebe vertiefen wollt.

Sie ist in einem einzigen Satz enthalten – in vier kleinen Wendungen – der großartigen Liebeshymne aus dem siebten Vers des ersten Korintherbriefs, die wir so gerne an Hochzeiten lesen:

> Die Liebe erträgt alles, sie glaubt alles, sie hofft alles, sie hält allem stand.

Wenn ihr versteht und erkennt, was jedes dieser vier Satzglieder bedeutet und erfordert, werdet ihr fähig sein, bewusste Liebe in allen Situationen eures Lebens zu praktizieren.

»Liebe erträgt alles«, hat nichts damit zu tun, etwas trübselig auf sich zu nehmen oder zum Opfer zu werden. Das Wort *tragen* hat zwei Bedeutungen, und beide treffen hier zu. Mit der ersten ist »halten« und »stützen« gemeint – wie eine tragende Wand, die das Gewicht des Hauses trägt. Liebe »hält und stützt« uns. Vielleicht ließe sich behaupten, dies sei die maskuline Bedeutungsfacette. Das feminine Pendant bestünde dann darin, dass *tragen* auch heißt »zu gebären«, »fruchtbar zu sein«. Also ist Liebe das, was in jeder Situation das am meisten Leben Spendende und das Fruchtbarste ist.

»Liebe glaubt alles.« Von den vier Lehren ist diese am schwersten zu verstehen. Ich kenne eine sehr fromme christliche Lady aus Maine, deren Ehemann gerne herumflirtete, und alle auf der Insel wussten Bescheid. Sie aber weigerte sich, dies zu sehen, weil »Liebe alles glaubt.« Doch das ist es nicht, was diese Worte bedeuten. »Alles zu glauben«, meint nicht, einfältig zu sein und sich zu weigern, der Wahrheit ins Gesicht zu schauen. Es bedeutet vielmehr, dass es in jeder Lebenssituation eine niedrigere und eine höhere Art des Wahrnehmens und Handelns gibt. Die eine führt zu Zynismus und Trennung, zu einem Ausschließen von Möglichkeiten; die andere ist ein Weg zu höheren Formen von Glauben und Liebe, zu einem höheren und fruchtbareren Ergebnis. »Alle Dinge zu glauben«, bedeutet immer, euch auf den höchstmöglichen Ausgang jeder Situation auszurichten und nach dessen Verwirklichung zu streben.

»Liebe hofft alles.« Normalerweise steht für uns Hoffnung mit einem Resultat in Verbindung; es ist das Glücksgefühl, das aus dem Erreichen eines gewünschten Ergebnisses herrührt – wie etwa in: »Ich hoffe, dass ich im Lotto gewinne.« Doch in der Praxis bewusster Liebe beginnen wir eine andere Art von Hoffnung zu entdecken, eine Hoffnung, die nichts mit einem Ergebnis zu tun hat, sondern mit einem Urquell, mit einer Kraftquelle, die ganz unabhängig von allen Ergebnissen aus unserem tiefsten Inneren emporsteigt. Es ist die Art von Hoffnung, von der der Prophet Habakuk spricht, wenn er sagt: »Zwar blüht der Feigenbaum nicht, an den Reben ist nichts zu ernten. [...] Ich aber will jubeln über den Herrn und mich freuen über Gott, meinen Retter« (Habakuk 3.17–18). Es ist eine Hoffnung, die euch nie genommen werden kann, weil es die Liebe selbst ist, die in euch wirkt und euch die Kraft verleiht, für das »höchstmögliche Ergebnis« wach zu bleiben, das geglaubt und angestrebt werden kann.

Und schließlich: »Liebe hält allem stand.« Aber es gibt nur eine einzige Art standzuhalten. Alles, was hart und spröde ist, zersplittert; alles Zynische verfault. Die einzige Weise standzuhalten, ist zu ver*geben,* immer wieder; die Offenheit und Möglichkeit für einen Neuanfang zurückzu*geben,* was die wahre Essenz der Liebe selbst ist. Auf diese Art und Weise schließt die Liebe den Kreis und kann in Gänze »tragen und fruchtbar machen«, und der Zyklus beginnt von Neuem, auf einer tieferen Ebene. Und so vertieft sich die bewusste Liebe und wird sich immer mehr in eurer Ehe verwurzeln.

Es ist kein leichter Weg. Aber wenn ihr ihn vertrauensvoll und gut praktiziert, als Schülerin und Schüler der Liebe selbst, dann wird die Liebe, die euch zusammengebracht hat, euch nach und nach in dieser vermögenderen Seele zusammenführen als das, was Gott euch zu werden berufen hat, noch bevor ihr im Mutterleib gebildet wurdet: wahrhaft Mann und Frau.

Anhang

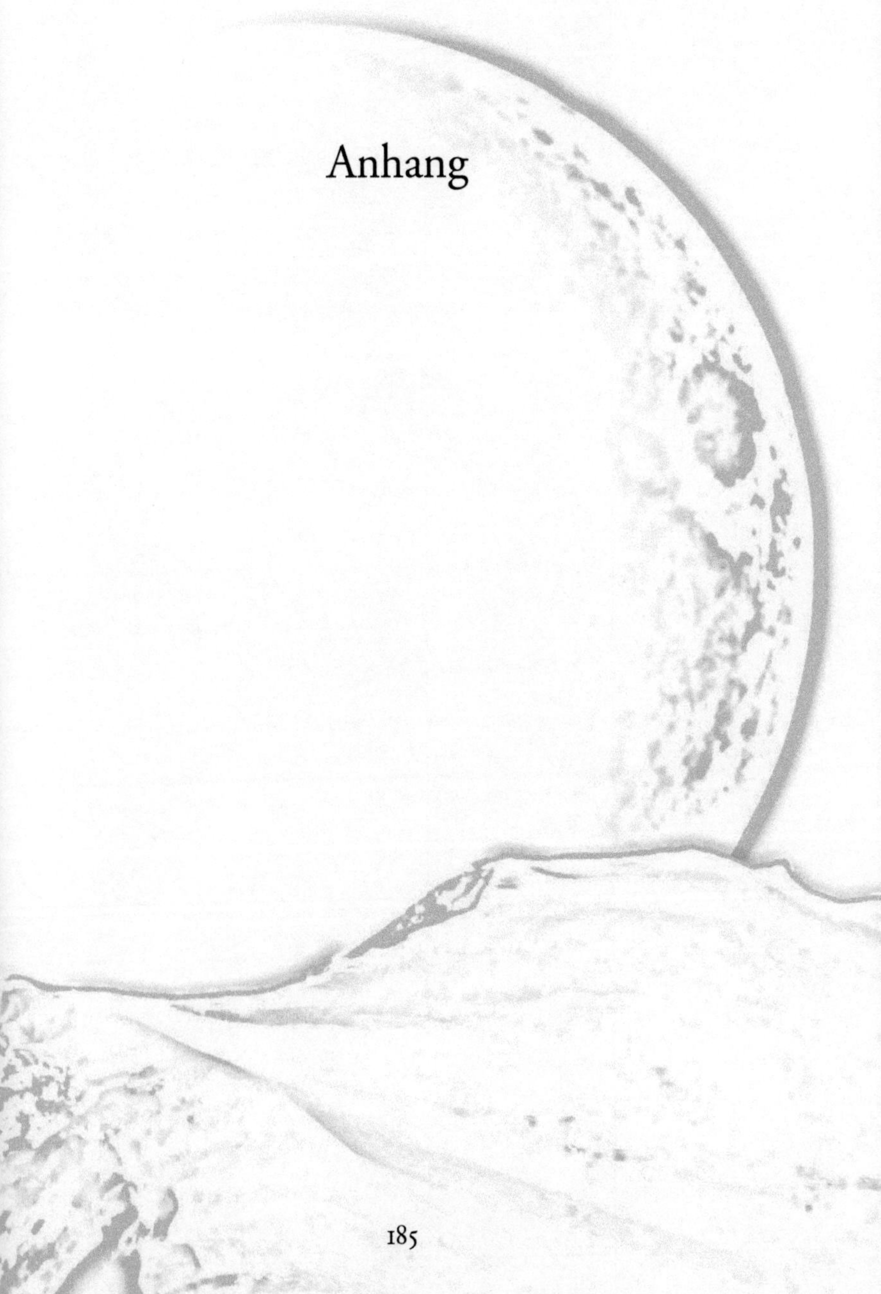

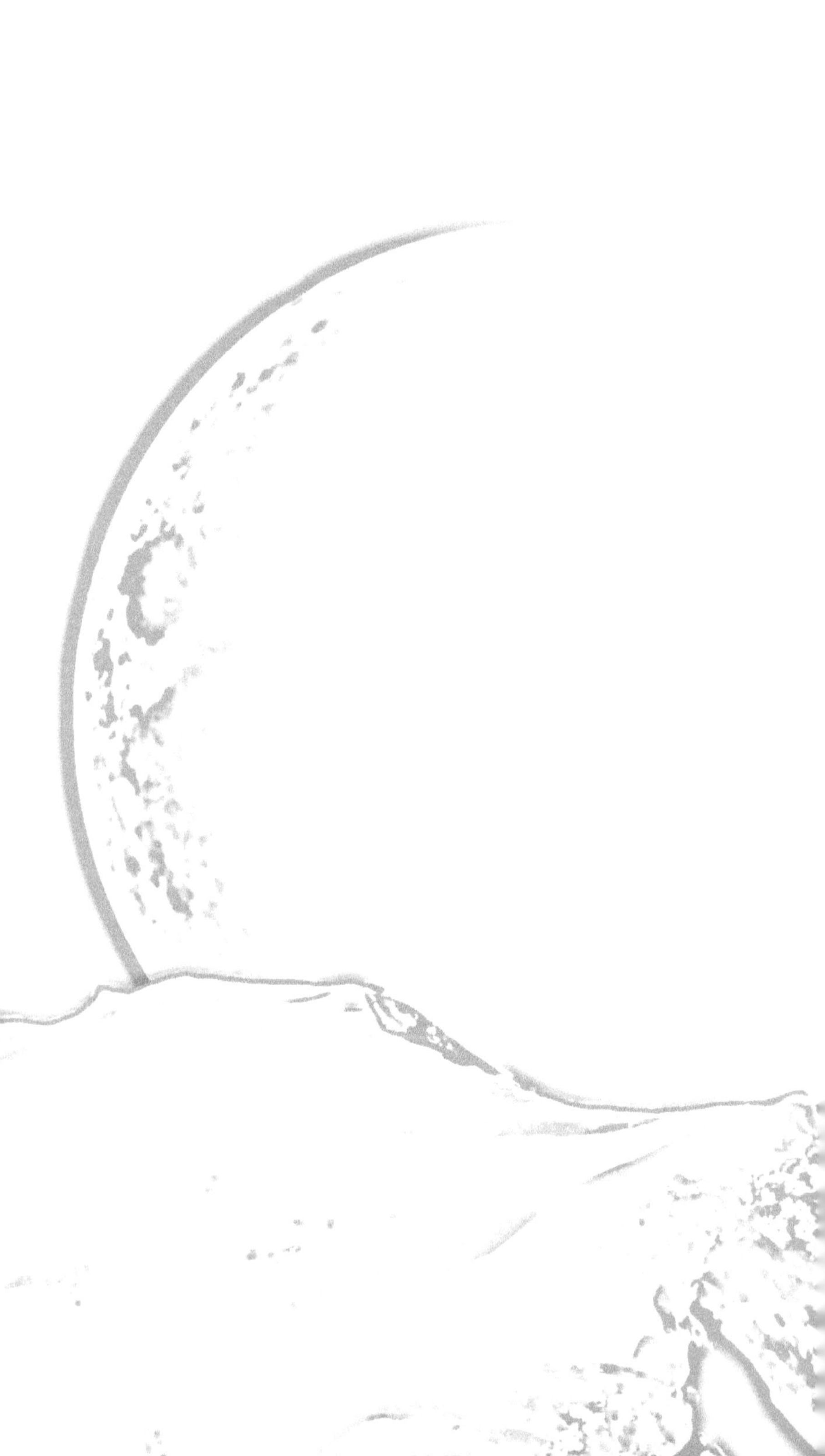

Bücher, die uns wichtig waren

ETWAS, DAS RAFE UND MICH ENORM BEEINDRUCKTE, WAR, wie sehr unsere beiden Büchersammlungen sich ineinander verzahnten. Unabhängig voneinander hatten wir ungefähr seit dem Jahr 1971 an denselben Wasserstellen Halt gemacht, und diese gemeinsamen Bezugspunkte stellten eine gewaltige Hilfe in unserer Zusammenarbeit dar. Sie waren auch die ersten Orte, an die ich mich in meiner Suche nach einer Straßenkarte für die zweite Etappe unserer Reise wandte.

Da die Grundsätze der Seelenarbeit über das Grab hinaus größtenteils aus der inneren Überlieferung stammen, werden die meisten hier im Buch erwähnten Namen für Leserinnen und Leser der etablierten christlichen Tradition eher unbekannt sein, und so scheint es mir schon aus Höflichkeit geboten, ein paar Worte der formellen Vorstellung dieser Autoren zu widmen (Details zu den erwähnten Büchern finden Sie in der Bibliografie auf Seite 207 ff):

*

G.I. GURDJIEFF (1866–1949) und P.D. OUSPENSKY (1878–1947): Georges Iwanowitsch Gurdjieff, von einigen als der größte spirituelle Meister des zwanzigsten Jahrhunderts bejubelt, von anderen als ein Scharlatan abgetan, tauchte am Vorabend des Ersten Weltkriegs in Russland mit einer Lehre auf, von der er sagte, er habe sie zusammengetragen im Laufe von mehr als zwanzig Jahren der Suche (vor allem in Zentralasien) nach lebendigen Resten der alten Schulen spiritueller Weisheit, die nach seiner Überzeugung noch immer das Schicksal der Menschheit bestimmen würden. Seine Lehre – in der Regel als der »Vierte Weg« oder einfach »das Werk« bezeichnet – gleicht einer Art Rorschachtest: Sufis, Christen und sogar Buddhisten behaupten jeweils, dass deren Ursprung in ihrer eigenen Tradition liege. In einer brillanten und ausgefeilten Mixtur aus alter spiritueller Psychologie, moderner Quasi-Wissenschaft und mythologischer Kosmologie legt sie einen Weg zur bewussten menschlichen Evolution dar, die auf innerer Aufmerksamkeit und der »harmonischen Entwicklung« der drei wichtigsten »Zentren« der menschlichen Intelligenz beruht: dem Denk-, dem Gefühls- und dem Bewegungszentrum.[1] Einen exzellenten Überblick über das Werk Gurdjieffs und dessen Einfluss finden Sie in Jacob Needlemans Kapitel "G.I. Gurdjieff and His School" in *Modern Esoteric Spirituality,* Seiten 350–380.

Peter Demian Ouspensky, selbst ein bekannter Philosoph, war, bis zu ihrer Trennung im Jahr 1922, Gurdjieffs prominentester Schüler. Sein Buch *Auf der Suche nach dem Wunderbaren – Perspektiven der Welterfahrung und der Selbsterkenntnis* ist noch immer der übliche Ausgangspunkt für Studentinnen und Studenten des Werks Gurdjieffs. Die bolschewistische Revolution zwang die sich gerade bildende russische Gruppe ins Exil, und Ouspensky fand schließlich seinen Weg nach England, während Gurdjieff sich in Frankreich niederließ; durch diese beiden (ziemlich unterschiedlichen) Zwillingsströme hat das Werk seinen subtilen Einfluss weltweit behalten.

*

MAURICE NICOLL (1884–1953) und JOHN G. BENNETT (1897–1974): Nicoll und Bennett waren Schüler von Ouspensky beziehungsweise Gurdjieff und gehörten zu den einflussreichsten Gestaltern der zweiten Generation des Werks Gurdjieffs. Nicolls Buch *The New Man* und sein riesiges, fünf Bände umfassendes Werk *Psychological Commentaries on the Teaching of Ouspensky and Gurdjieff* sind tief in der klassischen Theologie und zeitgenössischen Psychologie verankert (er war ebenfalls ein Schüler von Carl Gustav Jung) und bilden die grundlegenden Ausgangspunkte für die Reise in die christliche innere Tradition. Rafe hatte eine komplette Ausgabe der *Commentaries* in seiner Klause stehen und las tagtäglich darin, genauso wie in seiner Bibel; beides zusammen stellte sein Fundament für die innere Arbeit dar.

Bennett, dessen Arbeit etwas eigenwilliger und eigenartiger ist als die von Nicoll, war von Gurdjieffs nahöstlichen Quellen fasziniert, und sein Buch *Meister der Weisheit* liefert ein überzeugendes Argument für den Einfluss des Sufismus auf Gurdjieffs Denken.

1. Das Denkzentrum und das Gefühlszentrum entsprechen in etwa dem, was im heutigen Sprachgebrauch mit »Kopf« und »Herz« bezeichnet wird. Die beste Übersetzung für das Bewegungszentrum ist vielleicht »die Weisheit des Körpers« und beinhaltet sowohl autonome oder instinktive Funktionen als auch Bewegungen, die aus eigenem Antrieb ausgeführt werden.

Sein Buch *Sex,* das – trotz seines aufregenden Titels – eine Studie über die Transformation der sexuellen Energie ist, war ein weiteres Standbein auf Rafes Reise.

*

Boris Mouravieff (1890–1966) war am Anfang ein mit Gurdjieff eher locker verbundener Schüler (selbst ein russischer Flüchtling vor der bolschewistischen Revolution, wurde er Gurdjieff im Jahr 1920 von P.D. Ouspensky vorgestellt), schuf aber bald einen eigenen Zweig mit der Begründung, Gurdjieffs Lehre stelle nur einen Bruchteil der ursprünglichen Tradition dar und sei deshalb häufig ungenau und häretisch. Sein dreibändiges Werk *Gnosis* (erstmalig anfangs der 1960er-Jahre auf Französisch herausgegeben und drei Jahrzehnte später in einer englischen Übersetzung publiziert) erhebt den Anspruch, die echte Version der Lehren zu präsentieren, die er als »inneres Christentum« bezeichnet, das direkt aus der orthodoxen Tradition des Berges Athos überliefert worden sei. Paradoxerweise, angesichts des äußerst zölibatären Umfeldes des Berges Athos, ist sein Werk auch die vollständigste Abhandlung über die Minne oder höfische Liebe als einem spirituellen Pfad und über den Weg der Transformation durch die mystische Vereinigung mit dem eigenen »polaren Wesen« – einem Pfad, den er den »Fünften Weg« nannte.

Rafe hat Mouravieff nie gelesen. Er blätterte kurz durch den ersten Band und sagte dann bloß: »Das Leben ist zu kurz.«

*

Jakob Böhme (1575–1624) gehörte zu denen, die zu mir kamen. Ich hatte schon lange vorgehabt, mich in das Werk des deutschen Mystikers zu vertiefen und dies gegenüber Rafe geäußert, der mir dann zu Beginn der Karwoche des Jahres 1995 eine Ausgabe von Böhmes Buch *Der Weg zu Christo* aus der klösterlichen Bibliothek brachte. Beim Lesen machte ich dieselbe Erfahrung wie fast alle, die sich zutiefst zu dieser Lehre hingezogen fühlen: Böhme wird zu einer lebendigen Gegenwart, zu einem weisen Lehrer und Freund, der uns den Weg durch den dichten Dschungel seiner Prosa weist, hin zu der atemberaubenden Klarheit, die sie untermauert. Er war für mich der bedeutendste Eckpfeiler bei meinem Versuch, die Bausteine für ein Verständnis der Seelenarbeit über das Grab hinaus zusammenzusetzen. Seine Werke *Vierzig Fragen von der Seelen* und *Die drei Principien göttlichen Wesens* haben mir mehr als irgendeine andere Quelle geholfen, die Prinzipien von »Gelöbnis«,

Essenz und Majestät sowie »das Annehmen des Leibes Christi« zu entwickeln.

*

Valentin Tomberg (1900–1973): Das Buch *Meditations on the Tarot,* das Ende der 1960er-Jahre anonym veröffentlicht wurde, hat viele christliche Leserinnen und Leser abgeschreckt, die aufgrund des Titels annahmen, es handle sich um eine New-Age-Schrift. In Tat und Wahrheit haben wir es jedoch mit einer der tiefgründigsten mystischen Apologien des Christentums zu tun, die jemals geschrieben wurden, und deren Autor an einer Stelle unverblümt erklärt: »Je mehr man auf dem Weg der freien Forschung nach der [spirituellen] Wahrheit fortschreitet, desto stärker nähert man sich der Kirche. Früher oder später erlebt man zwangsläufig, dass die geistige Wirklichkeit – mit einer erstaunlichen Genauigkeit – mit dem übereinstimmt, was die Kirche lehrt« (Seite 281). Heute ist es kein Geheimnis mehr, dass es sich bei dem Autor um Valentin Tomberg handelt, einen russischen Hermeneutiker, der gegen Ende seines Lebens eine tiefe Bekehrung zum Katholizismus erfuhr und dieses Buch als sein Hauptwerk kurz vor seinem Tod beendete. Es repräsentiert eine außergewöhnliche Synthese seiner lebenslangen Erfahrung mit seinem tiefen spirituellen Verständnis.

*

Ladislaus Boros (1927–1981): Als einzige auf diesen Seiten vertretene Stimme des traditionellen Katholizismus gehört Boros zur Schule zeitgenössischer europäischer mystischer Theologen, die Teilhard de Chardin und Karl Rahner nachfolgen. Sein Werk *The Mystery of Death* erschien erstmals 1962 auf Deutsch unter dem Titel *Mysterium mortis – Der Mensch in der letzten Entscheidung;* die englische Übersetzung erschien 1965. Später, als ich seine Kurzbiografie für dieses Buch recherchierte, entdeckte ich, dass Boros, der ein jesuitischer Priester war, den Orden 1973 verlassen hatte, säkularisiert worden war und danach eine Ehe geführt hatte. Die Uhr dieser »totalen Hingabe der Liebe« schien in ihm bereits zu ticken, als er *Mysterium mortis* schrieb, das Werk, das einen außergewöhnlichen Erfahrungs- und Erkenntnisschatz seines relativ kurzen Lebens zusammenfasst.

*

Wladimir Sergejewitsch Solowjow (1853–1900) war einer der brillantesten Philosophen des neunzehnten Jahrhunderts, ein enger Freund Dostojewskis, ein christlicher Mystiker und der überragende Metaphysiker der erotischen Liebe.

*

Darüber hinaus erhielten wir viel Kraft aus der Literatur, insbesondere aus den Erkenntnissen unserer metaphysischen Lieblingspoeten T.S. ELIOT und JOHN DONNE und WILLIAM SHAKESPEARE. Und zu nennen ist auch HELEN LUKE, Psychologin, Literaturkritikerin und Frau von großem Bewusstsein, die 1995 im Alter von neunzig Jahren starb. Ihr ausgezeichnetes kleines Buch *Old Age* gab Rafes Verständnis über das Älterwerden einen Rahmen und diente uns häufig als Weckruf, der uns in unserer gemeinsamen Arbeit, wann immer wir uns durch hartnäckige Konditionierungen und veraltete Straßenkarten in eine Ecke manövriert hatten, über uns selbst hinausverwies. Ihr liebevolles und weises Beharren darauf, dass der Weg sich nicht durch das Höchste in uns auftut, sondern durch das Ganzheitlichste, hielt in dieser schwierigen Arbeit innerer Integration unsere Füße am wärmenden Feuer – und wurde zum Eckpfeiler meines Verständnisses der Seelenarbeit über den Tod hinaus.

Rafe hat RAINER MARIA RILKE nie gelesen – bis auf ein Zitat über das »In-der-Frage-Leben«, das er so sehr liebte, dass er es abschrieb und zwischen die Seiten seiner Bibel legte.[2] Allerdings hätte Rafe Rilke geschrieben haben können. Wenn Sie einen Geschmack von der Essenz der Ideenwelt erhalten möchten, aus der heraus er in den Jahren wirkte, in denen ich ihn kannte, nehmen Sie sich ein Exemplar der *Duineser Elegien* oder der *Briefe an einen jungen Dichter* aus dem Bücherregal. Es ist wie eine Fortsetzung eines lebendigen Gesprächs.

2. »Ich bitte Sie, Geduld zu haben gegen alles Ungelöste in Ihrem Herzen und zu versuchen, *die Fragen selbst* liebzuhaben [wie verschlossene Stuben und wie Bücher, die in einer sehr fremden Sprache geschrieben sind]. Forschen Sie jetzt nicht nach den Antworten, die Ihnen nicht gegeben werden können, weil Sie sie nicht leben könnten. Und es handelt sich darum, alles zu leben. *Leben* Sie jetzt die Fragen« (RILKE: *Briefe an einen jungen Dichter,* Seite 21).

Weitere Überlegungen zum Leib Christi

RAFE SAGTE DIES NIE – VIELLEICHT MUSSTE ICH ES EIGENständig herausfinden –, doch ich frage mich, ob der Hoffnungskörper und der Leib Christi nicht ein und derselbe sind.

Es würde den Rahmen dieses Buches sprengen, wenn ich hier eine eingehende theologische Diskussion über den mystischen Leib Christi führen würde. Doch mit denjenigen, die dieses Thema weiterverfolgen möchten, will ich hier ein paar kurze Überlegungen teilen.

Lassen Sie mich beginnen, indem ich, im Hinblick auf die Ähnlichkeit von Hoffnungskörper und Leib Christi, die springenden Punkte meiner Beschreibung in Kapitel 10 wiederhole:

1. Der Hoffnungskörper ist eine lebendige, fühlbare und bewusste Energie, welche die sichtbaren und unsichtbaren Welten zusammenhält und die vertrauteste Kommunion zwischen ihnen ermöglicht.

2. Er ist nicht als solcher der individuelle Auferstehungskörper oder der Wesenskern einer Person, doch trägt und erhält er diesen Kern in seiner vollständigen individuellen Besonderheit und ermöglicht es ihm zu wachsen.

3. Der Hoffnungskörper selbst ist universal, doch unsere individuelle Verbindung zu ihm wird dadurch hervorgebracht, dass etwas in uns kristallisiert wird, das ihn direkt empfangen kann – unser »zweiter Körper« oder »Hochzeitsgewand«.

Meiner Ansicht nach kommen alle diese Punkte auswechselbar einer Beschreibung des mystischen Leibs Christi oder, wie er heute häufig genannt wird, »des kosmischen Christus« gleich. Was Rafe mir gegenüber als den »Hoffnungskörper« bezeichnete, passt funktionell genau zu den traditionellen theologischen Kategorien von

Christus als dem Mittler zwischen Himmel und Erde, »in dem alle Dinge zusammenhalten.«

Böhme beschreibt die Errettung in zahlreichen Hinweisen als »den Leib Christi annehmen«. Diesbezüglich würde ich die Leserschaft insbesondere auf die einundzwanzigste seiner *Vierzig Fragen von der Seelen* verweisen.

Doch wie kann – wie die christliche Theologie behauptet – der Körper eines einzigen Menschen der einzigartige kosmische Grund jeglicher Schöpfung sein? Für eine eingehendere Erörterung dieser Frage möchte ich nochmals auf Ladislaus Boros und sein *Mysterium mortis* zurückkommen.

Als ein vollständiger Mensch, so argumentiert Boros, folgte Christus derselben Reise in den Tod wie alle Menschen: eine allmähliche Verringerung all seiner menschlichen und äußeren Kräfte in der Annäherung an den Augenblick des vollkommenen »ontologischen Ausgeliefertseins«, was der Tod ist, wenn die Seele von der gesamten physischen und psychischen Matrix abgelöst ist, die sie bis zu diesem Punkt getragen hat. Dieser Augenblick ist auch ein Moment absoluter Gegenwärtigkeit: für die Ganzheit des eigenen Selbsts – »was wir schon immer geahnt und geliebt« haben,[3] die tiefste Wirklichkeit des eigenen Herzens – und auch für die Ganzheit des Universums. Die Seele wird in diesem Augenblick »allkosmisch«, folgert Boros;[4] sie bricht nicht einfach aus der Materie aus, vielmehr ist es so, dass »gerade durch den Vorgang des Todes sich für die Geistseele eine wesenhaftere Materiennähe auftut.«[5] Er erklärt:

> Unsere hiesige empirische Welt stellt gleichsam nur eine verlorene Ecke jenes wesenhaften Kosmos dar, aus dem in unsere Welt immer nur je ein einziges Gegenwartsquantum lang die Kraft zum Dasein einströmt, jenes Kosmos, dessen Berührung unsere Welt dem Nichtdasein immer wieder durch ein neues und winziges Daseinsfundament entreißt und so dem davonstürzenden Zeitlauf ausliefert. Der Tod wäre somit ein Hinuntersteigen zu dem zentralen Mutterboden, zu der wurzelhaften Einheit der Welt, wo alles verknotet und eins ist, wo alle raumzeitlichen Dinge zusammengeknüpft

3. Boros: *Mysterium mortis,* Seite 204.
4. Ebenda, Seite 103.
5. Ebenda.

> sind und wie aus einer Wurzel leben, in das Unterste und Tiefste aller Sichtbarkeit. Vielleicht könnte man diese Wirklichkeit mit dem Urwort »Herz« ausdrücken. Im metaphysischen Vorgang des Todes gelangt die Geistseele ins »Herz des Universums«, ins »Herz der Erde«. An dieser Stelle wird sie ihre ganzheitliche Entscheidung treffen.[6]

Dort – und dies ist der Kern von Boros' Hypothese – geschieht Folgendes: »Die Seele ergreift sich selbst durch den Gesamtkosmos«;[7] und in diesem Moment äußerster und vollkommener Gegenwart gibt sie ihr endgültiges Ja oder Nein zu Gott.

Was also geschah im Augenblick des Todes Jesu? Er wurde sich seines tiefsten Selbsts bewusst und präsent für den Kosmos an dessen tiefster »wurzelhaften Einheit der Welt«.[8] Und als der vollkommen menschliche Gott dem vollkommenen Göttlichen Gott begegnete und Sein Ja erschallen ließ, war es, als würde ein Riss, der seit dem ersten Schöpfungsmoment durch die Welt verlief – vielleicht sogar der Riss der Geschaffenheit selbst –, letztendlich geheilt. Boros hebt diesen Aspekt lyrisch hervor:

> Im Augenblick des Todes Christi riss der Vorhang des Tempels von oben bis unten entzwei. Der Vorhang des Allerheiligsten. Für die jüdische Mystik und nachfolgend in der christlichen Deutung dieses geheimnisvollen Vorkommnisses bedeutete der Vorhang des Tempels das ganze Universum, das zwischen Gott und dem Menschen steht. Dieser Vorhang riss beim Tode Christi entzwei, um uns zu zeigen, dass der ganze Kosmos im Augenblick der vollzogenen Erlösungstat Christi sich der Gottheit öffnet, Gott entgegenspringt wie die Knospe einer Blume. Bei seinem siegreichen Niederstieg in das innerste Innen der Welt hat der Gottessohn die ganze Welt aufgerissen und sie gottesdurchsichtig, ja heiligkeitsträchtig gemacht.[9]

Wir könnten sagen, dass in der »Zwischenzeit« [»in der Heilsepoche zwischen dem Niederstieg Christi und der Parusie«], als

6. Ebenda, Seite 104.
7. Ebenda, Seite 105.
8. Ebenda, Seite 187.
9. Ebenda, Seiten 188–189.

Christus im Hinuntersteigen durch seinen eigenen Tod allkosmisch wurde – absolut gegenwärtig an der »wurzelhaften Einheit der Welt« –, die Wirklichkeit des mystischen Leibes Christi als Grund jeglichen Seins begonnen hat.

»Vielleicht können wir so besser erklären«, folgert Boros, »warum unsere Welt so tief und geheimnisvoll von der Wirklichkeit Christi erfüllt ist.«[10]

Ausgehend von dieser Grundlage, ist es nur noch ein kurzer Schritt, um »den Kosmos in seiner Ganzheit«[11] als den Auferstehungsleib Christi zu erkennen und unsere Erlösung als ein »Zusammenwachsen mit dem auferstandenen Leib Christi«:

> Frei von der »fleischlichen« Raumzeitgebundenheit vermag Christus die Menschen aller Zeiten und aller Räume zu erreichen und sie zu Gliedern seines verklärten Leibes zu machen, das heißt, ihnen Anteil an seiner »pneumatischen« [geistbewegten] Leiblichkeit zu geben. [...] Die in der Auferstehung geschehene Verherrlichung, das heißt das Eintreten Christi in die ungebunden offene Gelichtetheit des Seins, ist also ein Heilsvorgang. Sie schafft die Bedingung der Möglichkeit unseres Heils, weil sie uns befähigt, mit dem auferstandenen Leib Christi zusammenzuwachsen. In diesem Zusammenwachsen mit Christus besteht nämlich unser Heil.[12]

Diese tiefgründigen Erkenntnisse Boros' stimmen mit meinen persönlichsten Erfahrungen des Zusammengehaltenseins mit Rafe im Leib Christi überein – von seinem Brennpunkt im eucharistischen Brot und Wein bis hin zur weitesten allkosmischen Schau des ganzen Universums als dem lebendigen Leib des einen Lebens von Christus. Die letzten Worte von Bede Griffiths: »Empfange den wachsenden Christus«, sind ein tiefer Ausdruck dieser mystischen Erkenntnis: dass nichts aus Christus herausfallen kann und dass im Aufgeben der eigenen »fleischlichen Raumzeitgebundenheit« in die »ungebunden offene Gelichtetheit des Seins« es der mystische Leib selbst ist, der größer und lebendiger wird.

Aber Rafe – oder Bede – »verschwindet« niemals in Christus, genauso wenig, wie Jesus in Christus »verschwindet«. Jeder und jede

10. Ebenda, Seite 188.
11. Ebenda, Seite 187.
12. Ebenda, Seiten 196–197.

bleibt eine lebendige Zelle mit der eigenen einzigartigen und nicht zu ersetzenden Besonderheit. Das Mysterium Christi besteht darin, dass es »alle Dinge zusammenhält« und nicht, dass es sie alle in eins zusammenfaltet.

Eine Anmerkung zur Reinkarnation

ANGESICHTS DER KOMPLEXITÄT DER HYPOTHESE ÜBER DIE vermögendere Seele fragen sich viele Leserinnen und Leser gewiss, weshalb ich mich der Frage des über diesen physischen Körper hinausgehenden anhaltenden Wachstums nicht mittels des wesentlich einfacheren Mechanismus der Reinkarnation nähere. Könnte Rafe, falls sein Wachstum in diesem Leben nicht abgeschlossen wurde, nicht einfach einen anderen Körper annehmen und in einem anderen Leben zurückkommen?

Meine spontane Antwort lautet, dass Reinkarnation keine Lehre ist, an die Rafe glaubte oder nach der er lebte. Sein Verständnis vom Jenseits war zur Gänze von den Parametern der traditionellen christlichen Lehre geprägt, und irgendwann äußerte er mir gegenüber klipp und klar seine Hoffnung, niemals seinen Körper wieder annehmen zu müssen, wenn er ihn erst einmal abgelegt habe. »Er *ist bereits* eine Hürde für das Bewusstsein«, sagte er. Solange keine zwingenden Gründe dagegensprechen, bevorzuge ich es, innerhalb des zugrundeliegenden Bezugsrahmens zu bleiben, auf den wir uns in unserer gemeinsamen menschlichen Arbeit stützten.

Innerhalb der größeren christlichen Überlieferung divergieren die Meinungen zur Vereinbarkeit von Reinkarnation mit dem traditionellen Lehrgefüge. Einige behaupten, Reinkarnation sei tatsächlich einst Teil der Lehre der Frühkirche gewesen und später unterschlagen worden; andere hingegen sind der Meinung, Reinkarnation stehe in krassem Gegensatz zum kirchlichen Kernverständnis der Wiederauferstehung. Diese Spaltung setzt sich auch in der inneren Tradition fort. Ouspensky, Nicoll, Mouravieff und Tomberg gehen allesamt von einer Form von Reinkarnation aus (oder »Wiederkehr«, wie Ouspensky sie nennt); Gurdjieff,

Böhme und Boros argumentieren dagegen. Der große Traditionalist René Guénon (dessen Name auf diesen Seiten zwar noch nicht vorgekommen ist, doch der aufgrund seines Einflusses auf Tomberg im Hintergrund vieler dieser Diskussionen präsent ist) sprach sich unerbittlich gegen die Doktrin der Reinkarnation aus und tat sein Bestes, um sie auf metaphysischem Boden zu entkräften.

Meine eigene Schlussfolgerung ist die, dass Reinkarnation nicht eigentlich zur christlichen Farbpalette gehört, insbesondere nicht zu der Linie innerer Entwicklung, die ich verfolge. Böhme vertrat in dieser Sache die für mich überzeugendste Meinung. Hier ist meine Begründung.

Erstens: Falls meine in diesem Buch entwickelte Argumentation korrekt ist, kommt die Seele nicht herunter und »nimmt« sich einen Körper. Die Wesensessenz ist ein einzigartiger und unersetzlicher Beitrag des Körpers selbst. Aspekte wie das Geschlecht, das Erbe der Vorfahren und der physische Typus sind nicht die »Kleidung«, die in diesem Leben getragen wird, sondern die Matrix der Essenz und ein unveräußerlicher Teil der eigenen einzigartigen Individualität. Was allgemein als »Seele« bezeichnet wird, entspringt der Interaktion von Essenz und Geist – oder dem, was ich zuvor als die »sensiblen« und »intelligiblen« Aspekte der Wirklichkeit beschrieben habe: Form und Besonderheit begegnen der reinen Göttlichen Idee. Die Seele ist das einzigartige und authentische Ergebnis dieser Interaktion. Wieder hilft die Metapher von der Kerze und der Flamme: Die Kerze (Essenz), entzündet (Geist) und erhalten durch die unsichtbare Luft (ebenfalls Geist), führt zur Flamme (Seele), dem Ziel, auf das beide angelegt sind. Doch die Tinctur dieser Flamme – ihre einzigartige Eigenschaft von Lebendigkeit, Farbe und Duft – hat ihren Ursprung in der Kerze. Die Tinctur der Seele – die einzigartige Qualität ihrer Lebendigkeit, die in der zeitlosen Dimension der Ewigkeit brennt – ist, so glaube ich, das »wirkliche Ich«.[13]

Zweitens: Reinkarnation macht das »Ich« auf der falschen Ebene fest. Genau die Vorstellung von »meiner« Beständigkeit verrät eine Ebene von Selbstidentität, die aus dem Ego herrührt, dem

13. Dies erklärt auch in hohem Maße Gurdjieffs Lehre: »Hinter der Persönlichkeit steht die Essenz. Hinter der Essenz steht das wirkliche Ich. Hinter dem wirklichen Ich steht Gott.« Und aus diesem Grund kann Böhme sagen, »dass die Tinctur der rechte Seelen Leib sey« (BÖHME: *Vierzig Fragen,* Seite 76).

sich selbst bespiegelnden Bewusstsein, das zwanghaft auf sich selbst zurückblickt und sich von außen betrachtet. Sogar im Leben können wir weit über diese oberflächliche Selbstbezogenheit des Egos hinausgehen und erkennen, dass unser tiefstes »Ich bin« ein Mysterium ist, das niemals durch den sich selbst bespiegelnden Verstand begriffen werden, sondern nur mit dem Herzen zusammenfallen kann. Der ganze Sinn von Meditation besteht darin, uns über unsere mechanische Identifikation mit dem egoischen Selbst hinaustragen zu lassen und uns zu befähigen, ruhig in der Gegenwart dessen zu sein, wer wir wirklich sind.

Joscelyn Godwin kommentiert Guénons diesbezügliche Lehre in einem kürzlich erschienenen Beitrag im Magazin *Gnosis* folgendermaßen:

> Er wusste, dass wir alle den größten Teil unseres Lebens im flüchtigen und trügerischen Reich des Egos verbringen. Allerdings ist dies [seiner Ansicht nach] kein Grund für die schlechte Metaphysik, unsere temporäre menschliche Persönlichkeit mit unserem wahren Selbst zu verwechseln und, was noch schlimmer ist, diese Persönlichkeit in die Vergangenheit und in die Zukunft zu projizieren als ein ›Ich‹, das in anderen Körpern wiedergeboren wird.[14]

Drittens: Reinkarnation misst dem menschlichen Leben als *summum bonum* eine übermäßige Bedeutung bei und begrenzt folglich den Göttlichen Schub zu subtileren Manifestationsformen und der Möglichkeit unbegrenzter Dimensionen des Daseins. Wie die Bürger in Edwin Abbots imaginärem *Flächenland,* die nur eine zweidimensionale Wirklichkeit erfassen können, fürchten wir uns vor der Unermesslichkeit Göttlicher Kreativität und kleben an unserer statischen Vorstellung der Wiederkehr in der Zeit, anstatt uns die Möglichkeit von Wirklichkeitsdimensionen weit jenseits unseres Begriffsvermögens einzugestehen. Guénon hatte dafür absolut kein Verständnis: »Sobald wir sterben, lassen wir die menschliche Spezies für immer hinter uns, und wenn wir diese Vorstellung nicht mögen, ist das unser Problem.«[15]

14. JOSCELYN GODWIN: "The Case against Reincarnation" im Magazin *Gnosis,* Ausgabe 42 (Winter 1997), Seite 32.

15. Ebenda. Dies ist Godwins freie Wiedergabe von Guénons Worten.

Meine Schwierigkeit mit der Reinkarnationslehre, zumindest wie sie üblicherweise in der westlichen Tradition dargelegt wird, besteht darin, dass sie zu statisch ist. Sie schenkt diesem Schub in eine andere Dimension, die aus dem Herzen Göttlicher Kreativität hervorzugehen scheint, keinerlei Beachtung. Sie ist, was Böhme einen »Gegenwurf« nennt: dasselbe Ding in einer anderen, subtileren Dimension. Die Flamme ist der Gegenwurf zur Kerze. Das wirkliche Ich ist der Gegenwurf zur Essenz. Die *Duineser Elegien* sind ein Gegenwurf zu Rilkes grüblerischem, sehnsuchtsvollem, unvollendetem Leben. Wenn dieses Prinzip einmal verstanden ist, nämlich, dass jede Ebene das Rohmaterial für eine Transformation auf die nächste Ebene von Feinheit zur Verfügung stellt[16] und dass die Göttliche Kreativität durch diesen ganzen Vorgang hindurchtanzt, ja dieser ganze Vorgang ist, dann kann das christliche Konzept vom »Pfeil der Zeit« in seiner mystischen Komponente verstanden werden und die Doktrin der Reinkarnation zeigt sich als einem anderen Paradigma zugehörig: dem non-dualistischen Einheitsverständnis des Ostens.

Und dies gilt sogar für Rafe und mich. Während wir noch immer zusammenwachsen mögen, ist der Ort, an dem dieses Wachstum stattfindet, die vermögendere Seele, die bereits ein Gegenwurf zu unseren menschlichen Leben ist – die nächste Dimension von Subtilität, möglich geworden durch unsere Bereitschaft, unser individuelles Selbst als Rohmaterial für das Brandopfer des Werdens hinzugeben. Dies ist, in einem Satz zusammengefasst, die Quintessenz meiner ganzen Argumentation.

Alle religiösen Traditionen scheinen die Möglichkeit zu billigen, dass eines ihrer »erleuchteten Wesen« einen Körper nochmals annimmt, nachdem es diesen bereits verlassen hat. Doch geschieht dies immer unter besonderen Umständen aus Gründen des kosmischen Dienens und nicht, um dessen Seele weiterzuentwickeln.

16. Ich würde eher von »der nächsten Ebene der Kunstfertigkeit« sprechen, wobei der Begriff nicht im Sinne von »künstlich« zu verstehen ist, sondern als das Produkt eines bewussten kreativen Prozesses.

Eine Anmerkung zur Sexualität

EROTISCHE ENERGIE IST, OFFENSICHTLICH, EBENSO SEXUELLE Energie. Und wie John G. Bennett und so viele andere bemerkt haben, ist sexuelle Energie die potenteste dem Menschen zur Verfügung stehende Kreativitäts- und Transformationsenergie, und es ist ihre ureigenste Art, ihre Ausdrucksweisen zu wechseln, manchmal wie Quecksilber. »In einem Schöpfergedanken leben tausend vergessene Liebesnächte auf und erfüllen ihn mit Hoheit und Höhe«, sagt Rilke. »Und die in den Nächten zusammenkommen und verflochten sind in wiegender Wollust, tun eine ernste Arbeit und sammeln Süßigkeiten an, Tiefe und Kraft für das Lied irgendeines kommenden Dichters.«[17]

Doch die Gebrauchsanweisungen für diese volatile, mächtige und alles umarmende Energie auf dem Pfad spiritueller Transformation sind widersprüchlich und unvollständig. Es gibt Schulen, die sagen, Sexualität könne nur durch strenges Zölibat, striktes Aufheben des Samens, in den Dienst innerer Transformation gestellt werden. Entgegengesetzte, ebenbürtige Schulen sprechen davon, die Erfahrung sexueller Vereinigung bilde eine Wesensverbindung zwischen Mann und Frau und sei ein Präludium zum Sakrament der Vereinigung mit Gott, wenn nicht sogar das Sakrament selbst. Diese beiden gegensätzlichen Ansichten nähern sich in der Lehre des Fünften Weges einander stark an. Einige, wie Mouravieff, bestehen darauf, dass dieser Pfad das Zölibat erfordert; andere, wie Charles Upton, sehen den sexuellen Ausdruck als Teil des Spielfeldes.[18]

Vor dem Hintergrund der unvollständigen und sich widersprechenden Lehren, die uns diesbezüglich zur Verfügung stehen, erscheint es weder möglich noch wünschenswert, eiserne Regeln festzulegen. Jedes Paar muss sich die Parameter, unter Berücksichti-

17. RILKE: *Briefe an einen jungen Dichter,* Seite 23.
18. UPTON: *Love Embattled,* Seiten 13–14.

gung der eigenen Situation und des eigenen höchsten Strebens, selbst erarbeiten. Doch auf unserem Weg zu einer eigenen, individuellen Einsicht in dieser Frage bietet uns der Pfad als solcher eine beachtliche Führung.

Wir erinnern uns, dass der Fünfte Weg ein Pfad der vollständigen Selbsthingabe, der radikalen Selbstaufgabe in Liebe, ist. Liebe ruft die Wirklichkeit des oder der Geliebten hervor und der Akt des Liebens die eigene tiefste Wirklichkeit; was also daraus hervorgeht, ist eine Neuschöpfung in Liebe, die Verschmelzung von Herzen und Willen in dieser einen vermögenderen Seele, die unser wahres Selbst und unsere unvergängliche Bestimmung ist. Das totale Ausgießen von allem, was wir sind, für die oder den Geliebten – und nicht so sehr allein für diese oder diesen, sondern für die Errichtung jener vermögenderen Seele – ist das höchste Gut auf diesem Pfad wie auch der Maßstab, an dem sich die besonderen Anforderungen einer jeden Situation messen lassen.

Der sexuelle Ausdruck, falls dieser gewählt wird, muss *geklärt* werden. Seine Kontraproduktivität vom Gesichtspunkt der spirituellen Arbeit aus liegt in seiner Tendenz, das Paar in die Falle gröberer Triebenergien zu locken, welche an sich unpersönlich sind und ein Eigenleben führen. »Liebende, wäre nicht der andre, der die Sicht verstellt, sind nah dran [am Geheimnis] und staunen«, sagt Rilke in seinen *Duineser Elegien.* »Wie aus Versehn ist ihnen aufgetan hinter dem andern… Aber über ihn kommt keiner fort, und wieder wird ihm Welt.«[19] Sexuelle Leidenschaft neigt tatsächlich zum »Wieder-Werden der Welt«, dazu, uns zu verzaubern und somit fest unter dem Bann des sterblichen und flüchtigen Lebens zu halten. Der einzig praktikable Weg auf eine höhere Ebene – zu einer geklärten Sexualität – verläuft durch ein gemeinsam angenommenes Zölibat, zumindest für eine gewisse Zeit.

Da das Zölibat eine Umleitung von enormen transformativen Energien bedeutet, bringt es uns bereits an sich mit höheren und subtileren spirituellen Fähigkeiten in Berührung. Ich glaube, dass Rafe durch seine Experimente auf diesem Gebiet gelernt hat, sein Herz im Hoffnungskörper nach Belieben auszudehnen und auszurichten. Und da dies eindeutig das Wesen der Kommunion über das Grab hinaus ist, scheint es sinnvoll zu sein, zumindest hier mit dem Versuch anzufangen, den Dreh herauszubekommen.

19. RILKE: *Duineser Elegien,* »Die achte Elegie«, Seite 779.

Aber das Zölibat muss von Habgier und Selbstschutz *geläutert* werden: von dem Teil, der sich selbst von der vollständigen Selbsthingabe zurückhalten würde, um seine spirituellen Eigeninteressen zu schützen. Tatsächlich war dies die »Engstelle«, die zu verhandeln Rafe und ich immer am herausforderndsten fanden: Wie lässt sich ein Zölibat leben, das nicht gleichzeitig ein Zurückhalten des Selbsts, eine Flucht in die Heiligkeit ist, sondern eine vollständige und geteilte Verwirklichung »all dessen, was uns eine Umarmung bringen würde«?

Doch das gibt es wirklich. Es existiert ein Zölibat, das ein vollständiges Ausgießen sexueller Leidenschaft auf einer derart hohen und intensiven Ebene ist, dass sie jede Faser des Selbsts mit Glückseligkeit durchflutet.

Und es gibt auch eine Sexualität, die, so sie denn von ihrer Begierde und ihrer Bindung geklärt ist, wahrhaftige Eucharistie ausdrückt – »Das ist mein Leib, der für euch hingegeben wird« –, ein Sich-dem-anderen-Nähern mit allem, was wir haben und sind, in bewusster Liebe, ein innerstes Geschenk unserer selbst im intimsten Vorgeschmack auf die Göttliche Vereinigung, der im menschlichen Fleisch erfahren werden kann.

Beides existiert. Jedes einzelne, oder beides, kann erreicht werden – unter Schmerzen, Verwirrung, Fehlstarts, Vergebung und Gnade – von Partnern, die wissen, dass das einzige absolute Gesetz auf diesem Pfad das Gesetz der völligen Selbsthingabe ist.

Nachwort

Einführung zur amerikanischen Erstausgabe

WENN JEMAND STIRBT, DEN WIR LIEBEN, WEINEN WIR, ERINnern uns an die gemeinsame Zeit und halten die Scherben für eine Weile dicht an unserem Herzen. Aber irgendwann lassen wir los und leben unser Leben weiter.

In den meisten Fällen ist dies wahrscheinlich der beste Weg. Aber nicht immer.

In bestimmten, vielleicht seltenen Liebesbeziehungen gibt es anstelle des normalen Imperativs des Loslassens und Weitermachens subtile Anzeichen dafür, dass die Reise mit dem Geliebten über das Grab hinaus andauert. Das Miteinandergehen beginnt jetzt erst richtig, statt dass es an sein Ende gekommen wäre. Dies ist der Stoff von Mythologie und Hochromantik: die Reise des Orpheus, die »Göttliche Komödie«. Doch sie geschieht auch echten Frauen und Männern. Ich weiß dies, weil ich eine von ihnen bin.

Mein Partner in diesem Unterfangen ist kein Ehemann oder Liebhaber im üblichen Sinn, sondern ein Einsiedlermönch und Trappist, der mein enger Freund und spiritueller Lehrer war. Sein Ordensname lautete Raphael. Er war ebenso überrascht wie ich, als wir in diese Art von Beziehung gerufen wurden, doch wir beide spürten sie als Bestimmung und fühlten, dass es unbedingt erforderlich war, diese zu akzeptieren und leben zu lernen. Noch zu seinen Lebzeiten sagte er, es würde eine Partnerschaft »von hier bis zur Ewigkeit« sein, und das war beileibe nicht einfach romantisch dahingesagt, sondern etwas, was ihm sein sechster Sinn als Eremit und kontemplativer Mensch eingegeben hatte.

Wenn es einen Grund dafür gibt, dass Raphael und ich auf diese Weise berufen wurden, dann der – und ich hoffe, es ist nicht anmaßend, dies zu sagen –, dass dieser Weg bewusst und absichtsvoll zurückgelegt werden muss. Weitaus häufiger als allgemein vermutet, werden jene, deren Liebe füreinander sich durch eine besondere Vertrautheit und spirituelle Verwandtschaft auszeichnet, dazu eingeladen, auch über das Grab hinaus miteinander weiterzugehen. Solche Vereinigungen – manchmal »ewige Ehen« genannt – kommen zustande, weil sie Teil des Göttlichen Plans sind. Wahre Liebe drückt das heilige Versprechen aus, dass die Liebe stärker als der Tod ist. Und indem sie dieses Versprechen über die ganze Distanz halten, laben sich die beiden Liebenden tief aus jener vollständigen Selbsthingabe in Liebe, die der Kern jeder spirituellen Erfahrung ist. Auf eine besonders zugespitzte Art und Weise folgen sie dem Muster Christi.

Dass dieser Pfad größtenteils unerkannt bleibt und die Einladung meistens abgelehnt wird, hat meiner Meinung nach mit einer Kombination von drei Faktoren zu tun.

Zum Ersten herrscht ein kulturelles Misstrauen gegenüber erotischer Liebe als einem echten Pfad zu Gott – ein Unbehagen, das seit den Zeiten Platons gärt und weiterhin das christliche theologische Denken beherrscht, dessen spirituelle Hauptrichtung überwiegend männlich, zölibatär und klerikal geprägt ist. Diese tief verankerte Voreingenommenheit gipfelt in der allzu häufig aufgestellten Behauptung, die erotische sei eine sich von der Liebe Gottes zu uns unterscheidende Art von Liebe und daher als ein spiritueller Weg im Wesentlichen nutzlos.

Der zweite Faktor ist eine ambivalente und schludrige Theologie des Todes, welche die aufgestellten Behauptungen unwidersprochen lässt, dass die Toten »sich zur Ruhe gelegt« hätten, dass »ihre Arbeit getan« sei und dass sie »in Frieden schlafen« würden. Die dahinterstehende Absicht ist es, die Menschen zu beruhigen, doch die unterschwellige Botschaft lautet, die Toten lägen »im Kühlhaus«, von allem menschlichen Betroffensein entrückt.

Der dritte ist das gegenwärtige Insistieren auf »klaren Grenzen« und einem »gesunden Selbstbild« in Beziehungen – Prioritäten, die, wie lobenswert sie auch gemeint sein mögen, es schwierig machen, ältere Lehren zu verstehen, die besagen, dass der eigentliche Zweck wahrer Liebe darin liege, ein Ganzes zu formen, das größer als die Summe seiner Teile und, aufgrund der Stärke dieser Vereinigung, vom Tod nicht zu erschüttern ist. Diese Vorstellung hat bereits einen starken Anklang des sozialmedizinischen Konzepts der Co-Abhängigkeit.

Doch es gibt sie, diese Lehren, und sie sprechen eine reale Einladung aus. So existiert in der christlichen inneren Tradition ein nur wenig bekanntes, nichtsdestotrotz aber umfassendes Wissen über eine Möglichkeit, um die unser Herz intuitiv schon immer wusste: nämlich, dass der Tod eines Geliebten nicht das Ende einer Beziehung bedeutet, sondern bloß eine neue und subtilere Phase des gemeinsamen Weges. Wenn die Bereitschaft dafür da ist, kann die Liebe größer werden – und nicht nur die Liebe des Paares füreinander kann zunehmen, auch *sie selbst* können darin weiterwachsen, indem sie sich als Gleichberechtigte auf das offene Abenteuer ihres anhaltenden gemeinsamen Lebens einlassen.

Dieser Weg ist schwierig – und nicht ohne Frustrationen und Qualen. Er verlangt Treue, Glaube und die Bereitschaft, die offensichtliche Last des Fehlens der menschlichen Partnerschaft zu ertragen, sowie ein zum Himmel hin weit geöffnetes Herz. Für jene aber, die bereit sind, den Preis zu zahlen, ist er eine kostbare Gelegenheit, für sich selbst zu entdecken, dass wahre Liebe tatsächlich ewig *ist.*

In diesem Buch hoffe ich, bestimmte Aspekte des Pfades skizzieren zu können, den Raphael und ich bis hierhin gegangen sind. Mein – zugegebenermaßen heikles – Ziel ist es, dabei einen Mittelweg zwischen Theorie und Praxis sowie zwischen persönlichem Narrativ und spiritueller Reflexion zu finden. Es wäre weder angemessen noch notwendig, unsere Geschichte einfach als eine persönliche Erinnerung zu erzählen. Doch die Lehren, welche den Prinzipien der Seelenarbeit über das Grab hinaus zugrunde liegen – und mein eigentliches Anliegen in diesem Buch ist es, genau diese mit den Leserinnen und Lesern zu teilen –, stammen größtenteils aus der christlichen inneren Tradition und können leicht als abstrakt und verschachtelt erscheinen, wenn sie nicht in menschlichem Fleisch und Blut begründet sind. Das ist die schwierige Balance, die ich auf diesen Seiten zu halten versuche.

Meine Hoffnung geht dahin, dass Paare, die dieses Buch lesen, ermutigt werden, die Ewigkeitselemente in ihrer Beziehung zu erkennen und sich während der Zeit ihres physischen Lebens auf die Möglichkeit vorzubereiten, die Beziehung über das Grab hinaus fortzuführen, falls die Einladung dazu ausgesprochen ist. Für jene, die nicht dazu aufgerufen sind, hege ich die Hoffnung, dieses Buch möge ihnen helfen, denjenigen mitfühlender zu begegnen, die es sind. Und dem uneingeschränkt skeptischen Teil der Leserschaft möchte ich mit Shakespeare sagen, dass an der heiklen Kreuzung, wo die spirituelle Sehnsucht und das menschliche Verlangen plötzlich in einem menschlichen Geliebten aufeinandertreffen, »es mehr Ding' gibt im Himmel und auf Erden, als eure Schulweisheit sich träumt.«

Abschließend kann ich nur sagen, dass ich die volle Verantwortung übernehme für das Erzählen einer Geschichte, die nicht nur die meinige ist, sondern ebenso diejenige von einem Menschen, der nun nicht mehr physisch unter uns weilt. Dies erwähne ich insbesondere, weil er ein Mönch war, und von allen Mönchen, die ich kenne, der zurückgezogenste. Ich bin mir bewusst, dass mein Gefühl, er mache an diesem Projekt bereitwillig mit, Teil meiner eigenen zirkulären Logik ist, die kraft ihrer eigenen Wahrheit steht oder fällt. Ich möchte die am nächsten Betroffenen – Raphaels klösterliche Brüder und seine Familie – um Verzeihung bitten, falls ich unabsichtlich ihre Erinnerung an einen Menschen getrübt haben sollte, der ein hingebungsvoller spiritueller Sucher war; und auch diejenigen, die ihm nahestanden, falls sie den

Eindruck haben, dass der Abschnitt seines Lebens, den ich mit ihm teilte, ihren eigenen auf irgendeine Art und Weise verdrängt. Rafe und ich haben niemals erwartet, in solch eine Partnerschaft gerufen zu werden, und wir beide spürten die ganze Zeit über, dass es mehr darum ging, dass wir einander anvertraut worden waren, als dass wir uns ineinander verliebt hatten. Doch nachdem wir den Aufruf, einander zu lieben, akzeptiert und die letzte Etappe von Rafes menschlicher Reise zusammen in Angriff genommen hatten, gaben wir unser Bestes, ihr Ehre zu erweisen und ihre Wahrheit zu entdecken. Er zog es immer vor, unsere Beziehung als »das Experiment« zu bezeichnen. Dieses Buch ist ein weiteres Kapitel in dessen anhaltender Entfaltung.

Salt Spring Island, British Columbia
Karwoche, 1998

Über die Autorin

Cynthia Bourgeault ist eine amerikanische Mystikerin und international bekannte Autorin und Referentin. Die Doktorin der Mediävistik und Priesterin der episkopalen anglikanischen Kirche lebt an der Küste von Maine und hält weltweit Vorträge und Seminare zum Thema des christlichen kontemplativen Pfades. Neben ihrer theologischen Ausbildung studierte sie viele Jahre in einer Gurdjieff-Schule und beschäftigte sich auch intensiv mit dem Sufismus sowie den mystischen Traditionen des Ostens. Sie engagiert sich für den interspirituellen und interreligiösen Dialog und ist eine der führenden Lehrerinnen der Praxis des Gebets der Sammlung (oder des zentrierenden Gebets) nach Thomas Keating, Bruno Barnhart und Richard Rohr, mit denen sie jahrelang eng zusammengearbeitet hat.

Weiterführende Informationen unter
www.cynthiabourgeault.org

Bibliografie

Abbott, Edwin A.: *Flächenland: Ein mehrdimensionaler Roman,* Dörfles: Renate Götz Verlag, 1999.

Arcand, Denys [Regie]: *Jesus von Montreal,* kanadisch-französisches Filmdrama, 1989.

Baigent, Michael und Leigh, Richard und Lincoln, Henry: *Der Heilige Gral und seine Erben,* Bergisch Gladbach: Lübbe, 1984.

Barnhart, Bruno: *The Good Wine: Reading John from the Center,* Mahwah, NJ: Paulist Press, 1994.

Bennett, John G.: *Die Meister der Weisheit,* Südergellersen: Verlag Bruno Martin, 1993 (beziehbar über den Chalice Verlag).

Bennett, John G.: *Sex und spirituelle Transformation,* Xanten: Chalice Verlag, 2012.

Böhme, Jakob: *Aurora oder Morgenröte im Aufgang,* [1612/1613], Amsterdam 1682.

Böhme, Jakob: *Christosophia: oder Der Weg zu Christo* [1621], Amsterdam 1731.

Böhme, Jakob: *Die drei Principien göttlichen Wesens* [1619], Leipzig: Verlag von Johan Ambrosius Barth, 1841.

Böhme, Jakob: *Vierzig Fragen von der Seelen* [1620], Amsterdam: Hans Fabeln, 1648.

Boros, Ladislaus: *Mysterium mortis: Der Mensch in der letzten Entscheidung,* Topos Taschenbücher 2017.

Bruteau, Beatrice: *God's Ecstasy,* New York: Crossroad, 1997.

Bruteau, Beatrice: "Persons in Love" in *The Roll,* Vierteljährlicher Newsletter der Schola Contemplationis (März 1996), Pfafftown, NC, Seiten 9–10.

Cassianus, Johannes: *Unterredungen,* übersetzt aus dem Urtexte von Dr. Valentin Thalhofer, Kempten: Verlag der Jos. Kösel'schen Buchhandlung, 1879.

Coulombe, Charles A.: "The Secret Church of John", im Magazin *Gnosis,* Ausgabe 45 (Herbst 1997), Seiten 47–53.

Dostojewski, Fjodor Michailowitsch: *Die Brüder Karamasoff,* München: R. Piper & Co. Verlag, 1980.

Dunne, John S.: *The Reasons of the Heart,* New York: Macmillan, 1978.

Eliot, T.S.: "The Dry Salvages" in *The Complete Poems and Plays,* New York: Harcourt, Brace, and World, 1952.

Gautier, Théophile: *Émaux et Camées,* Paris: Poulet-Malassis et de Broise, 1858.

Godwin, Joscelyn: "The Case Against Reincarnation" in *Gnosis* magazine, 42 (Winter 1997): 32.

Gurdjieff, G.I.: *Beelzebubs Erzählungen für seinen Enkel: Eine objektiv unparteiische Kritik des Lebens des Menschen,* 3 Bände, Basel: Sphinx Verlag, 1981.

Hart, Patrick [Hrsg.]: *Thomas Merton, Monk,* Garden City, NY: Image Books, 1976.

Helminski, Kabir Edmund: *Living Presence: A Sufi Way to Mindfulness and the Essential Self,* New York: Jeremy Tarcher/Putnam, 1992.

Hesse, Hermann: »Stufen« in *Das Glasperlenspiel,* Frankfurt am Main: Suhrkamp Verlag, 1994.

Kadloubovsky, E. und Palmer, G.E.H. [Hrsg. u. Übers.]: *Unseen Warfare – as edited by Nicodemus of the Holy Mountain and revised by Theophan the Recluse,* Crestwood, NY: St. Vladimir's Seminary Press, 1987.

Khan, Hazrat Vilayat: *Der Ruf des Derwischs,* Essen: Synthesis Verlag, 1982.

Lawrence, D.H. : *The Complete Poems of D.H. Lawrence,* 2 Bände, New York: Viking, 1964.

Luke, Helen: *Old Age,* New York: Parabola Books, 1987.

Merton, Thomas: "The Inner Experience", unveröffentlichtes Manuskript, mehrere Auszüge *Cistercian Studies,* Trappist, KY, 1983.

Mouravieff, Boris: *Gnosis,* 3 Bände, Newbury, MA: Praxis Institute Press, 1989.

Needleman, Jacob: *Lost Christianity,* New York: Doubleday, 1980.

Needleman, Jacob und Faivre, Antoine: *Modern Esoteric Spirituality,* New York: Crossroad, 1992.

Nicoll, Maurice: *The New Man,* London: Stuart and Richards, 1950; deutsch: *Ich bin der Weg...,* Frankfurt am Main: Sten-

Verlag, 1950 (eine Neuausgabe dieses Titels erscheint demnächst im Chalice Verlag).

Nicoll, Maurice: *Psychological Commentaries on the Teaching of G.I. Gurdjieff and P.D. Ouspensky,* 4 Bände, London: V. Suart, 1952–1955.

Ouspensky, P.D.: *Auf der Suche nach dem Wunderbaren,* Bern, München, Wien: Otto Wilhelm Barth-Verlag, 1993.

Rilke, Rainer Maria: *Briefe an einen jungen Dichter,* Frankfurt: Insel Verlag, 1929.

Rilke, Rainer Maria: *Duineser Elegien* in: *Gesammelte Werke,* Stuttgart: Reclam Bibliothek, 2015.

Solovyov, Vladimir: *The Meaning of Love,* Hudson, NY: Lindisfarne Press, 1985.

Starbird, Margaret: *Die Frau mit dem Alabasterkrug,* Berlin: Ullstein, 2006.

Thoreau, Henry David: *Walden,* Zürich: Artemis-Verlag, 1945.

Tomberg, Valentin: *Anthroposophical Studies in the New Testament,* Spring Valley, NY; Candeur Manuscripts, 1985.

Tomberg, Valentin: *Meditations on the Tarot,* Rockport, MA: Element Books, 1993; deutsch: *Die großen Arcana des Tarot,* Peiting: Meum Vita Verlag, 2020.

Upton, Charles: *Love Embattled,* unveröffentlichtes Manuskript.

Register

Der Chalice Verlag widmet sich
der Publikation von wertvollen Texten
aus verschiedenen spirituellen Traditionen

Unser gesamtes aktuelles Verlagsprogramm sowie
weiterführende Textbeiträge, Audioaufnahmen und Videos
finden Sie auf unserer Webseite

www.chalice-verlag.com

Wie Sie unsere Arbeit unterstützen können

Gute Bücher mit anspruchsvoller Literatur zu machen,
ist heutzutage ein steiniges Unterfangen, besonders
für kleine Verlage, die knappe finanzielle Mittel
mit umso mehr Herzblut wettmachen müssen.
Wir sind ein nicht-profitorientierter Kleinverlag,
arbeiten für weniger als ein Taschengeld und reinvestieren
alle unsere Erträge in neue Buchprojekte.

Wenn Sie den Chalice Verlag unterstützen möchten,
freuen wir uns natürlich über jeden Kauf und
jede Weiterempfehlung der von uns verlegten Bücher.
Auch falls Sie uns eine Spende zukommen lassen möchten,
die uns neue Buchprojekte ermöglichen hilft und
unsere Verlagsarbeit fördert, danken wir Ihnen von Herzen.

Unsere Bankverbindung:
Iban-Nr. DE89 3545 0000 1150 0050 54 · Bic WELADED1MOR

Unser PayPal-Konto: kontakt@chalice-verlag.com

Chalice Verlag

Wenn Sie all das, was Sie über Jesus zu wissen *glauben,* beiseitelegen und die Evangelien lesen, als wäre es das erste Mal, geschieht Bemerkenswertes: Jesus begegnet Ihnen als ein Meister der Weisheit, der eine Transformation von Herz und Bewusstsein lehrt, welche die Kraft hat, unser Leben vollständig zu verwandeln. Cynthia Bourgeault, die episkopale anglikanische Priesterin und Kontemplationslehrerin, bietet eine mystisch inspirierte und wissenschaftlich fundierte Neubetrachtung der Frohen Botschaft Christi: eine exzellente Auslegung der glänzenden Vision des Jesus von Nazareth, die mutig aufräumt mit den überkommenen Dogmen einer patriarchalischen und paternalistischen Theologie und die innere Bedeutung der christlichen Mysterien frisch und intelligent beleuchtet. Unter Einbezug der jüngsten Erkenntnisse der Bibelforschung, neuer Quellen wie der Evangelien des Thomas und der Maria Magdalena sowie von spirituellen Einsichten auch aus anderen Weisheitstraditionen erklärt die Autorin mit viel Esprit und einer guten Prise Humor, wie wir die Worte und Gleichnisse Jesu über den Verstand in unser Herz bringen und sie in unserem Alltagsleben aufblühen lassen können. In einem großen Praxisteil gibt sie zusätzlich wertvolle Anleitungen aus ihrer jahrelangen Erfahrung mit Übungen wie dem zentrierenden Gebet oder dem Gebet der Sammlung, der Textmeditation der *lectio Divina* sowie der »Willkommensübung« und dem Chanten oder Singen von heiligen Texten wie den Psalmen.

ISBN 978-3-942914-44-4
260 Seiten

Das Gebet der Sammlung (oder das Zentrierende Gebet) ist eine authentische christliche Kontemplations- und Meditationspraxis, die es uns erlaubt, durch das Loslassen unserer Gedanken in der tiefsten inneren Stille unseres Herzens die Gegenwart Gottes und unser Einssein mit der ganzen Schöpfung zu erfahren. Dieses Buch bietet einen sorgfältigen Einführungskurs in diese faszinierende Übung, die in den 1970er-Jahren von einer Gruppe von Mönchen rund um den US-amerikanischen Trappisten Thomas Keating entwickelt wurde und heute von Hunderttausenden in aller Welt praktiziert wird. Die episkopale Priesterin, Theologin und Mystikerin Cynthia Bourgeault ist eine direkte Schülerin Keatings und lehrt die christliche Kontemplation und das Gebet der Sammlung seit vierzig Jahren. Im ersten Teil dieses Buches gibt sie kostbare Praxistipps für den Einstieg und die Vertiefung in die Übung. Der zweite Teil beleuchtet die Bedeutung des Herzens als Zentralorgan der spirituellen Wahrnehmung aus dem Blickwinkel der christlichen mystischen Traditionen sowie die jüngsten Erkenntnisse der Neurowissenschaften über die förderlichen Aspekte einer Resonanz von Gehirn- und Herzaktivität. Im dritten Teil nimmt uns die Autorin mit auf eine fesselnde Entdeckungsreise durch den mittelalterlichen Kontemplationsklassiker *Wolke des Nichtwissens,* der ältesten Quelle des Gebets der Sammlung und einer der frühesten christlichen Texte zur Phänomenologie des menschlichen Bewusstseins.

ISBN 978-3-942914-50-5
256 Seiten

»In meines Vaters Haus sind viele Wohnungen.« Eine Entdeckungsreise durch alle Reiche der Schöpfung, von denen jedes eine besondere Aufgabe im Prozess der Selbsterkenntnis Gottes hat. Zentral ist dabei jener Ort, »wo sich die beiden Meere treffen«: die Welt des Imaginativen zwischen dem Sichtbaren und dem Unsichtbaren, wo sich ein wunderbarer Austausch abspielt. Um dem Sinn unseres Daseins und unserer Verantwortung – als Individuen und als Gemeinschaft – im Rahmen der Evolution gerecht zu werden, müssen wir die Funktion des imaginativen Reichs als Teil der Wirklichkeit verstehen lernen. Das Organ, das uns dazu befähigt, ist das menschliche Herz, dessen Spiegel wir durch die Läuterung unseres Lebenswandels polieren. Und das Gefährt, das uns über diese imaginative Wasserscheide hinaustragen kann, ist die menschliche Seele, die wir uns in diesem irdischen Leben erarbeiten und kräftigen müssen. Auf Basis von non-dualem metaphysischem Kartenmaterial (aus Christentum, Sufismus und den Lehren Gurdjieffs, Teilhard de Chardins und Ken Wilbers) erläutert die Autorin das Wesen des Imaginativen, das mit dem Auge des Herzens gut sichtbar und den mystischen Traditionen bestens vertraut ist. Dabei zeigt sie auf, wie wir unser Herz öffnen und einstimmen können auf die höheren Welten, durch die sich die erhabene Schönheit Gottes ausdrückt in unserer kostbaren Besonderheit als menschliche Individuen wie auch in unserer gegenseitigen Verbundenheit.

ISBN 978-3-942914-48-2
228 Seiten

Ein mutiger Glaube erfordert einen großen Gott. In welche beschränkten Vorstellungen und Konzepte haben Sie das Göttliche eingesperrt? Falls Ihre Beziehung zu Gott distanziert oder beiläufig und Ihre Erfahrung des Göttlichen im Leben lau oder berechenbar geworden sind, lädt Paul Coutinho Sie ein, daran zu glauben, dass Gott größer ist – viel, viel größer! Jenseits von theologischem Dogmatismus und konfessioneller Schrebergärtnerei ist dieses Buch eine grandiose Aufforderung, in unserem Glauben tiefer zu leben und stärker zu wachsen, indem wir einen Gott umarmen, Dessen Liebe wahrhaftig keine Schranken kennt. Der aus Indien stammende und in den USA lehrende Priester, Psychologe und Theologe begeistert mit seinen Schriften und Vorträgen, die sich – mit einem östlichen Blick auf unsere westliche Spiritualität – der unermüdlichen Suche des Herzens nach dem Göttlichen widmen und unserem Verlangen, das Leben in seiner ganzen Fülle zu erfahren. *Wie groß ist dein Gott?* ist ein wunderbarer Wegweiser aus engen Bachläufen hinaus in den Fluss des Lebens und ins offene Meer des Göttlichen. Der Autor ermutigt uns mit aus dem Leben gegriffenen Geschichten, einer guten Prise Humor und wertvollen Inspirationen für unseren persönlichen Alltag, Herz und Verstand zu gebrauchen, sodass wir die unermessliche Weite Gottes erfahren können. Wir beginnen zu erkennen, dass eine immer tiefere Beziehung mit dem Göttlichen der wahre Zweck jeglicher Religion ist.

ISBN 978-3-942914-24-6
172 Seiten

Ein weises Wort besagt: Die dunkelste Stunde liegt kurz vor der Morgendämmerung. Ebenso wissen wir: Alles Leben beginnt im Dunkel. Warum also fürchten wir die Dunkelheit und versuchen so angestrengt, sie zu meiden? Könnte es sein, dass wir große Möglichkeiten vertun, wenn wir den dunklen Aspekten und Phasen unseres Lebens um jeden Preis zu entfliehen versuchen? Noch bevor Licht war, war Gott. Tatsächlich erschuf Er alles – das Universum, die Welt und uns als Sein Abbild, Sein Gleichnis und Seinen Atem – aus der tiefsten Dunkelheit heraus. In diesem geistreichen und ermutigenden Buch untersucht der Mystiker, Priester, Theologe und Psychologe Paul Coutinho, weshalb selbst gläubige Menschen sich vor Zeiten des Dunkels, des Schmerzes, der Veränderung und des Sterbens fürchten, wo wir doch alle wissen müssten, dass ohne Dunkelheit auch kein Licht auf unseren Lebensweg fallen und uns nach Hause leiten könnte. Mit seinem undogmatischen östlichen Blick auf eine gelebte christliche Spiritualität und anhand eindrücklicher Geschichten aus seiner eigenen Lebens- und Berufserfahrung in Indien und den USA zeigt uns der Autor, wie wir unsere Angst vor diesem Dunkel überwinden und gestärkt aus persönlichen Krisen hervorgehen können. Indem wir die wichtige Rolle der Dunkelheit auf unserer spirituellen Reise verstehen lernen, vermögen wir die Göttliche Liebe an Orten und zu Zeiten zu erfahren, wo wir sie am wenigsten vermuten.

ISBN 978-3-905272-25-3
148 Seiten

Die in Expertenkreisen hochgelobte Biografie des griechisch-armenischen Mystikers, Autors, Choreografen und aufgeklärten Provokateurs G.I. Gurdjieff (1866–1949). Als einer der originellsten spirituellen Lehrer im modernen Westen pflegte er gute Beziehungen zu vielen bedeutenden Künstlerinnen und Künstlern, wie dem Architekten Frank Lloyd Wright oder der Schriftstellerin Katherine Mansfield, und beeinflusste nachhaltig Hunderte von Studentinnen und Studenten. Der Kunsthistoriker und Biograf Roger Lipsey, der sich ein halbes Jahrhundert lang intensiv mit dessen Lehre, Leben und Vermächtnis beschäftigt hat, legt hier ein objektives und einfühlsames Porträt vor, das uns die charismatische und geheimnisvolle Figur Gurdjieffs als einen mitfühlenden Menschenkenner, anspruchsvollen Denker und wahren Weisen nahebringt. Dabei widmet sich der Autor auch ausführlich der teils beißenden Kritik aus Kreisen von Intellektuellen und religiösen Traditionalisten, die ihn jahrzehntelang bewusst in ein falsches Licht rückten. Auf Basis umfangreicher, bislang teils unveröffentlichter Quellen werden Gurdjieffs Bildungsreisen durch Zentralasien, sein Lehrinstitut in Frankreich sowie die Entwicklung seiner rhythmischen Bewegungen, seiner einzigartigen Musik und seiner wegweisenden Lehre nachgezeichnet. Eine Pflichtlektüre für alle »Mitarbeiterinnen und Mitarbeiter des Lebens«.

ISBN 978-3-942914-40-6
416 Seiten · 16 Abbildungen

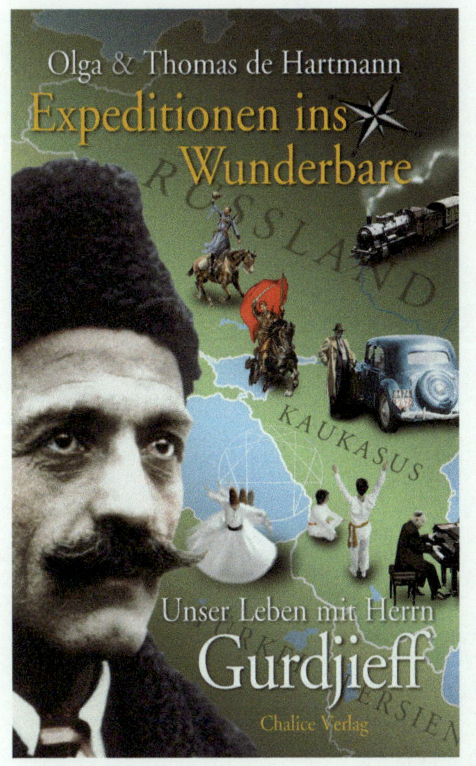

Inmitten der Wirren des Ersten Weltkriegs und der Russischen Revolution schließen sich die Sängerin und der Komponist Olga und Thomas de Hartmann in Sankt Petersburg dem geheimnisvollen spirituellen Lehrer G. I. Gurdjieff an und weichen ihm siebzehn Jahre lang nicht mehr von der Seite. Nach ihrer abenteuerlichen, als wissenschaftliche Expedition getarnten Flucht aus dem untergehenden Zarenreich gelangt die eingeschworene Gruppe von Wahrheitssuchern über den Kaukasus, die Türkei und Berlin nach Frankreich und bis in die USA. Dabei erdulden die ehemaligen Aristokraten psychische und körperliche Prüfungen, Krankheit, Armut und Hunger, während sie unter der weisen Leitung ihres Meisters an einer Vervollkommnung ihres Wesens arbeiten und mit schier übermenschlicher Kraft nach Selbsterkenntnis streben. Als Vertraute des charismatischen Lebenslehrers sind sie maßgeblich beteiligt am Aufbau von dessen »Institut für die harmonische Entwicklung des Menschen« und an der Entstehung seiner einzigartigen rhythmischen Bewegungen, seiner Herz und Seele berührenden Musik und seiner Schriften. Diese sehr persönlichen Aufzeichnungen ihrer äußeren und inneren Reise als wichtigste frühe Weggefährten Gurdjieffs ergeben ein beeindruckendes Zeitzeugnis und eine äußerst spannende Lektüre, die authentische Einblicke gewährt in außergewöhnliche Lebensgeschichten rund um eine der faszinierendsten und rätselhaftesten Figuren des zwanzigsten Jahrhunderts.

ISBN 978-3-942914-39-0
380 Seiten · 60 Abbildungen

Um uns von der alles vereinenden Liebe Gottes ansprechen zu lassen, brauchen wir die mitfühlenden Augen und die verständnisvollen Ohren eines großen, offenen Herzens. Ein solches pocht in Johannes Maria Reißmüller und bewegt den modernen Mystiker und Lehrer der (ur-)christlichen Kontemplationserfahrung nach der Tradition von Willigis Jäger und der »Wolke des Nichtwissens«. In dieser kostbaren Sammlung authentischer Eingebungen schildert der so Angesprochene in lyrischen Worten die Einsichten und Inspirationen, die ihm über die Jahre in seinem täglichen stillen Gebet gewährt wurden. Dabei legt er ein ergreifendes Zeugnis ab von der Wirklichkeit der ineinander verwobenen höheren Welten, die nicht getrennt sind von unserem Leben im irdischen Alltag, sondern Teil einer Ganzheit, die sich unserer liebevollen Achtsamkeit offenbaren kann im Geisteswind, der weht, wo er will, und in allen Wundern der Schöpfung: im Klang eines Engelchores, in den Worten der Heiligen und Propheten, im Blätterrauschen eines Baumes oder im kreisenden Flug eines Bussards. Sie alle rufen uns von den Abwegen unserer oberflächlichen Verirrung zurück auf den geraden Weg des tiefgründigen Vertrauens. »Es ist die Mutter allen Seins, der du dein Leben anvertraust. Es ist die Mutter allen Seins, die dir die Liebe nun einhaucht. Es ist ein Wunder an dir geschehen, denn du kannst wahrhaft wieder sehen.«

ISBN 978-3-942914-44-9
272 Seiten

Das Johannesevangelium ist einer der bekanntesten und schwierigsten Texte des Neuen Testaments und hat mit seiner poetischen Schönheit und tiefen Spiritualität schon sehr viele Interpreten beschäftigt. Von besonderer Kraft und klarer Vision ist die Deutung von Johannes Scotus Eriugena, des irischen Weisen aus dem neunten Jahrhundert. Seine *Homilie* über den Prolog dieses Evangeliums, die im Mittelalter sehr einflussreich war, ist eines der frühesten Zeugnisse der keltisch-christlichen Mystik und deutet die Schrift außergewöhnlich originell und inspiriert. Auf den Schwingen des Adlers (dem traditionellen christlichen Symbol für Johannes) trägt uns Eriugena empor und lässt uns den Ursprung des Universums und unser eigenes Wesen aus einer Perspektive schauen, die weit über die Welt der Erscheinungen hinausgeht. Für Eriugena ist Gott transzendent in Seinem unerschaffenen Wesen und gleichzeitig immanent in Seiner erschaffenen Natur. Diese hat sich im Anfang von Gott entfremdet und ist nun aufgefordert, zu Ihm zurückzukehren. Jesus, das Fleisch gewordene Wort, erinnert den Menschen an sein wahres Wesen und seine Bestimmung zur Rückkehr in die Einheit allen Seins.

Dieses Buch erschließt die Homilie Eriugenas in der wunderbaren Übersetzung und mit den ausführlichen Reflexionen von Christopher Bamford, dem renommierten Autor und Herausgeber auf dem Gebiet der westlichen Spiritualität.

ISBN 978-3-905272-86-4
228 Seiten

Im spirituellen Schrifttum des Islams stellt die *Abhandlung über die Liebe* einen Höhepunkt dar; sie ist im Ganzen wie im Detail ein vollendetes Meisterwerk. Alles, was vor Ibn ʿArabī zu diesem, insbesondere für das esoterische Verständnis des Korans so zentralen Thema gesagt wurde, fasst der »größte Meister« hier zusammen, geht aber noch weit darüber hinaus. Kein spiritueller Lehrer hat seither derart wirklichkeitsgetreue, ursprüngliche, tiefgründige und vollständige Sichtweisen auf das Wesen und die Essenz der Liebe dargestellt.

In dem hier zum ersten Mal auf Deutsch vorliegenden Kapitel 178 seiner umfangreichen *Mekkanischen Eröffnungen* beleuchtet der »Lehrer der Sufis« alle Formen der Liebe, die natürliche oder physische, die spirituelle und die Göttliche. Die falsche, im Westen – heutzutage wie auch in der Vergangenheit – verbreitete Meinung, der Islam sei lediglich eine Religion der Strenge und formaler Vorschriften, in der Göttliche Transzendenz alles derart aufsauge, dass ein menschliches Wesen nicht einmal mehr an der Liebe teilhaben könne, wird hier mit großer Einblickskraft in die tiefsten Zusammenhänge und in poetischer Sprache richtiggestellt.

ISBN 978-3-905272-74-1
280 Seiten

Sex ist eine der machtvollsten Kräfte in unserem Leben, und doch vermögen nur die wenigsten Menschen, ihn ganzheitlich zu betrachten. Weit über Fortpflanzung und Vergnügen hinaus kommt ihm besondere Bedeutung für die spirituelle Transformation des Menschen zu. Suchenden, denen sich zu diesem Thema schwierige Fragen stellen, bietet dieses Buch neue Denkanstöße und überraschende Blickwinkel auf eines der größten Wunder und tiefsten Rätsel der Schöpfung. In den hier zusammengestellten Auszügen aus seinen Vorträgen behandelt der Naturwissenschaftler, Philosoph und spirituelle Lehrer Bennett Themen wie den Ursprung der Sexualität, ihr Verhältnis zur Liebe, die Bedeutung des Geschlechtsakts, die komplementären Rollen von Mann, Frau und Kind, Ehe und Partnerschaft, Fortpflanzung, Elternschaft, Kreativität, »negativen Sex« sowie psychologische und gesellschaftliche Aspekte.

»Die innere Spaltung des Menschen ist die Trennung seiner geistigen und materiellen Hälften. Sie führt zur Unzufriedenheit und Suche, die seine Transformation erst ermöglichen. Die wirkliche Freude am Sex liegt weder in gedanklicher Stimulation noch in emotionaler Erregung, sondern in verbesserter Klarheit, Kraft und Stärke der Erfahrung auf allen Ebenen. Im Geschlechtsakt können wir wahrhaft wir selbst sein, und dies sollte uns in Sachen Sex sehr feinfühlig machen.«

ISBN 978-3-942914-06-2
120 Seiten

Ein Schatz tiefer Einsichten aus spiritueller Perspektive in das große Mysterium des Atems. Inspirierende Vorträge, praktische Übungsanleitungen und eine Auswahl poetischer Texte aus unterschiedlichsten Traditionen laden uns ein, den Atem als Wunder auf vielen Ebenen zu erforschen.

Was ist dieser Atem? Welche Bedeutung liegt in diesem Leben spendenden Geheimnis? Wie wichtig ist das bewusste Atmen für echte spirituelle Transformation? Was sagt uns die Tatsache, dass unser Leben all seine Möglichkeiten zwischen einem Einatmen und einem Ausatmen entfaltet? Wie hängt das alles mit dem Rhythmus des Universums und der Zeit zusammen? Welche Rolle spielt der Atem im »Werden des Seins« aus dem immerwährenden »Schoß des Augenblicks«? Wie können wir Nahrung einatmen und sie ins alchimistische Exilier destillieren, das wir für die nachhaltige Verwandlung unseres Lebens brauchen? Wie können wir ausatmen, um die Atmosphäre in einem Raum oder in einer Situation zu verändern, in Verantwortung für unsere Mitmenschen und für die »kommende Welt«? Was könnte es bedeuten, dass Jesus »auf dem Wasser wandelte« und dass »Atem und Geist eins sind«? Welches ist die esoterische Beziehung zwischen Maria, Jesus, dem Geist Gottes, *rūḥ Allāh,* und Christus?

Vor dem Hintergrund seines lebenslangen Studiums der inneren Essenz der Sufi-Lehren liefert uns der Autor Gedankenanstöße und praktische Tipps zur Atemarbeit in unserem Alltag.

ISBN 978-3-942914-09-3
172 Seiten

»Dieses Buch ist die Geschichte einer Liebe – einer Liebe, die sich dem Tod stellt. Zu wissen und zu akzeptieren, dass unser Körper stirbt, dass dies die einzige Zeit ist, die wir haben, ist die mächtigste Waffe, die wir jemals besitzen können. Mit diesem Wissen kann für uns ein leidenschaftliches Leben beginnen, in dem wir keinen Augenblick der kostbaren Zeit mehr vergeuden, die uns zugeteilt ist, und uns dankbar in die Unmittelbarkeit des Lebens stürzen. Wir arbeiten jetzt für die Zukunft der Menschheit, und wenn wir wissen, dass wir geliebt sind, wird die Zeit auf unserer Seite sein.« Diese Fortsetzung der Autobiografie *Die letzte Schranke* ist ein faszinierender Bericht über die Suche nach der wahren Bedeutung des Lebens, eine spannende Reise in die Wirklichkeit und eine bewegende Liebesgeschichte. Nach seiner Rückkehr aus der Türkei und der Welt des Sufismus trifft Reshad Feild in England auf Menschen, die ihm auf seinem Weg der Transformation weiterhelfen und ihn tiefer in das Geheimnis des Atems einführen. Da ist Elizabeth, in strengem Tweed-Kostüm und »vernünftigen« britischen Schuhen, die sich als profunde Lehrerin herausstellt. Da ist die schöne, rätselhafte Nur, in die sich Reshad Hals über Kopf verliebt. Und da ist John, der weise Mystiker in Wales, der an Krebs stirbt und den beiden eindrucksvoll zeigt, wie ein wahrer Sufi bewusst loslässt, während er bei jedem Atemzug wach bleibt für die Gegenwart Gottes, an nichts mehr festhaltend außer am Wissen um die Liebe.

ISBN 978-3-942914-12-3
180 Seiten

Guter Geschmack will gelernt sein: *Le bon-goût s'apprend.* Das gilt insbesondere für das spirituelle Schmecken der Einheit des Seins. In dieser einzigartigen Anthologie beschreiben liebestrunkene Sufis, wahrheitshungrige Gnostiker, erkenntnisdurstige Geisterseher und verschmitzt-weise Skandalgurus, hingebungsvolle Brotbäcker, humorbegnadete Geschichtenerzähler, ägäisverzauberte Lebensreisende und extremfastende Meisterspione Möglichkeiten und Wege, das Feine vom Groben zu unterscheiden, das Obere mit dem Unteren zu verbinden und so die scheinbare Trennlinie zwischen dem Körperlichen und dem Spirituellen zu überwinden. Wenn wir die ›Küchenarbeit an uns selbst‹ in der richtigen, nämlich dienenden Haltung angehen, kultivieren wir in uns diesen guten, feinen Geschmack für die Nähe Gottes. Bewusstes Kochen und Gekochtwerden lässt uns die Heiligkeit in der Transformation von Äußerem und Innerem entdecken.

Neben Ausgesuchtem von Dschalāl ad-Dīn Rūmī, Bahauddin Walad, Hafis, Khalil Gibran, Bülent Rauf, Reshad Feild, Muzaffer Ozak, G.I. Gurdjieff, P.D. Ouspensky, Idries Shah, Osho, Scotus Eriugena, Emanuel Swedenborg oder Henry Miller finden sich hier zum ersten Mal auf Deutsch vorliegende Trouvaillen von Annemarie Schimmel, Muḥyīddīn Ibn ʿArabī, John G. Bennett, Christopher Bamford und Paul Dukes.

ISBN 978-3-942914-20-8
324 Seiten

WEITERE TITEL IM CHALICE VERLAG

Was ist das Wesen des Kindes? Was bedeutet Kind*heit* als Archetyp, als spirituelles Ideal und lebendige Wirklichkeit? Wie können wir Kindern helfen, das zu werden, was zu sein sie von der Schöpfung gedacht sind? Was können wir von ihnen lernen, da wir doch aufgerufen sind, zu werden wie sie? Wie können wir ihnen in liebender Achtsamkeit begegnen und ihnen die Art von Nahrung verschaffen, die sie in unserer Zeit brauchen? Dieses Lesebuch bietet Denkanstöße, Erfahrungsberichte und Verhaltensvorschläge aus dem Weisheitsschatz der mystischen Überlieferungen der verschiedenen Religionen wie auch von maßgeblichen Wegbereitenden einer neuen ganzheitlichen Pädagogik. Nicht nur Eltern, Betreuende und Erziehende sind hier angesprochen, sondern alle, die die »versöhnende Kraft des Kindes« (Gurdjieff) verstehen möchten, die »Achtung haben vor den Geheimnissen und den Schwankungen der schweren Arbeit des Wachsens« (Janusz Korczak) und die es sich zur Aufgabe machen, das Kind als »lebendiges menschliches Bild der Wahrheit zu umsorgen« (Bülent Rauf). Und weil letztlich »alle Bildung Selbstbildung ist« (Edith Stein), geht es dabei immer auch um unser »inneres« Kind, das, »wenn die Zeit reif ist, in uns geboren wird« (Reshad Feild). Dieses Buch kann uns helfen, zu verstehen und unsere Kinder zu lehren, was Gott zu jeder und jedem Einzelnen von uns sagt: »Du bist Mein Schmuck; du bist Meine Schönheit; du bist Meine Vollkommenheit; du bist Mein Name« (al-Dschīlī).

ISBN 978-3-942914-34-5
480 Seiten